U0922532

# 北京信用年鉴

2010卷

北京市经济和信息化委员会编

北京燕山出版社

**图书在版编目(CIP)数据**

北京信用年鉴．2010卷/北京市经济和信息化委员会编．—北京：北京燕山出版社，2012.6
ISBN 978-7-5402-2821-7
Ⅰ．①北… Ⅱ．①北… Ⅲ．①信用-北京市-2010-年鉴 Ⅳ．①F832.4-54

中国版本图书馆CIP数据核字(2012)第111981号

**北京信用年鉴(2010卷)**

---

**责任编辑** 夏 艳
**装帧设计** 李菲菲
**出版发行** 北京燕山出版社有限公司
**社　　址** 北京市宣武区陶然亭路53号
**邮　　编** 100054
**电话传真** 86-10-63557959(发行部)
**印　　刷** 廊坊市安次区码头镇长岭印刷厂
**开　　本** 787×1092 1/16
**字　　数** 270千字
**印　　张** 19
**版　　别** 2012年6月第1版
**印　　次** 2012年6月第1次印刷
ISBN 978-7-5402-2821-7
**定　　价** 380.00元

---

# 《北京信用年鉴》(2010卷)编写说明

一、《北京信用年鉴(2010卷)》(以下简称《年鉴》)由北京市经济和信息化委员会主办,中国市场学会信用工作委员会承办。

二、2010年北京市社会信用体系建设工作,在市委、市政府的领导下,在社会信用体系建设联席会议统筹推进下,在有关部门、区县和行业共同努力下,取得了新的进展。本《年鉴》记录了北京市2010年社会信用体系建设发展进程,对于全面、系统地了解和掌握北京市社会信用体系建设发展所取得的成就,研究北京市社会信用体系建设发展变化规律,指导下一年度的工作,具有较大的参考价值。

三、本《年鉴》采用文章和条目两种形式,以条目体为主,编辑了政策指导和信用环境建设篇、北京市各区县及中关村国家自主创新示范区信用体系建设篇、北京市部分领域和行业信用体系建设篇、北京信用经济发展篇和北京信用管理行业篇,以及附录共六个部分。

四、本《年鉴》主要供稿单位为北京市政府各相关部门、北京市各区县人民政府、中国人民银行营业管理部等部分中央在京单位,以及各有关行业协会和部分企业。各单位稿件经年鉴编辑部编辑整理并经供稿单位确认后刊载。

五、本《年鉴》选用资料的时限为2010年1月1日至2010年12月31日(个别内容根据实际情况其时限略做前后延伸)。

六、由于我们经验和水平有限,难免漏掉一些重要的内容或出现一些不当之处,诚请各位读者批评指正。

《北京信用年鉴》(2010卷)编辑部

二〇一一年十二月

# 《北京信用年鉴》（2010卷）编纂委员会

（排名不分先后）

**编纂委员会顾问**

苟仲文　北京市人民政府副市长

**编纂委员会主任**

李　平　北京市经济和信息化委员会党组书记

靳　伟　北京市经济和信息化委员会副主任（主持工作）

**编纂委员会副主任**

傅　华　中共北京市委宣传部副部长

姜毅群　北京市经济和信息化委员会副巡视员

张兰青　北京市经济和信息化委员会副巡视员

陈志峰　北京市经济和信息化委员会副局级干部

张永明　北京市工商行政管理局副局长

杨　立　中国人民银行营业管理部纪委书记

沈　鸿　北京市金融工作局副巡视员

# 市政府有关部门及中央在京有关单位编委

（排名不分先后）

陈　清　北京市安全生产监督管理局副局长
侯小维　北京市统计局总统计师
孙维佳　北京市旅游局副局长
周　砚　北京市知识产权局副局长
李富莹　北京市人民政府法制办公室副主任
廖国华　中关村科技园区管理委员会副主任
周继军　北京市高级人民法院副院长
李持缨　北京住房公积金管理中心总经济师
韩　玮　北京市通信管理局副局长
王　永　北京海关副关长
段继宁　中国银行业监督管理委员会北京监管局副局长
杨　琳　中国证券监督管理委员会北京监管局副巡视员
刘跃林　中国保险监督管理委员会北京监管局副局长
唐建国　北京市经济和信息化委员会研究室主任
荆甫智　北京市经济和信息化委员会中小企业处处长
彭雪海　北京市经济和信息化委员会信用管理处副处长
白耀宏　北京市经济和信息化委员会信用管理处副处长
袁新峰　中国人民银行营业管理部征信管理处处长

# 各区县人民政府编委

（排名不分先后）

# 专家编委会委员

（排名不分先后）



# 行业协会编委

（排名不分先后）



# 编纂委员会联络员

（排名不分先后）

赵　强　中国人民银行营业管理部征信管理处科长
甘　瀛　中国人民银行营业管理部征信管理处干部
蔡义博　中国人民银行营业管理部征信管理处干部
祝京涛　北京市工商行政管理局企业信用监督管理处副处长
于洋跃　北京市工商行政管理局企业信用监督管理处干部
顾　华　北京市科学技术委员会发展计划处干部
赵辰枫　北京市公安局科技处干部
路济平　北京市人力资源和社会保障局法制处调研员
韩瑞杰　北京市人力资源和社会保障局办公室干部
肖文婧　北京市环境保护局法制处干部
陈　晔　北京市市政市容管理委员会科技信息处干部
刘金梅　北京市住房和城乡建设委员会史志办公室编审室主任
王　艳　北京市住房和城乡建设委员会史志办公室干部
陈优琴　北京市交通委员会财务处主任科员
王海波　北京市国家税务局征管和科技发展处干部
周　聪　北京市地方税务局纳税服务处干部
贺　程　北京市质量技术监督局质量管理处干部
王文生　北京市旅游委员会旅游志办公室主任
杨慧艳　北京市旅游委员会旅游志办公室干部
李俊霞　北京市金融工作局金融综合处干部
刘国军　北京市新闻出版局监察处副调研员
王　锦　中关村科技园区管委会研究室主任
汪为民　北京市住房贷款个人信用信息服务中心主任
黄　昊　北京市住房贷款个人信用信息服务中心副经理
张晓琦　中国银行业监督管理委员会北京监管局政策法规处干部
黄　芳　中国保险监督管理委员会北京监管局统计研究处干部
孔祥鑫　北京市东城区信息化工作办公室综合管理科科长
李　勇　北京市西城区信息化办公室副主任
李　刚　北京市西城区信息化办公室社会信息化组干部
黄晓荣　北京市朝阳区发展和改革委员会经济运行科科长
何建吾　北京市海淀区经济和信息化办公室副主任

傅燕丽　北京市海淀区经济和信息化办公室企业发展促进处干部
魏金鑫　北京市丰台区经济和信息化委员会产业科干部
许　明　北京市石景山区信息化工作办公室综合科科长
廖　慧　北京市石景山区信息化工作办公室综合科干部
房加利　北京市门头沟区经济和信息化委员会产业规划科
毕　静　北京市通州区投资促进局信用管理中心主任
张铁良　北京市顺义区经济和信息化委员会政策法规科干部
肖翠玲　北京市大兴区经济和信息化委员会信息化管理科科长
杨　飞　北京市大兴区经济和信息化委员会信息化管理科干部
于凌燕　北京市昌平区经济和信息化委员会综合科科长
任国凤　北京市平谷区经济和信息化委员会乡镇企业科科长
周怀明　北京市怀柔区经济和信息化委员会主任
张秋红　北京市怀柔区信息中心干部
景铁军　北京市延庆县经济和信息化委员会副调研员
高建敏　北京市延庆县经济和信息化委员会信息化科科长
马新生　北京市园林绿化企业协会秘书长
马海燕　北京企业评价协会信用评价部部长
高　翔　北京室内装饰协会工作人员
魏人英　北京机电行业协会主任
安燕玲　北京信用担保业协会培训部副主任
张　欢　北京信用担保业协会会员部副主任
王胤鑫　北京信用担保业协会办公室副主任
高　爽　北京中贸远大信用管理有限公司信用评估与咨询事业部部长

## 《北京信用年鉴》(2010卷)执行编委会



## 《北京信用年鉴》(2010卷)编辑部

# 《北京信用年鉴》(2010卷)供稿单位

(排名不分先后)

首都精神文明建设委员会办公室
北京市经济和信息化委员会
北京市工商行政管理局
北京市金融工作局
中国人民银行营业管理部
北京市科学技术委员会
北京市公安局
北京市人力资源和社会保障局
北京市环境保护局
北京市住房和城乡建设委员会
北京市市政市容管理委员会
北京市交通委员会
北京市国家税务局
北京市地方税务局
北京市质量技术监督局
北京市旅游委员会
北京市新闻出版局
中关村科技园区管理委员会
北京住房公积金管理中心

北京市东城区信息化工作办公室
北京市东城区国家税务局
北京市东城区地方税务局
北京市东城区质量技术监督局
北京市东城区统计局
北京市工商行政管理局东城分局
北京市西城区信息化工作办公室
北京市西城区科学技术委员会
北京市西城区卫生局
北京市西城区统计局
北京市工商行政管理局西城分局
北京市西城区质量技术监督局
北京市西城区国家税务局

北京市朝阳区发展和改革委员会
北京市朝阳区地方税务局
北京市朝阳区国家税务局
北京市朝阳区质量技术监督局
北京市工商行政管理局朝阳分局
北京市朝阳区物价检查所

北京市海淀区经济和信息化工作办公室

北京市石景山区经济和信息化委员会
北京市石景山区住房和城乡建设委员会
北京市石景山区卫生局
北京市石景山区地方税务局
北京市石景山区国家税务局
北京市工商行政管理局石景山分局
北京市石景山区质量技术监督局

北京市门头沟区经济和信息化委员会

北京市通州区投资促进局
北京市通州区人力资源和社会保障局
北京市通州区商务委员会
北京市通州区文化委员会
北京市通州区国有资产监督管理委员会
北京市通州区安全生产监督管理局
北京市通州区质量技术监督局

北京市通州区地方税务局
北京市国土资源局通州分局
北京市通州区国家税务局
北京市通州区知识产权局
北京市通州区信用管理中心

北京市顺义区经济和信息化委员会

北京市大兴区经济和信息化委员会
北京市大兴区国有资产监督管理委员会
北京市大兴区金融工作办公室
北京市大兴区国家税务局

北京市昌平区经济和信息化委员会
北京市昌平区住房和城乡建设委员会
北京市昌平区旅游局
北京市昌平区地方税务局
北京市昌平区质量技术监督局
北京昌平中小企业信用促进协会

北京市平谷区经济和信息化委员会
北京市平谷区商务委员会
北京市平谷区财政局金融工作办公室
北京市平谷区人力资源和社会保障局
北京市工商行政管理局平谷分局
北京市平谷区质量技术监督局
中国工商银行北京平谷支行

北京市怀柔区人民政府
北京市怀柔区经济和信息化委员会
北京市怀柔区信息中心
北京市工商行政管理局怀柔分局
北京市怀柔区质量技术监督局

北京市延庆县经济和信息化委员会

中国人民银行营业管理部
中国银行业监督管理委员会北京监管局
中国保险监督管理委员会北京监管局

北京信用担保业协会
北京中关村企业信用促进会
北京企业评价协会
北京市园林绿化企业协会
北京室内装饰协会
北京机电行业协会
北京安防行业协会

大公国际资信评估有限公司
北京中贸远大信用管理有限公司

# 目　录

# 第一篇　政策指导和信用环境建设

# 第一篇　政策指导和信用环境建设

## 统筹协调

### 市委市政府领导重要指示精神

【刘淇在与中国银监会领导座谈时的讲话】　10月29日，中共中央政治局委员、中共北京市委书记刘淇在与中国银监会主席刘明康等中国银监会领导座谈时表示，提高北京自主创新能力，抓好中关村国家自主创新示范区建设至关重要。希望中国银监会进一步支持中关村国家自主创新示范区开展科技金融创新，为科技型中小企业提供融资支持；鼓励和引导金融机构开展金融服务创新，探索完善投资机构、担保机构和商业银行间的“投保贷”联动等机制；推进金融监管方式创新，加强信用体系建设，提高企业风险管理能力，为中关村率先建成具有全球影响力的科技创新中心提供强有力的支持。　（安明）

【郭金龙在与中国银监会领导座谈时的讲话】　10月29日，中共北京市委副书记、北京市人民政府市长郭金龙在与中国银监会主席刘明康等中国银监会领导座谈时表示，加快中关村国家自主创新示范区建设，积极推动中关村科技金融创新，政府要搭建好平台，着力整合资源，加强信用体系建设，不断完善体制机制，促进金融与科技更好地结合；金融机构要积极参与，针对科技型企业现实需求，积极创新金融服务；希望国家有关部门大力支持。　（安明）

【吉林撰文论诚信纳税】　4月19日，北京市人民政府常务副市长吉林在《人民日报》发表题为《实现高层次纳税服务　提升北京城市软实力》的文章。指出“诚信是城市发展的重要基础。在市场经济高速发展的今天，诚信已经成为区域经济发展的灵魂和生命线，成为城市形象含金量最高的一张名片。北京要想从根本上赢得世界的尊重，必须在诚信建设上狠下功夫，丝毫不能松懈。”文章指出，“北京是中国国际经济交往的中心，纳税人是否诚信纳税直接影响城市在国际上的诚信声誉，税务机关因此肩负着提升北京信誉度的重要使命，任重道远。”

（安明）

**【苟仲文要求大力推进北京市社会信用体系建设】** 3月4日,北京市人民政府副市长苟仲文在2010年北京市社会信用体系建设联席会议上指出,北京市社会信用体系建设还处于起步阶段,要做的工作很多,还需要付出艰苦的努力。各级各部门要深入贯彻落实科学发展观,解放思想、增强信心、知难而上、扎实工作,为加快建设"人文北京、科技北京、绿色北京",为实现繁荣、文明、和谐、宜居的首善之区目标做出新的更大的贡献。

(市经济信息化委)

## 重要会议精神

**【2010年我市社会信用体系建设联席会议召开】** 3月4日,北京市2010年社会信用体系建设联席会议召开,北京市社会信用体系建设联席会议成员单位主管领导参加了会议。会议由北京市经济和信息化委员会主任主持,北京市人民政府苟仲文副市长出席并讲话。会议听取了北京市经济和信息化委员会有关领导关于2009年我市社会信用体系建设进展情况和2010年重点任务的汇报,听取了中国人民银行营业管理部有关领导关于首都社会信用体系国家示范区建设方案的汇报,研究讨论了2010年北京市社会信用体系建设重点任务和首都社会信用体系建设示范区建设方案。

(市经济信息化委)

# 政策法规制度和规划

## 2010 年颁布的北京市地方法规有关内容

【中关村国家自主创新示范区条例】12 月 23 日，北京市第十三届人民代表大会常务委员会第二十二次会议通过了《中关村国家自主创新示范区条例》（以下简称《条例》）。同日，北京市人民代表大会常务委员会发布第 12 号公告，宣布《条例》自发布之日起施行，原《中关村科技园区条例》同时废止。

《条例》规定，鼓励在中关村国家自主创新示范区（以下简称“示范区”）培育科技创新服务体系，支持征信、信用评级、信用担保等信用专业服务组织发展，并鼓励协会等社会组织在示范区开展人才信用评价和管理，建立人才信用记录，推广使用“人才信用报告”等征信产品。

《条例》要求，支持商业银行、担保机构、保险机构和小额贷款机构开展针对示范区内企业的知识产权质押、信用贷款等业务。支持商业银行在示范区内设立专营机构，创新金融产品和服务方式，创新考核奖励、风险管理、授信、贷款审批和发放等机制，为企业融资服务。支持企业和其他组织在示范区内设立为科技型企业服务的小额贷款机构和担保机构。本市建立贷款风险补偿机制，为商业银行、担保机构、保险机构和小额贷款机构开展针对示范区内企业的知识产权质押、信用贷款、信用保险、贸易融资、产业链融资等提供风险补偿。同时，支持示范区内的企业购买信用保险等保险服务。

《条例》指出，示范区应当完善企业信用体系，建立健全企业信用信息的数据库及其公共服务平台，推广使用企业信用报告等征信产品，培育征信产品和服务的应用市场。政府有关部门应当在政府采购、财政资助、政府投资项目招标等事项办理中，将企业信用报告作为了解企业信用状况的参考，并鼓励商业银行、担保机构、小额贷款机构在融资服务中使用企业信用报告。　（中关村企业信用促进会）

## 2010 年北京市政府工作报告摘要

【2010 年北京市政府工作报告摘要】1 月 25 日，北京市市长郭金龙在北京市第十三届人民代表大会第三次会议上做政府工作报告时指出，2010 年北京市要“建立健全中小企业信用担保风险补偿机制，逐步扩大中小企业再担保资金规模。稳步发展各类集合债、集合票据和集合信托，增加市区两级财政用于中小企业贷款贴息的投入，努力缓解中小企业融资困难”。同时，要“积极培育诚信文化，加快完善企业信用信息系统，加强市场监管和治理整顿，坚决打击假冒伪劣等违法行为，维护公平公正的竞争秩序和交易环境”。　（安明）

# 2010年北京市政府折子工程摘要

**【北京市政府折子工程】** 3月18日，北京市人民政府印发《北京市人民政府关于印发2010年市政府折子工程的通知》(京政发〔2010〕6号)。其中，第28项为“贯彻落实中小企业信用担保风险补偿机制，根据中小企业再担保资金使用情况逐步扩大中小企业再担保资金规模”，主要责任单位为市经济信息化委、市金融局和市财政局；第34项为“加快完善企业信用信息系统，加强流通领域商品质量监管，坚决打击流通领域销售假冒伪劣商品等违法行为”，主要责任单位为市工商局。

(安明)

**【北京市社会主义新农村建设折子工程】** 4月27日，中共北京市委办公厅、北京市人民政府办公厅联合印发《中共北京市委办公厅、北京市人民政府办公厅关于印发〈2010年北京市社会主义新农村建设折子工程〉的通知》。其中，第67项为“创新农村金融产品和服务。针对农村特点，推广农户小额信用贷款和农户联保贷款，在银行间市场探索发行涉农中小企业集合票据等创新产品”，责任单位为市金融局，协办单位包括北京银监局、北京农村商业银行、北京银行等在京银行业金融机构；第69项为“加大农村信用体系建设力度。总结信用户、信用村、信用乡镇等‘三信工程’经验，开展农村信用体系建设试点”，责任单位为市金融局，协办单位为市经济信息化委、市农委、人民银行营业管理部。

(安明)

# 2010年发布的北京市各类发展规划有关内容

**【“人文北京”行动计划(2010—2012年)】** 4月7日，北京市发布《“人文北京”行动计划(2010—2012年)》，提出要推进精神文明创建活动，持续开展“共铸诚信”教育实践活动，树立和表彰一批“首都诚信经营示范街”和“首都诚信经营示范店”，促进政务诚信、商务诚信、社会诚信建设，全面增强市民的诚信意识。提升窗口行业文明服务水平，在窗口行业，以诚信建设为重点，开展优质服务活动，完善社会服务承诺制、生产经营信誉制等各项规范化服务制度，提升窗口行业规范化管理水平，提高窗口行业的群众满意度。

(安明)

**【“绿色北京”行动计划(2010—2012年)】** 3月6日，北京市发布《“绿色北京”行动计划(2010—2012年)》，提出建立财税金融机制，鼓励金融机构引入环境评价要素，开展绿色金融活动，实施绿色信贷、绿色保险、绿色证券政策，加大对新能源及节能环保产业的重点授信支持。

(安明)

**【建设中关村国家自主创新示范区行动计划(2010—2012年)】** 6月20日，北京市发布了《建设中关村国家自主创新示范区行动计划(2010—2012年)》(以下简称《行动计划》)。

《行动计划》指出，支持中关村国家自主创新示范区（以下简称“中关村示范区”）重大科技成果产业化项目采用担保融资、信用贷款等方式，持续融资和发展。

《行动计划》要求在中关村示范区推动信贷产品和服务创新，建立信用激励和约束机制，完善再担保机制，增强科技担保服务能力，支持小额贷款机构发展，实施以企业信用为基础的创业企业流动资金融资解决方案，对企业给予一定的贷款贴息，对金融机构给予一定的风险补贴，鼓励银行和担保机构向企业提供中长期贷款，进一步扩大知识产权质押贷款、股权质押贷款、担保融资、信用贷款、信用保险和贸易融资、认股权贷款、并购贷款的规模。同时，支持企业发行信托计划、企业债券、短期融资券、中期票据、集合票据等，拓宽企业直接融资渠道。

在推动中关村示范区科技保险试点方面，《行动计划》要求支持企业购买出口信用保险等，并对企业缴纳的保险费用给予一定的补贴。

《行动计划》规定，支持征信、信用评级、信用担保等各类信用专业服务组织发展，积极引进国际知名专业服务机构，建立健全专业服务组织从业人员的资格认定和行业准入制度，加大职业培训力度，提升从业人员的专业素质。

《行动计划》提出，推进中关村示范区企业信用体系建设，完善中关村示范区企业信用体系，建立健全企业信用信息数据库和企业信用信息公共服务平台，大力推广使用企业征信产品。鼓励企业建立内部信用管理机制。打造中关村信用品牌，优化中关村示范区信用环境，促进企业信用融资和信用交易。研究建立中关村示范区企业信用和履行社会责任情况的发布机制。

（中关村企业信用促进会）

**【首都中长期人才发展规划纲要（2010—2020年）】** 8月2日，北京市发布《首都中长期人才发展规划纲要（2010—2020年）》，提出要健全科研诚信制度，从严治理学术不端行为，加强对创新成果的知识产权保护与创新成果转化应用的支持。 （安明）

**【北京市推进诚信计量、建设和谐城乡行动计划（2010—2012）】** 8月24日，北京市质量技术监督局发布《北京市推进诚信计量、建设和谐城乡行动计划（2010—2012）》（以下简称《行动计划》），决定用三年左右的时间，在全市范围内开展“推进诚信计量、建设和谐城乡”主题行动，要求全市质监系统各单位提高认识，将推进诚信计量、建设和谐城乡行动作为深化民生计量工作的重要举措和重点任务，并将工作完成情况纳入考核内容。《行动计划》提出了2010年至2012年每年的行动主要领域，并要求以经营者自我承诺为核心，发挥其在推进诚信计量体系建设中的主体责任；以政府部门推动为手段，充分发挥质监部门在推进诚信计量体系建设中的引导作用，建立起以“参与、激励、监督、服务”为主要内容的诚信计量政府引导机制；同时完善社会监督机制。

（安明）

# 2010年北京市政府及市经济信息化委有关文件

## 北京市政府有关文件

**【北京天竺综合保税区管理办法】** 2月1日,北京市人民政府发布《北京天竺综合保税区管理办法》(北京市人民政府令第218号),提出天竺综保区内企业应当遵守中华人民共和国法律,遵守社会公德、商业道德,诚实守信。 (安明)

**【北京市物业管理办法】** 4月20日,北京市人民政府发布《北京市物业管理办法》(北京市人民政府令第219号),规定对物业服务企业实施动态监管,推动企业资质管理向行为管理、信用管理转变;建立物业项目备案制度,调整行业监管重心,由物业服务企业转移到物业服务项目;制定项目负责人制度,逐步建立项目负责人信用信息系统,实现以项目经理为抓手管好项目、以项目为抓手管好企业的模式,逐步构建业主与物业企业间和谐互信关系。

(市住房城乡建设委)

**【关于加强技术改造工作的意见】** 6月1日,北京市人民政府办公厅印发《北京市人民政府办公厅转发北京市经济和信息化委员会关于加强技术改造工作意见的通知》(京政办发〔2010〕18号),提出北京市在加快信息化和工业化融合,加强本市技术改造工作中,要积极通过金融信贷、信用担保等政策,支持中小企业引进先进技术、工艺和设备,向"专、精、特、新"方向发展。

(市经济信息化委)

**【北京市人民政府关于进一步加强企业安全生产工作的通知】** 12月6日,北京市人民政府印发《北京市人民政府关于进一步加强企业安全生产工作的通知》(京政发〔2010〕40号),要求建立企业安全生产信用评价和警示制度,研究建立本市安全生产诚信企业分级标准,定期对企业安全生产标准化工作进行分级考核评价,评价结果向社会公开,并向银行业、证券业、保险业、担保业等主管部门通报,作为企业信用评级的重要参考依据。对严重违反安全生产法律法规的企业,由安全生产监督管理部门在媒体上公布名单,并向投资、国土、规划、建设、财政、金融、证券、工商等主管部门通报,依法采取严格限制其生产经营活动的措施。2011年底前,煤矿、非煤矿山、危险化学品、烟花爆竹、冶金等行业(领域)企业要在北京市安全生产监管信息平台登记注册,及时、准确上报隐患、危险源、职业危害、易制毒和管控化学品流向以及事故等信息。要加强执法监察队伍建设,完善执法统筹协调机制,健全执法部门之间信息互通共享制度。同时,充分利用信息化手段,全面提升行业(领域)监管水平,尽快实现部门行政许可、执法检查等监管信息的互通与共享。 (安明)

# 北京市经济和信息化委员会有关文件

**【关于开展工程建设领域诚信体系建设工作的通知】** 2月10日，北京市经济和信息化委员会印发《北京市经济和信息化委员会关于开展北京市工程建设领域诚信体系建设相关工作的通知》（京经信委发〔2010〕15号），要求市政府各相关部门和各区县贯彻落实党中央、国务院、中共北京市委和北京市人民政府关于开展工程建设领域突出问题专项治理工作的文件精神，建立健全工程建设领域诚信体系建设工作机制，加强组织领导，指导、督促和检查有关工作的落实，并开展工程建设领域信用信息归集和报送工作。同时，要求各相关部门和各区县建立健全失信惩戒制度和守信激励机制，完善市场准入和退出机制，建设公开、公正、科学的诚信信息征集和披露体系，规范企业诚信信息征集和披露方式及内容，依法采集及披露企业诚信信息，加大对违法行为记录披露和公开曝光力度，形成“一处失信、处处被动”的失信联防机制。

（市经济信息化委）

**【关于印发2010年北京市推进社会信用体系建设重点任务的通知】** 3月19日，北京市经济和信息化委员会印发《北京市经济和信息化委员会关于印发2010年北京市推进社会信用体系建设重点任务的通知》（京经信委发〔2010〕44号），从强化北京市社会信用体系建设统筹协调机制、加快制订信用政策法规和标准、开展首都社会信用体系国家示范区建设、加大信用信息基础设施建设、加快中小企业信用体系建设、推进重点行业和领域信用体系建设、推进农村和区域信用体系建设试点工作、倡导信用产品的使用、促进信用服务业发展、推进政府信用建设工作、加强诚信宣传教育等方面，部署了北京市2010年社会信用体系建设的重点任务。

（市经济信息化委）

**【关于印发北京市工程建设领域突出问题专项治理整改工作指导意见的通知】** 6月13日，北京市治理工程建设突出问题工作领导小组办公室印发《关于印发北京市工程建设领域突出问题专项治理整改工作指导意见的通知》（京治工办发〔2010〕13号），针对北京市推进工程建设领域诚信体系建设领域存在的主要问题，根据情节轻重，提出了整改措施。

（市经济信息化委）

**【关于进一步扎实做好北京市工程建设领域诚信体系建设工作的通知】** 8月6日，北京市治理工程建设突出问题工作领导小组办公室、北京市经济和信息化委员会印发《关于进一步扎实做好北京市工程建设领域诚信体系建设工作的通知》（京治工办发〔2010〕20号），要求加快建立工程建设领域诚信体系建设工作机制，大力推进项目信用信息填报和共享工作，并建立健全工程建设领域失信惩戒和守信激励机制。

（市经济信息化委）

**【关于调整北京市社会信用体系建设联席会议组成人员的通知】** 12月

10日，北京市经济和信息化委员会印发《北京市经济和信息化委员会关于调整北京市社会信用体系建设联席会议组成人员的通知》(京经信委发〔2010〕72号)，调整后的联席会议成员单位，由原先的28个增加到43个。　　(市经济信息化委)

## 【关于进一步做好工程建设领域项目审批信息公开工作的指导意见】

12月15日，北京市治理工程建设突出问题工作领导小组办公室印发《关于进一步做好工程建设领域项目审批信息公开工作的指导意见》(京治工办发〔2010〕26号)，要求市政府各有关部门、各区县工程建设领域专项治理领导小组办公室充分认识做好工程建设领域项目审批信息公开工作的重要意义，积极做好工程建设领域项目审批信息公开工作，并要求在2011年1月底前，开展工程建设领域项目审批信息公开清理及目录编制工作、开展第一、第二阶段已填报项目有关审批信息公开属性审查、建立“工程建设领域项目审批信息专题公开专栏”、做好首都之窗门户网站“工程建设领域项目信息公开专栏”内容保障工作。

(市经济信息化委)

# 北京市信用地方标准制修订

**【企业诚信评价规范】** 2月21日，北京市质量技术监督局印发《关于印发2010年北京市地方标准制修订项目计划的通知》（京质监标发〔2010〕53号），将《企业诚信评价规范》（以下简称《规范》）列为当年北京市地方标准制修订二类项目。

《规范》由北京市经济和信息化委员会提出，北京市质量技术监督局归口，由北京企业评价协会起草，规定了北京市企业诚信评价的术语和定义、评价指标、等级划分、评价原则和组织管理。

7月，《规范》起草工作组织机构建立，国家质量监督检验检疫总局原副局长、北京企业评价协会名誉会长李保国任起草工作领导小组组长，中国人民大学财政金融学院教授吴晶妹任工作组组长，大公国际资信评估有限公司参与起草工作。12月，起草单位将《规范》报审稿（讨论稿）报北京市经济和信息化委员会科技标准处和相关领导部门初审。　（北京企业评价协会）

# 信用信息基础设施建设和信息共享

## 信用信息基础设施建设

**【北京市信用信息基础设施总体构架确立】** 5月3日,北京市经济和信息化委员会提出了《北京市信用信息系统建设方案》,明确了北京市信用信息基础设施"一网、两平台、三系统"的总体构架。一网是指"信用北京网",两平台是指北京市政务信息资源共享交换平台和中国人民银行金融业统一征信平台,三系统是指北京市个人信用信息系统、北京市企业信用信息系统和中国人民银行征信系统。该方案已报市领导同意,正在推进实施中。 (市经济信息化委)

**【建筑业企业资质动态核查管理系统正式运行】** 7月16日,北京市住房和城乡建设委员会(以下简称"市住房城乡建设委")开发完成"建筑业企业资质动态核查管理系统"并正式运行。该系统是市住房城乡建设委企业资质及人员资格动态监管体系的重要组成部分,在整合市住房城乡建设委内资质管理平台、综合执法平台现有信息化建设成果的基础上,全面覆盖日常监管、执法过程,使核查工作统一纳入日常执法监管体系。该系统划分了市区两级住房城乡建设部门的工作权限,统一了核查标准,核查工作结果直接转入综合执法平台,根据核查结论下发责令整改或撤销资质的行政决定,并通过系统下达协办单,实现各相关部门的有效联动。 (市住房城乡建设委)

**【个人信用信息系统(一期)试运行】** 7月23日,北京市经济和信息化委员会提出《北京市个人信用信息系统建设方案》,并召开信用领域和信息化领域专家进行研讨,确定了北京市个人信用信息系统建设的总体方案。11月,北京市个人信用信息系统(一期)上线试运行,重点开展数据归集及整理工作,尚未对外提供服务。截至12月31日,北京市个人信用信息系统归集整理了民政、人力社保、工程建设等三大类,50余项个人信用信息,数据量共计677万余条。 (市经济信息化委)

**【建筑市场信用信息平台】** 8月20日,北京市住房和城乡建设委员会决定将"市建筑市场监管信息平台"改名为"建筑市场信用信息平台",定位于建筑市场信用体系建设,争取尽快运转,并将进一步加强对企业的引导,使其主动参与信用信息平台建设;扩大信用信息平台覆盖范围,将建筑市场范围内企业全部纳入。同时,北京市住房和城乡建设委员会决定成立信息平台领导小组,加强与区县的沟通协调,建立市区两级并行信息源,尽快打通正向信息采集渠道,并覆盖企业近3年的信用情况。 (市住房城乡建设委)

**【市公安局信用信息应用需求研讨会】** 9月9日,北京市经济和信息化委员会信用管理处有关负责人到北京市公安局(以下简称"市公安局"),就建设"北京市信用信息系统"进行调研,并就市公安局信用信息应用需求情况,与市公安局有关部门进行了研讨。市公安局法制办、科技处、情报信息中心、刑侦总队、治安总队、公交总队、内保局、交管局、消防局、信通处、网安处、人口处相关领导和人员参加了会议。会上，市公安局情报信息中心就人口基础数据库建设和应用情况进行了汇报，与会各单位对北京市信用信息系统的建设应用情况、对信用信息的需求情况及该项目的建设意见等，与北京市经济和信息化委员会信用管理处有关负责人和项目建设单位进行了讨论和研究。会议指出，社会信用体系建设工作意义重大，信用信息共享对公安机关打击违法犯罪、维护社会稳定起到了重要作用，市公安局将积极配合开展工作。（市公安局）

**【北京市科技计划管理信用信息系统】** 10月1日，北京市科学技术委员会为配合《北京市科技计划管理相关责任主体信用管理办法》的正式执行而建设的北京市科技计划管理信用信息系统正式运行。截至12月31日，该系统共记录北京市科技计划项目管理信用状况数据项82项。（市科委）

**【建筑市场监管信息系统建设领导小组成立】** 11月1日，为加快推进北京市建筑市场信用体系建设，北京市住房和城乡建设委员会成立专项领导小组，组长由北京市住房和城乡建设委员会主要领导担任，相关分管领导任副组长，全面负责信息系统建设工作的领导和协调。

（市住房城乡建设委）

**【北京市建筑市场监管信息系统建设工作方案制定】** 11月1日，为加快推进本市建筑市场信用体系建设，北京市住房和城乡建设委员会制定《北京市建筑市场监管信息系统建设工作方案》，强调要进一步强化建筑市场监管，规范建筑市场秩序，形成行政监管和社会监督相结合的诚信激励和失信惩戒机制，进一步创新监管与服务方式，提高建筑市场综合监管能力，推动建筑业健康发展。（市住房城乡建设委）

**【建筑市场公开信息平台正式开通】** 12月16日，北京市住房和城乡建设委员会举行“建筑市场公开信息平台启动仪式”，住房和城乡建设部建设市场监管司、北京市监察局、北京市经济和信息化委员会相关人员出席，部分施工、开发企业代表参加。该平台面向全社会提供企业资质、人员资格、招标投标、施工许可、合同备案、合同履约、业绩、获奖、违法违规及其他社会信息等10类信息的公开查询，在全国率先向社会公布合同备案、合同履约信息，并可实现实时更新、动态监管，实现工程项目信息和企业、人员信用信息的“双公开”。公众可通过北京建设网“建筑市场公开信息平台”进行实时查询。截至年底，该平台已累计采集1.34万条企业信息、46万条从业人员信息、2.6万条施工许可信息、7.4万条合同备案信息、2.8万条合同履约信息。（市住房城乡建设委）

**【北京市政务信息资源共享交换平台】** 截至12月31日，北京市政务信息资源共享交换平台接入76个单位，开展了700余项跨部门、跨层级共享交换工作，支撑了各部门90余项业务工作。（市经济信息化委）

**【北京市企业信用信息系统二期应用进一步加强】** 年内，北京市企业信用信息系统经过二期升级改造后，全面投入应用。二期系统和部分市级成员单位建立了数据交换接口，通过计算机程序实现了企业信用信息的定时自动归集，系统数据归集增幅明显。目前，和北京市工商行政管理局实现数据自动交换的有北京市质量技术监督局、北京市

# 诚信宣传教育

**【北京烟草团委开展“青年文明号信用示范宣传周”活动】** “3·15”国际消费者权益日期间,为贯彻落实共青团中央、共青团北京市委员会“百城万店青年文明号信用示范周”活动要求,共青团北京市烟草专卖局(公司)委员会面向全市卷烟零售店,部署开展了“践行两个至上,打造京烟首善——青年文明号信用示范宣传周”活动。活动内容包括:开展“3·15”宣传咨询服务活动,组织质检、访销、专卖、零售等青年文明号(争创)集体在主要商场、集贸市场等活动场所或零售店醒目位置,悬挂、张贴青年文明号信用公约以及“抵制假烟、依法维权”等标识警言,开展法律宣传、真伪鉴别、优质促销等活动,帮助消费者提高识假、防假、打假的能力;深入辖区卷烟零售店,开展“客户经理当一天零售店员”活动,帮助零售客户开展整理店面柜台、规范价签摆放、讲授销售技巧、指导记录进销存台账等服务,直面消费者开展咨询、导购、新品推介等专业服务;加强诚信监督,宣传党和国家有关保护消费者权益的方针、政策和烟草专卖相关法律法规,发放便民联系卡、服务反馈单,公布客户投诉电话、12313热线及举报奖励政策,坚决杜绝无证经营、公开摆卖假私非卷烟等违法行为,积极引导卷烟零售户参与“诚信经营店”创建,净化消费环境,规范市场秩序。 (安明)

**【“服务与消费”宣传教育活动启动】** 3月15日,由中共北京市委宣传部、首都精神文明建设委员会办公室、北京市商务委员会、北京市工商行政管理局及北京市消费者协会(以下简称“市消协”)等单位共同举办的“服务与消费”宣传教育活动,在十里河建材集团正式启动。

启动仪式上,北京市商务委员会负责人宣布将在全市范围内开展“创建首都良好消费环境示范街”活动。创建活动面向本市范围内各类购物、消费较为集中的商业街区,每年将按程序命名一批“创建首都良好消费环境示范街”,向广大市民推荐和展示北京市优秀的商业街区。同时,通过开展创建活动,建立促进商业街合理规划建设、促进经营者合法规范经营的长效机制,在北京市培育、树立一批消费者满意、商业氛围浓厚的示范街,从而影响和带动其他商业集中区的健康发展。

为倡导企业诚信经营、规范服务,推动行业自律,促进社会信用体系建设,在全社会形成自觉维护消费者权益的良好氛围,市消协授予中国人民大学民商事法律科学研究中心等10个单位(个人)“2009年度首都维护消费者权益突出贡献奖”。同时,为保护消费者合法权益,以实际行动为广大消费者提供服务,市消协还设立了服务质量信誉保证金,用于增强经营者的责任意识,一旦出现消费纠纷,由市消协先行赔付消费者。

北京市人民政府程红副市长、北京市工商行政管理局主要领导和首都精神文明建设委员会办公室有关领导出席了本次活动。 (首都精神文明办)

**【北京移动百城万店青年文明号信用示范周活动】** “3·15”国际消费者权益

日期间，中国移动通信集团北京有限公司海淀分公司团总支响应共青团中央开展“百城万店青年文明号信用示范周”活动要求，以“真货真情，诚信经营”为主题目的，分别在中关村e世界和北洼路苏宁电器处开展宣传活动，发放宣传单，张贴海报，设立专栏，向过往群众宣传“诚信文化”，引导客户消费。（安明）

**【开展依法诚信纳税宣传活动】** 4月1日，北京市地方税务局按照国家税务总局工作部署，围绕“税收、发展、民生”为主题，组织开展了第19个全国税收宣传月活动。北京市国家税务局、北京市地方税务局主要领导出席了活动启动仪式。

（市地税局）

**【北京化工大学第七届“诚信伞”活动】** 6月7日，北京化工大学第七届“诚信伞”活动启动仪式在逸夫图书馆前隆重举行。仪式上，校领导和出席活动的中国银行北京分行朝阳支行负责人共同为“诚信伞”揭幕，并将一批“诚信伞”授予学生代表，寓意着诚信之旅的开始。学生代表发出倡议，倡导广大同学从诚信考试、及时还伞等小事做起，做一名诚实守信的当代大学生。中国银行北京分行朝阳支行负责人称赞了北京化工大学学生长期以来在国家助学贷款和还贷方面的优秀表现，希望同学们继续努力，共同投身到诚信校园的建设中来。北京化工大学有关领导号召同学们培养诚信意识，养成诚信习惯，努力学习，学会感恩，回报社会。仪式结束后，与会师生共同在“诚信用伞，文明校园”的横幅上签名。“诚信伞”活动是北京化工大学生命学院与图书馆共建过程中同学们提出的创新性活动，旨在继承和发扬“诚信”美德。通过在图书馆放置雨伞，既传递为他人提供便利的关爱，又在借伞和还伞的过程中培养同学们的诚信意识。（安明）

**【2010第二届北京企业诚信论坛】** 7月15日，由北京企业评价协会、北京市消费者协会、北京市价格协会、北京市商业企业管理协会、北京市场协会、北京老字号协会、北京百货商业协会、北京日化协会、北京市价格协会，在北京西单商场共同举办了“2010第二届北京企业诚信论坛”。国家质量监督检验检疫总局原副局长、中国质量检验协会会长、北京企业评价协会名誉理事长李保国，北京市经济和信息化委员会、北京市工商行政管理局、北京市质量技术监督局、北京市物价检查所、北京企业评价协会的有关领导出席了论坛，有关行业协会、大专院校、企业代表和新闻媒体记者共100多人参加了本次论坛。

本次论坛围绕“诚信·服务·消费·责任”主题，就如何规范企业市场行为、营造诚信氛围、共建诚信首都等话题进行了探讨。发布了2010年“北京优秀诚信企业、诚信企业家与诚信品牌”表彰信息。成立了北京市地方标准《企业诚信评价规范》起草工作组织机构。通过征集优秀诚信论文，对在诚信方面做出突出贡献的企业和先进个人进行了表彰。

（北京企业评价协会）

**【北京41所民办高校签署诚信公约】** 7月31日，北京城市学院、北京人文大学、北京工商管理专修学院等41所民办高校共同签署了诚信公约，向社会公开承诺，严格按照经教育主管部门备案的招生

总行营业部，以及北京大学的有关领导出席了活动。

年内，人行营业管理部在市政府办公区、大型居民社区、大型企业及高校举办了 12 场“信用北京行”活动，出动 34 人次为 591 位市民查询了信用报告，发放各类宣传资料 3000 余份，新华社、北京电视台、中国证券报等 200 家知名媒体对活动进行了报道和转载。

年内，人行营业管理部制作了电子版征信宣传材料，在金融城域网为各金融机构提供下载 200 余次；组织动员辖内 62 家中外资银行机构及 3420 个网点，开通征信知识网上宣传栏目 60 余个，张贴征信宣传海报 3023 张，悬挂条幅、展板 2004 个，发放宣传折页 15.8 万张，发送征信宣传短信 178.4 万条。同时，以农村商业银行、村镇银行为触角，加大对广大农村集体企业、个体农户的征信宣传，下发《农户征信知识画册》，将征信知识送到农户手中。进一步提高《北京征信》的办刊质量，提升学术水平，优化栏目设置，为交流工作经验、反映业务实践、探讨征信理论提供了平台。

(人行营业管理部)

# 第二篇　北京市各区县及中关村国家自主创新示范区信用体系建设

# 第二篇　北京市各区县及中关村国家自主创新示范区信用体系建设

## 东城区

**【严格规范国税执法】**　1月25日，北京市东城区国家税务局（以下简称“东城区国税局”）全面启动了2010年税收执法检查工作。

3月15日至5月17日，东城区国税局开展了打击发票违法犯罪活动专项检查工作，共涉及10户企业，有问题率达100%，其中，查获假发票211张，不符合规定发票18张，共计查补税款545万元。

5月5日，东城区国税局召开汽车销售行业专项评估工作会，为开展行业专项评估工作奠定基础。5月20日至12月15日，开展了2010年打击发票违法犯罪专项整治活动，对北京市国家税务局下达的53户次案源进行了，结案户数53户次，有问题户数53户次，问题率100%，查出违法发票份数844张、涉及金额7747万元，共计组织入库税款、滞纳金及罚款2066万元。5月25日至7月20日，开展了2010年税收执法专项检查工作。

6月16日，东城区国税局与北京市东城区地方税务局联合组成大企业税收管理督导工作小组，对东城区管辖内的部分总局定点联系企业进行联合督导。

7月1日至9月30日，东城区国税局开展了2010年税收执法督察工作。7月19日，召开“东城区家具行业税收政策宣传辅导会”，加强家具制造企业增值税管理。所辖部分家具制造企业财务负责人及管理所的小教员参加了会议。

8月23日，东城区国税局配合北京市公安局东城分局，对北京市商业企业专用发票、北京市修理修配专用发票等发票共计1000余份进行了逐一鉴定，鉴定出假发票100余份。

11月24日，东城区国税局配合公安机关鉴定出假发票4377份。11月30日至12月6日，国家审计署京津冀特派专员办事处与北京市审计局联合检查组一行5人来到东城区国税局开展为期7天的税收检查。随后，联合检查组深入三户重点税源企业进行了实地检查。　（东城区国税局）

**【开展消费者权益日活动】**　3月15

日,北京市东城区质量技术监督局(以下简称"东城区质监局")配合国家质量监督检验检疫总局(以下简称"国家质检总局")和北京市质量技术监督局,以"质检邀您查企业,质量安全大家行"为主题,在王府井步行街举行"3·15"国际消费者权益保护咨询活动。国家质检总局副局长支树平、北京市人民政府、北京市质量技术监督局,以及北京市东城区人民政府有关领导出席了活动。

活动中,国家质检总局和北京市领导向参与食品安全大家行活动的社会质量监督员代表颁发了绶带,并由社会监督员代表发表感言。同时,现场设立了咨询区、检测区和图片展示区,分别为消费者提供产品质量咨询、检测等服务。

(东城区质监局)

**【地税部门举办"走进南锣鼓巷"税收宣传活动】** 4 月 1 日,北京市东城区地方税务局(以下简称"东城区地税局")在南锣鼓巷举办税收宣传月活动,帮助该特色街区的众多商户了解税法知识,履行纳税程序,维护个人权益。东城区地税局领导对街区商户进行了现场走访,了解商户需求,并结合地区产业发展特色和经济发展特点,将税法宣传送到商户门口,为商户提供全方位、多角度的税收服务。

(东城区地税局)

**【国税部门开展诚信宣传活动】** 4 月 8 日,北京市东城区国家税务局(以下简称"东城区国税局")开展税收宣传进企业的活动。东城区国税局有关领导和相关人员来到安利(中国)日用品有限公司北京分公司进行走访,宣传和普及税收优惠政策,推动税收工作健康深入开展。

4 月 16 日,东城区国税局与北京市东城区教育委员会共同在税收宣传教育基地——北京市东城区回民小学,开展以"税收·发展·民生"为主题的税收宣传进校园活动,举办税收知识问答,增强小学生的纳税意识,推动税收宣传活动的深入开展。

4 月 20 日,东城区国税局召开以"税收　发展　民生"为主题的税收政策座谈会,进一步普及税收优惠政策,加大对东城区文化创意和高新技术企业的服务力度。区内 12 家重点税源企业的财务负责人参加了座谈。

4 月 20 日,东城区国税局走访了中国路桥工程有限责任公司,宣传出口退税税收政策,普及税收法律、法规和政策,加大对出口企业的服务力度。

4 月 26 日,东城区国税局走访了重点退税户中国航空技术北京有限公司和中国航空技术国际工程有限公司,进一步了解企业生产经营情况,有针对性地宣传了税收法律、法规。

4 月 27 日,东城区国税局协同北京市东城区地方税务局和北京市公安局东城分局,在王府井步行街联合开展了以"严厉打击发票违法犯罪,维护首都社会经济秩序"为主题的宣传活动。

5 月 31 日,由北京市公安局东城分局牵头,东城区国税局、北京市工商行政管理局东城分局、北京市东城区地方税务局,以及烟草、银行等多家单位,联合举办了首个"全国打击防范经济犯罪宣传日"活动。

7 月 21 日,东城区国税局在以"依法使用发票,维护合法权益"为主题的全市第四次发票宣传月活动中,举办了"发票宣传进市场"活动,东城区国税局有关领导带领相关业务科室、税务所有关人员,来到朝内南小街市场开展宣传活动。

7月28日,结合全市第四次发票宣传月活动主题,东城区国税局召开外国企业常驻代表机构纳税服务与发票管理座谈会,向与会企业全面宣传发票使用管理知识,构建和谐税收征纳关系。东城区国税局有关领导、有关业务科室、管理所、办税服务厅负责人、外国企业常驻代表机构的代表参加了座谈。（东城区国税局）

**【开展“做诚信敬业的北京统计人”大讨论活动】** 6月12日至6月30日,北京市东城区统计局、北京市东城区经济社会调查队(以下简称“局队”)以促依法统计、诚信统计为目的,在全局队范围内开展了“做诚信敬业的北京统计人”大讨论活动。活动由主管局队长负责,以科室为单位对“做诚信敬业的北京统计人”开展讨论,并结合讨论撰写征文,延伸讨论结果。通过讨论,全局队干部职工认识了依法统计、诚信统计的重要性,提高了干部职工的统计职业道德修养,表示将按照新统计法的要求实事求是、依法行政做好本职工作,努力在平凡的工作岗位上为统计事业科学发展做出贡献。（东城区统计局）

**【开展诚信计量示范单位创建工作】** 9月,北京市东城区质量技术监督局召开辖区内加油站、集贸市场诚信计量示范单位创建工作动员大会,组织区内7家加油站、15家标准化菜市场开展诚信计量示范单位创建工作,形成“以经营者自我承诺为主、政府部门推动为辅、社会各界监督”的三位一体的诚信计量运行机制。年内,为辖区内4家集贸市场统一配置符合要求的计价秤195台,全面完成这一项政府折子工程。（东城区质监局）

**【国税部门政府信息公开】** 年内,北京市东城区国家税务局(以下简称“东城区国税局”)主动公开政府信息295条,全部通过东城区国税局政府网站发布。其中,工作动态类信息(即最新消息)220条,占总数的74.6%;通知通告类信息7条,占总数的2.4%;下载类项目5条,占总数的1.7%;公告查询类信息(限期改正公告、许可决定公告和欠税公告等)48条,占总数的16.3%;其他政府信息公开类信息15条,占总数的5.1%。收到政府信息公开申请0件。未产生针对东城区国税局的行政复议申请和行政诉讼案件。

（东城区国税局）

**【促企业提升产品质量】** 年内,北京市东城区质量技术监督局对辖区内12家生产企业的51种产品(食品)和原料奶粉进行监督抽查,合格48个,合格率为94%。组织完成7家生产企业申证换证工作,24家企业工业生产许可证、12家企业食品生产许可证的年审。举办了区内食品企业主管质量负责人参加的“食品生产企业质量安全”培训班,共有12家70人参加培训。组织区内11家食品生产企业主要领导、生产、检验等部门负责人,到北京稻香村食品厂参观学习;召开20家眼镜制配企业负责人参加的技术交流观摩座谈会。

（东城区质监局）

**【工商部门整合信息资源】** 北京市工商行政管理局东城分局建立经济数据定期分析报告制度,实现数字深加工,为地区经济发展决策提供宽领域、多形式的统计分析服务,以投资方向、交易安全、信息查询为主渠道,完善社会信用体系建设。年内,共提供档案服务8950件,帮助企业查询下载数据 28 条。通过资源整合加大对主体信息的巡办核查力度,指导实际监管工作上水平,完成各类主体巡查 18000 余户次,完善商务楼宇信息 152 处,加载楼宇内主体信息 11000 余条,市场主体认领率达到 99.73%,描点率达到 99.79%,主体清户率达到 96.76%。 (工商东城分局)

【工商部门精准执法】 年内,北京市工商行政管理局东城分局(以下简称“工商东城分局”)根据东城区和原崇文区合并后南、北两个区域的特点,依托全区 13 个二级监管网格和 88 个三级网格,开展了清户工作,先后清理个体工商户 1999 户,内资企业 2582 户,外资企业 86 户。同时,对重点行业、重点地区、重点主体进行排查梳理,以固化、完善“风险点控制”机制为目标,加快风险管理从“地域导向”向日常监管的“目标导向”进行过渡,并形成了常态化。

两区合并后,工商东城分局以精确监管、精准执法为核心,对虚假宣传、商业欺诈、“两虚一逃”(指虚报注册资本、虚假出资和抽逃资金)等危害社会经济的重大违法行为和群众关心的教育、医疗等方面的违法经营行为加大打击力度,先后查处了“同仁医疗”虚假出资案、内蒙古大厦销售假酒案、三大通信公司虚假宣传等一批大案要案,树立了执法权威和执法信心。全年,工商东城分局共办结行政处罚案件 749 件,罚没款 1159 万元。 (工商东城分局)

【工商部门保护商标专用权】 年内,北京市工商行政管理局东城分局结合东城区商标奖励政策的出台,对雍和园企业、驰名著名商标企业、老字号企业进行走访,并广泛开展“知识产权保护”主题宣传活动。在 12 家商场开展了“无假冒商标示范单位”争创活动,在王府井商业街、前门大街和重点市场全面推行商标授权经营制度。截至年底,全区注册商标达 25311 个,14 家企业的 16 件商标被评为全国驰名商标,32 家企业的 38 件商标被评为北京市著名商标。 (工商东城分局)

【工商部门加强各类监管】 年内,北京市工商行政管理局东城分局(以下简称“工商东城分局”)在合同、电子商务、广告、有形市场和食品安全等方面加大了监管力度。

合同监管。工商东城分局以“规范签约、诚信履约、政策引导、违法惩戒”为重点开展合同行政指导工作。全区经纪人备案率达 86.65%,同比增长 16.6%。全年发放格式合同 1450 份、示范文本 2 万份,办理动产抵押 7 件,抵押物价值 11.1 亿元,为企业融通资金(主债权金额)达 8.1 亿。

电子商务监管。工商东城分局利用“电子商务监控平台”,将 5370 户网店、企业网站和综合门户网站的主体信息全部纳入监控视野,对非经营性网站从事医疗、药品、保健品、教育培训、投资咨询类经营活动、有案件记录和投诉举报记录的网站,重点开展网上巡查,实施行政指导 225 件,查办涉网案件 78 件,网络监控能力初步形成。

广告监管。将医疗、药品、食品广告作为监测重点,全年监测录入广告 30 余万条,查处广告违法案件 119 件,罚没款近 200 万元。加强与媒介单位的互动沟通,在部分工商所试点设立互联网交流平台,向广告媒介单位提供广告发布审查答疑、法律法规和指导性文件解释,深受媒介单位欢迎。

有形市场监管。以推行超市化管理为目标,引入“危害分析和关键控制点”工作理念，严控进货、销售、贮存、退市四个环节，对辖区44个有形市场、7346家经营商户、10514个摊位的档案进行了全部梳理。同时，根据商品展销会《登记证》取消后的实际情况，修订相关规范，确保工作衔接到位。

食品安全监管。结合东城区小街小巷内食品经营主体分散的特点，聘请社区食品安全监督员313名，在已具备条件的22个社区开展“流通领域食品安全示范社区”创建工作。确保了两个食品实验室的正常运转，帮助6家有条件的商场、超市建立起了食品自检室，完成食品检测2892例，申报全市下架16种、区域下架20种。全年办理食品流通许可证1931件，针对“两会”、“两节”、乳制品、食用油、校园周边等重点商品和重点时段，开展食品安全专项整治32次，查处食品类案件41件，罚款108万元，有效地遏制了食品安全隐患的发生。（工商东城分局）

**【区消协和私个协服务消费者和个体私营经济】** 年内，北京市东城区消费者协会广泛开展消费教育进“六区”活动，招募社区志愿者100名，为消费者提供跟踪服务125件次，并通过探索建立“三地四区”消费维权网络，提高了社会影响力。全年共调解消费纠纷593件次，为消费者挽回经济损失72万余元。

年内，北京市东城区个体私营经济协会为130户入驻民营企业园的企业提供专项服务，为1000余户企业开办了贷款辅导，推荐贷款1112户次，贷款成功76户，总额3.23亿元。（工商东城分局）

**【开展打击发票违法犯罪活动】** 年内，北京市东城区地方税务局会同公安、国税等部门，破获非法制造发票案1起、打掉4个涉嫌倒卖发票的团伙，破获出售非法制造发票案2起，刑事拘留犯罪嫌疑人14名，捣毁小型印制窝点1个、储藏窝点3个，收缴各类假发票近19万份，收缴各类假公章365枚、电脑2台、打印机3台。

（东城区地税局）

# 西城区

**【加强食品安全生产专项检查】** 2月8日,北京市西城区质量技术监督局(以下简称“西城区质监局”)对辖区内大中型超市、小食品店销售食品的质量、定量包装商品的净含量进行检查。此次检查共涉及大中型超市、小食品店12家,检查食品83批次,合格率100%。春节前,西城区质监局出动执法人员20多人次,对辖区内10家企业的生产加工环节、食品添加剂的购入、保管和使用进行了重点检查,并对桶装水、调味品等产品进行了抽样,经检验,抽样产品全部合格。此外,按照北京市质量技术监督局的统一部署,西城区质监局对注册地在西城区,生产加工地在外区的乳制品生产企业和使用涉乳原料生产糕点的企业进行了专项检查,未发现问题乳粉。

4月2日,西城区质量技术监督局对辖区内15家工业生产许可证企业进行审核,获证企业参审率达100%。

5月4日,按照市、区两级食品质量抽查安排,西城区质监局开展了为期两周的食品质量安全专项检查。共出动执法人员28人次,对辖区内12家食品生产加工企业进行检查,抽取桶装水、固体饮料等6大类11批次的产品。此次检查整体状况良好,对于个别企业存在检验环节疏漏,数据不真实等现象,执法人员已责令限期整改。

6月9日,西城区质监局对辖区内营养儿童食品“主食营养粉”生产企业进行了检查和检测。经检测,该产品各项指标均符合产品标准。

6月12日,西城区质监局对全区10家食品、食品相关产品生产许可证企业进行审核。

6月12日,西城区质监局召开了西城区夏季食品质量安全保障工作会。通报了西城区上半年食品质量安全状况和市、区两级监督抽查情况,部署了下半年重点工作和主要措施。同时,还邀请食品专家就《食品安全法》和《关于食品生产加工企业落实质量安全主体责任监督检查规定的公告》两项重要内容对食品生产加工企业进行了培训。会议强调,企业法人是食品质量安全第一责任人,企业领导要高度重视食品质量安全,深入开展自查自纠工作,排查隐患,坚决整改,确保西城区食品质量安全工作达到更高水平。　(西城区质监局)

**【启动区域信用体系建设试点工作】** 3月,在北京市经济和信息化委员会的支持和帮助下,北京市西城区在大栅栏、马连道商业街启动了区域信用体系建设试点工作,为企业提供信用评级与征信服务,帮助企业提高内部信用管理水平,推动西城区企业信用体系建设。3月9日,西城区召开了大栅栏商业街企业信用体系建设试点工作动员会。10月11日,制定了《街区企业信用体系建设试点马连道茶叶街实施方案》,并下发征求意见。年内,完成了《大栅栏、马连道功能街区社会信用体系建设(信用大栅栏、马连道)研究》项目,形成了西城区大栅栏商业街区企业信用服务体系建设试点方案、西城区大栅栏商业街区企业信用评级标准及评级报告模型、西城区大栅栏商业街区企业信用评级实施办法、西城区大栅栏商业街区企业信用信息管理暂行办法和西城区大栅栏商业街区企业大栅栏信用网站建设方案等五项研究成果。先后完成了大栅栏、马连道商业街41家企业信用评级与征信工作。其中大栅栏有11家企业通过信用评估；马连道有7家企业信用等级为AAA，16家企业信用等级为AA，7家企业信用等级为A。12月23日，北京市西城区信息化工作办公室编制的《区域信用体系建设内容和模式研究》课题通过了专家评审。（西城区信息办）

**【公示2009年度“诚信统计单位”】** 4月12日至4月16日，北京市西城区诚信统计评估领导小组首次对拟获得“2009年度西城区诚信统计单位”称号的单位，在北京市西城区人民政府网站以及西城区统计信息网上进行为期1周的公示。最终全区有8家统计单位荣获了2009年度“诚信统计单位”称号。（西城区统计局）

**【建立税收志愿者服务队】** 4月16日，北京市西城区国家税务局（以下简称“西城区国税局”）和北京市西城区地方税务局（以下简称“西城区地税局”）联合举办“税收宣传地铁行暨税收志愿者服务队启动仪式”，长安商场等5户企业代表和中央财经大学的15名在校大学生，以及影视明星李嘉存成为首批税收志愿者。区税务部门通过成立税收志愿者服务队，拓展了纳税服务内涵，扩大了税收宣传的影响面，增强了全社会依法诚信纳税意识，并通过志愿者向全社会宣传和普及税法知识的行动，最终达到提高税法遵从意识的目的。

（西城区国税局）

**【征信产品和政策宣讲活动】** 4月26日，设在北京市西城区科学技术委员会（以下简称“西城区科委”）的北京中关村企业信用促进会西城信用工作平台（以下简称“西城信用工作平台”）在北京利玛工业自动化孵化器进行了“中关村科技园区信用产品”宣讲会，共有28家科技企业的30多名管理人员参加了宣讲会。此外，西城区科委还在年内举行了两次“西城区科技企业技术合同登记及信用融资宣讲会”，帮助科技企业掌握技术合同及政策，了解最新的科技企业融资政策及中关村科技园区征信产品。共有200余家科技企业及部分孵化器公司参加了宣讲会。（西城区科委）

**【开展打击发票违法犯罪宣传活动】** 4月27日，北京市西城区国家税务局（以下简称“西城区国税局”）联合北京市西城区地方税务局、北京市公安局西城分局等有关部门启动了2010年打击发票违法犯罪宣传活动。活动内容包括宣传涉及发票基础知识、发票真伪识别方法、发票法律法规等内容；展示历年来打击发票违法犯罪的成果及相关案例；介绍打击发票违法犯罪的措施及重点等，从多个角度宣传了依法使用的发票的重要意义，震慑了区域内发票违法犯罪行为。7月23日，西城区国税局举办主题为“打击发票犯罪　维护经济秩序”的发票主题宣传活动，有效提升了市场商户和消费者依法诚信使用发票的意识。（西城区国税局）

**【200多家区内企业加入信用促进会】** 6月24日，西城区24家企业集体加入北京中关村企业信用促进会。截至2010年底，设在北京市西城区科学技术委员会的西城信用工作平台共有北京中关村企业信用促进会会员企业234家（其中，原西城区会员企业205家，原宣武区会员企业29家）。（西城区科委）

**【"诚信统计"理念获得好评】** 9月20日,北京市西城区经济社会调查队代表北京市迎接了司法部、国家统计局的统计"五五"普法工作验收。北京市西城区经济社会调查队因其打造的"诚信统计、构建和谐氛围"的普法理念,得到了司法部、国家统计局、北京市司法局等各级领导的一致好评。司法部法制宣传司、国家统计局政策法规司的领导一致认为,北京市的统计普法工作走在全国前列,西城区的统计普法工作非常有特色,体现了政府工作人员的素质。（西城区统计局）

**【调整诚信统计领导机构】** 9月,北京市西城区统计局对诚信统计单位评估领导小组进行了重新调整和充实,组成了由局长担任领导小组组长、局队主管局队长为副组长、相关科、室、队、所负责人为成员的领导小组,负责对全区诚信统计工作的研究、组织协调和督促指导,并接受上级机关的监督和检查。（西城区统计局）

**【开展星级商户评选活动】** 10月25日,北京市工商行政管理局西城分局(以下简称"工商西城分局")、北京市西城区私营个体经济协会和马连道茶叶协会在北京茶叶总公司举行"马连道茶叶市场星级信用商户授牌仪式"。马连道6个茶叶市场的487家茶商获得"三星级优秀商户"命名。即日起,消费者到马连道购买茶叶,可凭各店门前挂出的星级优秀商户牌分辨商户的诚信级别。（工商西城分局）

**【搭建信用服务工作平台】** 10月,北京市西城区信息化工作办公室牵头,联合区发展改革、商务、文化创意等部门,以及区内有关商业银行、担保机构,建立了西城区信用服务工作平台。成立该平台的主要目的是推进西城区信用体系建设,改善区域市场经济秩序,优化区域信用环境,促进中小企业健康快速发展,拓展征信产品的使用,为区内信用良好企业优先提供信贷和担保服务,帮助企业缓解融资难问题。（西城区信息办）

**【中小企业信用知识培训会】** 11月30日,北京市西城区信息化工作办公室(以下简称"西城区信息办")组织召开西城区中小企业信用知识培训会。马连道、大栅栏、西单商业街的中小企业主管100余人参加了培训。培训会上介绍了北京市信用体系建设基本情况、银行信用与中小企业发展关系、中小企业应收账款管理和逾期应收账款催收技巧等内容。北京市经济和信息化委员会、西城区信息办、马连道茶叶协会等有关单位的领导出席了培训会。（西城区信息办）

**【诚信统计宣传活动】** 11月,为广泛宣传北京市西城区诚信统计单位,在新统计法施行一周年之际,北京市西城区统计局制作了附有宣传漫画及法律条文的普法笔记本3万本、造型可爱的便签夹1万个、宣传诚信统计理念的明信片9000张、普法宣传材料4.87万份、《西城统计月刊——诚信统计特刊》7000份、普法宣传展板80块,在年报工作会期间面向全区参会单位发放和展示,突出了《统计法》及诚信统计的特点及重点内容。

自11月中旬起,北京市西城区经济社会调查队组织开展了主题为"依法统计,诚信为本"的普法宣传活动。利用统计年报工作布置会,组织了87场会前讲法,共有16000余家单位18000余人次参加。为了

提高培训效果，制定了统一的年报普法多媒体课件，内容包括诚信统计单位评估工作等。（西城区统计局）

【开展2010年度“诚信统计单位”评选工作】　11月，北京市西城区统计局决定将原北京市宣武区的“统计工作示范单位”评选和原北京市西城区的“诚信统计单位”评估工作并轨，以“诚信统计单位”的名称继续开展相关工作。确定了西城区“诚信统计单位”评估工作目标为“弘扬诚信统计精神、树立诚信统计理念、创造诚信统计品牌、营造诚信统计氛围”。梳理和整合了“统计工作示范单位”和“诚信统计单位”评估工作，统一了评估标准和评估流程，形成了西城区“诚信统计单位”评估工作机制。组织开展了对新申报2010年度“诚信统计单位”的筛选、审查与评估，并对历年“诚信统计单位”进行回访复查。同时简化工作程序与流程，组织开展“统计工作示范单位”转评工作。自11月起，组织了对申报2010年度“诚信统计单位”进行评估审查工作，最终筛选出北京市复兴商业城有限公司、北京菜市口百货股份有限公司等9家备选单位。对于暂时不符合诚信统计单位条件的单位建立了信息库，以加强对这些单位的业务指导，帮助其建立健全各项统计工作，引导其在两年后继续参与“诚信统计单位评估”活动。

（西城区统计局）

【“信用大栅栏”网站上线】　年内，北京市西城区信息化工作办公室组织完成了“信用大栅栏”网站的研发与上线工作。在大栅栏网站首页设置了信用专题栏目，建立企业信用档案，提供企业信用信息查询服务等内容，宣传该地区企业信用体系建设工作。（西城区信息办）

【推进企业信用信息系统区县平台建设与应用】　年内，北京市工商行政管理局西城分局（以下简称“工商西城分局”）以完善数据整合为手段，以加强部门间数据共享为目标，以信息化建设为支撑，推进北京市企业信用信息系统区县平台建设与应用。一是加大数据检测力度，确保基础数据的准确、完整和及时更新，全年共修补企业、个体工商户问题数据5000余条。二是加快数据资源整合力度。建立工商业务信息综合管理平台，以企业注册登记资料为基础，以经济户口管理为主线，实现各类工商行政管理业务的数据整合和应用集成，以掌握市场主体从准入、经营到退出的所有信息，实现对市场主体整个生命周期内的、全方位的相关动态业务信息管理和利用。以开发“楼宇监管系统”为切入点，逐步把分散、单一的数据进行整合，变为整体、有效的信息资源，为今后的分析利用提供可靠依据。三是加强跨部门间的信息共享。工商西城分局参与了区发展和改革部门开发的金宏系统和区信息化部门开发的楼宇经济项目建设。（工商西城分局）

【推动政府部门使用征信产品】　年内，北京市西城区信息化工作办公室（以下简称“西城区信息办”）在本部门信息化项目招投标工作中，要求投标企业提供征信报告。此外，西城区信息办还与中共北京市西城区委宣传部（西城区文化创意产业领导小组办公室）、北京市西城区发展和改革委员会和北京市西城区商务委员会沟通，推动企业信用报告在文化创意产业发展专项资金、中小企业专项资金和商业企业流通资金支持项目申报审批工作中的使用。（西城区信息办）

**【推动商业银行使用第三方征信报告】** 年内,北京市西城区信息化工作办公室多次与北京银行琉璃厂支行进行协商,推广企业信用报告在该行信用贷款方面的具体应用,并签订了《关于西城区企业信用产品在银行担保业务中使用沟通会的备忘录》。（西城区信息办）

**【加强国税专项检查】** 年内,北京市西城区国家税务局开展了对建筑安装、药品经销、餐饮企业、家具生产和销售、电力等行业的专项检查,以及各类专案检查、信访举报案检查工作,稽查检查共涉及企业 150 户,完成查补税款、滞纳金、罚款共计 2.5 亿元。在开展重点行业专项检查前,北京市西城区国家税务局召开企业自查辅导会,根据专项检查工作要点及以往对重点行业企业自查积累的经验,明确自查要求,确保自查企业提高依法诚信纳税意识,有效控制税收风险。（西城区国税局）

**【加强餐饮服务业监管】** 年内,北京市西城区卫生局(以下简称“西城区卫生局”)所属区卫生监督所通过对餐饮服务单位和集体用餐配送单位的风险分析和信誉分级,逐步形成激励机制,并实施动态管理,逐步打造出牛街等量化分级示范街,辖区学生食堂全部达到 B 级以上的良好水平。截至 2010 年底,西城区卫生局北区已完成量化分级的餐饮单位 2239 户,其中 A 级 368 户,占总数的 16.44%;B 级 941 户,占总数的 42.03%;C 级 939 户,占总数的 41.9%。西城区卫生局南区应量化餐饮服务单位 1036 户、集体用餐配送单位 3 户,已量化餐饮服务单位 1032 户、集体用餐配送单位 3 户,其中 A 级单位 152 户、B 级单位 336 户、C 级单位 547 户,量化率 99.62%,A、B 级单位占已量化单位比例为 47.15%。

（西城区卫生局）

**【政府信息公开】** 年内,北京市西城区人民政府办公室以《中华人民共和国政府信息公开条例》为依据,对主动公开内容进行梳理归类,归纳出了 5 类 30 项作为主动公开的重点内容。将街道办事处负责的 70 余项与居民日常生活密切相关服务事项进行归纳整理,规范了事项名称、办理对象、办理依据等内容。全年区属部门主动公开政府信息 3907 条,全文电子化率达 100%。其中,机构职能类信息 99 条,占总体的比例为 2.53%;法规文件类信息 168 条,占总体的比例为 4.29%;规划计划类信息 40 条,占总体的比例为 1.02%;行政职责类信息 192 条,占总体的比例为 4.91%;业务动态类信息 3408 条,占总体的比例为 87.25%。全区共有政府信息公开查阅中心 34 个,其中区级查阅中心 6 个,街道级公共服务大厅 15 个,社区级图书馆 13 个。所有政府信息公开查阅中心均免费提供全区各部门的政府信息公开指南及全区各部门主动公开信息的咨询、查询服务工作。年内,全区共收到政府信息公开申请 141 件,上年减少 47 件。其中,当面申请 134 件,通过互联网提交申请 7 件;申请内容主要涉及城市建设、规划计划、房屋权属、环境整治、经租房产等;依申请受理总量居前 3 名的单位分别是北京市西城区房屋管理局、北京市西城区住房和城乡建设委员会及北京市西城区城市管理监察大队;结转到 2011 年度的 40 件,已答复的 101 件。西城区人民政府去年共接受公民、法人及其他组织政府信息公开方面的咨询 10298 人次。全区 2010 年度政府信息公开专栏访问量为 4002549 条。（西城区政府办）

# 朝阳区

**【开展纳税信用 A 级企业评定】** 12 月,北京市朝阳区地方税务局联合北京市朝阳区国家税务局开展了 2011—2012 年度企业纳税信用 A 级评定工作。两局成立了纳税信用等级联合评定委员会,制定了信用等级评定工作方案,建立了国、地税配合协作的工作运行机制,及时进行信息交换,强化动态监控,作好纳税信用 A 级的评定及后续管理工作。(朝阳区地税局、国税局)

**【开展企业质量档案建立工作】** 年内,北京市朝阳区质量技术监督局为辖区 54 家工业企业、61 家 3C 企业,以及朝阳区眼镜城市场内的 60 家企业建立了质量档案,汇集了这些企业的信用信息。

(朝阳区质监局)

**【推动诚信计量建设】** 年内,北京市朝阳区质量技术监督局对超市、集贸市场、餐饮店等行业的 176 家单位进行了计量监督,检查贸易结算用计量器具 5730 台件、抽查定量包装商品 172 批次、预包装 470 件;推进商业、服务业诚信计量体系建设,完成 9 家社区菜市场电子计价秤的统配统管工作,统配电子计价秤 841 台;召开 24 家列入 2010 年实施能源计量检测单位工作会议。(朝阳区质监局)

**【深化价格诚信工作】** 年内,根据朝阳区关于建设文明城区的工作部署,北京市朝阳区物价检查所深化建外大街价格诚信一条街工作,继续发挥好引领和示范作用,强化监督检查,进一步治理违反价格法律法规、背弃价格诚信原则的不正当价格行为。营造诚实守信、竞争有序、守法经营的社会氛围。发动社会各界广泛参与,征求经营者和消费者的意见和建议,提高价格诚信工作的透明度和实效性。宣传价格法规、政策,深入企业开展价格政策法规宣传培训,动员企业主动参与到创建文明城区的各项工作中来。11 月 24 日,朝阳区物价检查所在蟹岛举办了“价格诚信一条街”主题活动法律法规知识培训班,就主题活动的目的、意义和有关的价格法律法规以及企业如何建立价格诚信档案等主要内容进行了宣讲,全区 80 余家企业和单位的负责人和业务主管 82 人积极参加了学习。

(朝阳区物价检查所)

**【推进企业信用信息工作】** 年内,北京市工商行政管理局朝阳分局在北京市企业信用网中录入各类企业信用信息 343158 条。其中,身份信息 342447 条,良好信息 345 条,提示信息 365 条,警示信息1 条。

(工商朝阳分局)

# 海淀区

**【"3·15"质量诚信宣传活动】** "3·15"消费者权益日期间,北京市海淀区质量技术监督局按照国家质检总局关于开展"质量提升年"活动的部署,以"消费与服务"为主题,在各大商场、超市及街道社区面向广大消费者提供咨询服务。活动中,共受理消费者咨询100余件,现场发放食品安全及产品小常识等宣传材料2000余份,向消费者宣传工业产品生产许可证、食品市场准入等相关知识,解答消费者提出的关于食品等产品质量的相关问题。为某大型购物中心的代理商、店长、质管部负责人、服务部负责人和相关人员共300余人举办了产品质量法系列培训。培训以《食品安全法》、《产品质量法》、《工业产品许可证管理条例》为重点,以流通领域应注意的关键问题为核心,全面介绍了质量技术监督法律法规,引导经营者建立完整的索票索证制度,完善质量监控模式,强化"质量是企业生命线"的意识,促使企业主动提高产品质量,努力营造良好的经营秩序和经营环境。(海淀区质监局)

**【开展"税法课堂进西区"大型税法宣传活动】** 3月29日,北京市海淀区国家税务局联合北京市海淀区地方税务局在中关村西区海龙、鼎好和亿世界三个电子市场举办"税法课堂进西区"大型税法宣传活动。本次活动按照中关村国家自主创新示范区核心区建设的总体要求,以提高企业依法诚信纳税意识,规范税收秩序,构建中关村西区和谐环境,服务海淀"核心区"建设为目的,以整顿规范中关村西区电子市场税收秩序为切入点,以税法及发票宣传为中心,采取集中授课与现场咨询相结合的方式,除常规税法宣传外,还就消费者维权举报渠道的引导、商户违规使用发票及偷逃税款手段分析、税务部门对非法使用发票及各类税收违法行为的严厉打击等内容,进行了重点宣传。

(海淀区国税局)

**【表彰"国税五十强"企业】** 4月15日,北京市海淀区国家税务局(以下简称"海淀区国税局")在局会议室举行"国税五十强"授牌暨"绿色通道"证书颁发仪式。受表彰企业代表、海淀区国税局领导及部分税务干部代表参加了授牌仪式。海淀区国税局"国税五十强"评选是根据企业税收贡献、纳税诚信度等综合评价指标,每年从所辖的10万户企业中筛选出综合指标排名前50名的企业进行表彰。活动中,海淀区国税局领导向"国税五十强"企业授牌,并向获奖企业颁发"绿色通道"证书。凭此证书,企业在区国税局办理涉税事宜将可享受优先权。

(海淀区国税局)

**【"4·26"保护知识产权宣传周系列活动】** 4月19日至4月26日,北京市工商行政管理局海淀分局组织开展了以"创造·保护·发展"为主题的"4·26保护知识产权宣传周"系列活动,设立咨询服务台现场答疑,宣传诚信经营。全局共计出动执法车辆45车次,执法人员95人次,检查29个市场,386户商户;组织开展宣传活动

17次,悬挂、张贴各类宣传标语、挂图、横幅80多幅,接待群众咨询3100余次,向1600多户企业发放宣传材料2300份。

(工商海淀分局)

**【开展特大打击制售假发票行动】** 5月13日,北京市海淀区国家税务局联合北京市公安局海淀分局和北京市海淀区地方税务局开展特大打击制售假发票行动。一举打掉假发票印制窝点1个,囤积窝点4个,出售团伙4个,刑事拘留13人,收缴各类发票437743份,印刷设备1套。

(海淀区国税局)

**【"世界计量日"宣传咨询活动】** 5月20日,在第11个"世界计量日"期间,北京市海淀区质量技术监督局(以下简称"海淀区质监局")围绕"计量·科学发展"主题,在北京市海淀区曙光街道文化广场开展大型现场宣传咨询服务活动。国家质量监督检验检疫总局计量司、北京市质量技术监督局和海淀区质监局有关领导及相关部门负责人出席活动。活动现场,工作人员向市民免费提供血压计、眼镜、衡器等计量器具检定服务、发放计量常识宣传手册并接受计量投诉、咨询等。通过宣传展板、现场答题、作弊秤展示等多种形式,向广大市民宣传民生计量工作对于百姓日常生活的重要作用和实际意义。此外,海淀区质监局还联合中国石油化工集团公司北京石油分公司、北京电力公司、北京燃气集团、北京自来水集团等单位一同参与活动,解答市民关心的问题。活动当天,海淀区计量检测所还向社会开放计量检测实验室,介绍计量器具知识,观看计量器具的检定、校准过程,提高百姓计量意识。

(海淀区质监局)

**【食品安全宣传走进企业】** 7月21日,由国家质量监督检验检疫总局(以下简称"国家质检总局")主办的"质检邀您看企业,食品安全大家行"活动在海淀区启动北京市第一站活动。海淀区人大代表、政协委员和部分食品专家、消费者、高校师生代表和媒体记者等组成观察团,陪同国家质检总局食品司有关领导一同来到北京三元食品股份有限公司(以下简称"三元公司"),全程现场观摩北京市海淀区质量技术监督局(以下简称"海淀区质监局")对三元公司的监督检查。

海淀区质监局执法人员在活动现场向受邀代表分发了《食品生产企业落实质量安全主体责任监督检查基本要点手册(乳制品篇)》,介绍了对食品生产企业监管的措施和经验,并对三元公司的原材料验收、生产过程控制、生产场地卫生条件、产品出厂检验、售后服务的全过程进行了严格的检查。受邀代表在观摩过程中重点了解了企业依法组织生产的基本情况、生产工艺中关键控制点的控制措施以及企业对自己生产食品安全状况的总体评估等。检查结束后,执法人员回答了受邀代表提出的相关问题,并现场公布了检查结果。

(海淀区质监局)

**【完善合同信用监管体系】** 7月22日,北京市工商行政管理局召集各区县工商分局合同系统主管领导、合同科科长及全市主要家居建材市场负责人,在集美家具建材市场召开"推进家居建材市场合同行政指导工作现场会",将北京市工商行政管理局海淀分局(以下简称"工商海淀分局")推进家居建材市场合同行政指导工作经验在全市进行了推广。年内,工商海淀分局以"经济户口"为基础,以"规范签约、诚信履约、政策引导、违法惩戒”为主线,以完善合同信用监管体系为核心,以集美家具建材市场为试点,在辖区家居建材市场开展合同行政指导,引导市场主办单位建立健全“事前预防、事中控制为主,事后补救为辅”的合同管理制度,强化商户的履约意识和自律能力。

(工商海淀分局)

**【区经信办挂牌】** 8月4日,北京市海淀区经济和信息化办公室(以下简称“海淀区经济和信息化办”)在海淀区招商大厦挂牌成立,与中关村科技园区海淀园管理委员会企业发展促进处合署办公。成立后,海淀区经济和信息化办全面启动海淀区企业信用体系建设工作,着手组织相关委办局、专家、协会和企业开展《海淀区企业信用体系建设工作方案》的研讨,深入调研信用协会与征信机构。借助海淀区企业信用体系建设工作的开展,通过建立完善的现代企业信用制度和全面的信用信息服务平台,形成“守信受益、失信惩戒、复信宽容”的信用约束机制,提升企业信用管理意识,建立企业自身信用管理系统,推进市场信用环境的改善。

(海淀区经济和信息化办)

**【开展质量普法宣传活动】** 12月4日,北京市海淀区质量技术监督局在北京市海淀区公共安全馆普法基地参加了以“弘扬法治精神,共建和谐海淀”为主题的大型宣传活动。向群众介绍了质监部门依据《计量法》、《标准化法》、《产品质量法》、《食品安全法》以及《特种设备安全监察条例》等相关法律法规的履职情况,讲解了电梯等特种设备的正确搭乘方式及安全注意事项,介绍了产品、食品相关法律中保护消费者权益的相关内容,以及诚信计量和社会关注度较高的法律法规知识,引导广大消费者进一步提升依法自我保护的意识和能力。活动现场共接受群众咨询近百起,发放宣传资料500余份。

(海淀区质监局)

**【推进中关村电子市场诚信经营建设】** 年内,北京市工商行政管理局海淀分局(以下简称“工商海淀分局”)在推进中关村电子市场诚信经营建设方面,一是结合“3·15”消费者权益日,加大宣传力度,提示消费者在购物中必须注意的六个环节;召开高投诉率商户的行政指导会,加强法制观念教育,对违法行为进行训诫;发放统一编制的投诉登记单,规范电子市场的投诉登记信息;督促市场对高投诉率商户进行封店、清退,对导购拉客行为进行惩处;对涉嫌欺诈、无照经营、虚假宣传、销售侵犯注册商标专用权商品的案件进行查处。

二是在中关村电子市场推进电子产品销售备案制度。工商海淀分局在《电子市场电子产品销售备案清单制度》工作的基础上,进一步完善《诚信经营、守法经商、销售备案协议书》和《电子产品销售备案配置清单》等相关材料,并在海龙、鼎好、亿世界电子市场进行推广试行,使四大电子卖场全部使用统一、规范的《诚信经营、守法经商、销售备案协议书》和《电子产品销售备案配置清单》,从而有效规范了电子市场销售经营行为,切实降低了消费投诉率,最大程度维护消费者合法权益。

三是推行争创“规范经营示范店”活动。工商海淀分局以倡导诚信文明经商为主题,引导市场主办单位开展创建“规范经营示范店”活动，要求参选商户统一对外公开承诺，保障消费者合法权益不受侵害，从而在电子市场内树立诚信经营的良好风气，拉开市场内经营者的质量档次，从信誉度上打破鱼龙混杂的现状。

四是继续开展争创“平安市场”、“首都文明市场”、“诚信商户”、“星级商户”和共产党员摊位等活动，营造良好的市场经营氛围；同时继续推进社会监督员和市场情报员制度，及时掌握市场中违法经营的动向和特点，对违法行为进行准确地打击。

（工商海淀分局）

**【完善市场信用分类分级监管工作机制】** 年内，北京市工商行政管理局海淀分局（以下简称“工商海淀分局”）以营造中关村国家自主创新示范区核心区良好的市场生态环境为契机，推行商品交易市场的信用分级分类工作，并结合辖区的实际情况，分步骤全面推动商品交易市场的信用分级分类复核工作。同时，通过对商品交易市场信用分级分类，推动市场主办单位软硬件水平的提升。工商海淀分局对全区111个市场进行了分级分类，其中被评定为A级A类市场的12个，被评定为A级B类市场的13个，被评定为A级C类市场的4个；被评定为B级A类市场的12个，被评定为B级B类市场的45个，被评定为B级C类市场的9个；被评定为C级B类市场的5个，被评定为C级C类市场的8个；被评定为D级B类市场的1个，被评定为D级C类市场的2个。

（工商海淀分局）

**【探索建立民营高新技术企业信用评价指标体系】** 年内，北京市工商行政管理局海淀分局围绕“营造良好市场生态环境”，对海淀区民营高新技术企业履行合同约定、产销商品高质、返还信款守时、缴纳税款足额、劳动就业保障、公益事业积极六个方面开展信用调查，走访了中关村科技园区管理委员会、中关村科技园区海淀园、北京中关村高新技术企业协会、北京中关村企业信用促进会，以及理工大学科技园、北京工业大学留学生创业园和留学生企业孵化器等单位，下发调查问卷，与第三方信用服务机构合作，探索建立较为完善的信用评价指标体系，促进高新企业的健康稳定发展。

（工商海淀分局）

**【推行商场超市食品经营六项管理规范】** 年内，北京市工商行政管理局海淀分局（以下简称“工商海淀分局”）针对当前没有系统的“下架退市制度”和管理规范、食品下架退市的监管比较薄弱的情况，制定了《北京市工商行政管理局海淀分局商场超市食品经营六项管理规范（试行）》，通过建立允收期制度、临近保质期限食品销售专区制度、食品退市合同制度、食品销毁制度、食品质量监督员制度、销售台账制度等，进一步完善食品下架退市的管理工作，督促企业真正做到“把好入口，管好出口”，诚信经营，严格食品准入，完善退市机制，不断提升海淀区食品流通领域安全和监管水平。该规范已在全区70余家大中型超市中全面推行。

（工商海淀分局）

# 门头沟区

**【举办“3·15”国际消费者权益保护日宣传咨询活动】** 3月15日,北京市门头沟区质量技术监督局举办了以“质量提升　惠及民生”为主题的“3·15”国际消费者权益保护日宣传咨询活动。活动中,在区内主要街道设立咨询服务台,开展宣传咨询和维权服务活动。现场向广大消费者宣传普及食品安全和消费常识,并开展了产品质量、计量、标准化、生产许可等业务咨询,免费发放相关法律法规知识宣传册,指导消费者安全消费。现场共发放宣传资料2200份,接待咨询群众55人次。　(门头沟区经信委)

**【开展定量包装商品净含量市级专项抽查】** 3月26日,为严厉打击利用定量包装商品净含量弄虚作假欺骗消费者的违法行为,北京市门头沟区质量技术监督局在全区范围内开展对食用油、大米生产企业(分装)开展定量包装商品净含量市级专项抽查。本次专项抽查活动,共抽查企业2家,抽查食用油50瓶,有机大米80袋,抽查结果在检测后公布。　(门头沟区经信委)

**【税收宣传活动进社区】** 4月16日,为进一步增强税收宣传月活动的效果和影响力,北京市门头沟区国家税务局组织宣传工作小组,来到东辛房街道葡萄园社区开展税收宣传进社区活动。在活动现场,税务干部张贴宣传海报、发放宣传纪念品、讲解税收基本常识、接受群众咨询,并结合社区居民关心的热点问题宣传国家税收政策,扩大了税收宣传的受众面和影响力。

(门头沟区经信委)

**【开展山区食品安全检查活动】** 5月11日,北京市门头沟区质量技术监督局主要领导带领执法人员,对区内旅游景点较多的清水地区传统食品生产加工点开展检查。执法检查人员重点对当地粉条生产点进行了实地走访,要求生产者在加工过程中,保持良好卫生条件,规范生产加工流程,控制好添加物质的使用量,保证食品质量安全。　(门头沟区经信委)

**【发票宣传手册进景点】** 8月25日,为进一步扩大发票宣传的影响力和受众面,北京市门头沟区国家税务局与北京京西风光旅游开发股份有限公司在潭柘寺、戒台寺、爨底下、灵山、妙峰山等各主要旅游景点进行发票宣传活动,发放“走进门头沟　税收伴君行”发票宣传手册3000份,使广大旅行者和市民更加便捷地接触和了解发票知识,形成依法诚信纳税、合法使用发票的良好氛围。

(门头沟区经信委)

**【举办动物卫生诚信责任约定文书签订仪式】** 10月14日,北京市门头沟区农业局动物卫生监督所举办“门头沟区动物卫生诚信责任约定文书签订仪式”,与辖区内57家动物产品经营和动物产品使用单位签订了《2010—2011年度动物卫生责任书和产品安全承诺书》。同时,对责任书的约定内容进行了解读,要求各监管单位严格按照责任书要求,加强单位管理,保证上市动物产品安全。动物产品经营、使用单位代表分别宣读了产品安全承诺书,并郑重承诺将严格按责任书约定的条款履行职责。　(门头沟区经信委)

# 通州区

【开展安全生产法规培训活动】　1月7日和1月27日，北京市通州区文化委员会（以下简称“通州区文化委”）先后两次召开全区印刷复制企业安全生产及法规培训工作会。会上，向各与会企业发放了《北京市新闻出版局关于加强节日期间印刷复制企业安全生产工作的通知》、《通州区印刷复制企业安全生产责任书》、《北京市新闻出版行业安全生产工作制度》、《关于开展2010年印刷企业审核登记工作的通知》等材料，通报了2009年通州区印刷复制行业行政执法情况，就2010年的工作做了具体部署，200多家企业法人代表签订了《通州区印刷复制企业责任书》和《印刷复制企业燃放烟花爆竹承诺书》。

5月20日，通州区文化委会同通州区消防支队联合召开通州区文化娱乐场所2010年夏季安全生产及法规培训会。传达了通州区安全生产委员会《关于切实做好夏季安全生产工作的通知》。全区170家网吧、歌舞娱乐场所的法人代表及安全生产工作负责人参加了会议。

9月14日上午，通州区文化委组织网吧及娱乐场所负责人召开全区娱乐场所安全生产大型公开课。邀请北京市安全生产监督管理局有关专家向参会人员讲解关于人员密集文化娱乐场所经营单位如何建立安全生产制度，如何预防和应对突发安全生产事故的课程。（通州区文化委）

【召开无冒充专利示范单位座谈会】4月27日，北京市通州区知识产权局与北京市通州区商务委员会联合召开通州区无假冒专利示范单位工作座谈会。会上总结了2009年流通领域知识产权检查情况，对2010年的执法检查工作进行了部署，参会的各商场负责人员交流了专利商品管理的经验与做法。

（通州区知识产权局）

【国企“十二五”发展规划强调信用管理】　5月，北京市通州区国有资产监督管理委员会启动了“十二五”发展规划编制工作会议。会议明确了规划的指导思想、总体原则以及编制要求，特别提到未来5年要加速国资与国企整体信息化建设，建立国资委信息系统平台，全面加强包括信用管理在内的国企运营机制建设。

（通州区国资委）

【“食品安全大家行”活动】　7月22日，为进一步促进消费者对企业诚信经营情况的了解，由国家质量监督检验检疫总局主办，北京市质量技术监督局协办的“质检邀您看企业、食品安全大家行”活动在通州区举行。国家质量监督检验检疫总局、北京市和通州区质监部门相关领导、中国质量万里行促进会及通州区人大和政协相关领导、中央电视台和《人民日报》等媒体记者、消费者代表等各界人士共同参加了活动。通州区蒙牛乳业（北京）有限责任公司介绍了企业生产经营和食品安全控制情况，组织现场检查和观摩了企业的原料购进、进货查验、生产过程质量控制、产品经营管理、不合格产品处理及不安全食品召回、产品销售管理、从

单位行政处理 1 起,处理金额 85.6 万元;行政处罚 10 起,处罚金额 3.98 万元。

(通州区人力资源社保局)

**【建立劳动用工信用评价制度】** 年内,北京市通州区人力资源和社会保障局(以下简称“通州区人力资源社保局”)在综合各项信息来源和对用人单位巡查、检查的基础上,对用人单位的劳动用工进行信用等级评定,分为合格、基本合格、不合格三个等级,并建立信用等级升降管理制度,根据用人单位遵守法律法规的情况对其的信用等级进行动态管理。2010 年共有 1898 家企业被评为合格信用等级,276 家评为基本合格等级,11 家评为不合格信用等级。

在信用评价结果的使用方面,通州区人力资源社保局根据用人单位的信用等级实施分类管理,建立用人单位信用惩奖机制,定期公布用人单位劳动用工相关信息和诚信状况,对于能够自觉遵守劳动保障法律法规的用人单位予以表彰,在企业密集区域树立典型并推荐至全区的“劳动用工成效企业”评选活动,减少对其的日常巡查检查,鼓励自查为主;对于用人单位不讲诚信、严重侵害职工权益的违法用工行为,视情节轻重予以曝光,进行重点监控,并作为主要的执法对象进行检查,同时提示劳动者不要到用工诚信差的企业去工作,以免权益受到侵害。此外,建议并推动政府将用工诚信作为招商引资、招标投标的条件。

(通州区人力资源社保局)

**【加大对生产企业诚信经营检查力度】** 年内,北京市通州区质量技术监督局(以下简称“通州区质监局”)采取日常检查、监督抽查、专项整治、重点巡查等措施,对全区 193 家取得食品生产许可证企业和 34 家食品小作坊逐一进行了检查,检查覆盖率达 100%。完成 167 家食品生产企业和 45 家食品相关产品生产企业年审材料的审查工作,对 17 家食品生产企业和 6 家食品相关产品生产企业进行实地核查,帮助 52 家生产企业取得 53 张生产许可证。对糕点、肉制品、调味品等 26 类食品样品进行了监督抽查,共抽查食品样品 302 个,经检测合格样品 292 个,合格率为 97%。围绕涉及人体健康和人身财产安全的建材、农资、家具、煤炭、家电下乡产品化妆品、电热毯、炉具、计生用品,以及国家实行生产许可证和强制性认证管理的产品开展执法监督检查。同时,加强对全区 87 家涉及取得工业产品生产许可证和“CCC”认证的 15 类产品进行监督抽查,抽查样品 76 个。开展工业产品生产许可证年审和取证工作,有 198 家企业提交自查报告及证书 200 张。对 30 家次申证企业的文件及现场进行初审,派出观察员 40 人次,帮助 7 家生产企业取得 7 张生产许可证。

(通州区质监局)

**【加大打击制假售假违法行为力度】** 年内,北京市通州区质量技术监督局为促进企业落实诚信经营工作,大力整顿和规范市场经济秩序,共检查食品小作坊 160 家次,监督整改 24 家次;打击制售假冒伪劣食品黑窝点活动,会同当地政府和公安部门端掉了 20 个黑窝点,没收假冒白酒 8155 瓶、无证熟肉制品 2200 公斤;开展建筑用聚苯乙烯板材产品专项整治活动,为 40 家企业建立质量档案;开展炉具产品专项整治活动,对 8 家民用燃煤取暖炉具生产企业进行监督检查,分别签订《确保民用取暖炉具质量安全责任书》；完成钢琴、润滑油、学生装等15类工业产品的质量监督抽查工作，抽取样品207个，合格率为84%。

（通州区质监局）

**【开展诚信计量活动】** 年内，北京市通州区质量技术监督局结合“3·15”、“5·20”和日常监督检查，开展诚信计量进社区、进学校、进乡村活动，发放各类宣传资料2100余份，受理计量咨询近千人次，为群众免费检定计量器具168件；与石油石化企业及社会加油站开展面向社会公开承诺诚信计量活动，按照《加油站诚信计量行为规范》，与86家加油站签订诚信计量承诺书；结合眼镜制配行业计量器具检定工作，开展光明进镜店活动，向通州区备案的59家眼镜制配单位进行相关知识宣传；开展农资计量、汽车衡计量、燃油加油机、电子计价秤、制造、修理计量器具等专项整治活动，全年共检查企业162家，办理投诉举报30起；指导帮助社区菜市场建立和完善各项计量管理制度，统一配备自检砝码，合理设置公平秤，全年共为2家社区菜市场统配统管计价秤345台。

（通州区质监局）

# 顺义区

**【开通首个消费争议快速解决平台】** 3月14日,北京市首个消费争议快速解决网上平台在北京市顺义区开通,消费者投诉最快3天即可解决,比目前通常所用的时间缩短了7天。由北京市工商行政管理局顺义分局研发的消费争议快速解决网上平台开通后,消费者需要投诉时,只需拨打12315消费热线,消费热线将反映的问题记录在网络平台上,相应的部门看到后就会通知被投诉单位解决纠纷,待问题解决后,由被投诉单位将处理结果公布到平台上,工商部门再对解决的结果进行评判。目前,顺义区已有22家销售、生产、服务类企业纳入该平台。（顺义区经信委）

**【北务镇树立企业诚信楷模】** 3月,为规范企业合法用工,保障劳动者的合法权利,构建和谐稳定的劳动关系,并树立一批诚信企业,带动地区企业繁荣发展,北京市顺义区北务镇举行了"诚信企业"评比活动。此次活动主要针对镇域内51家企业进行评比,将劳动合同签订率、工资发放、有无劳动争议、劳动纠纷案件、劳动者满意度评测等作为评选依据,最终通过整体审核,选出诚信企业进行表彰奖励,并授予"诚信企业"奖牌。同时,对那些不合法用工、有劳动争议的情况进行通报,督促企业进行整改。（顺义区经信委）

**【搭建银保企合作平台】** 12月17日,北京市顺义区人民政府与中国出口信用保险公司签署全面框架合作协议,实施"区内企业信用风险全面覆盖"政策,通过搭建"银保企"合作平台、补贴企业购买出口信用保险等方式解决出口企业面临的劳动力成本上升、汇率大幅波动、收款风险增大等问题,在全市树立"北京市信用保险工作典范区"形象。（顺义区经信委）

**【方便个体工商户验照】** 年内,北京市工商行政管理局顺义分局采取四项措施,加强个体工商户验照工作,帮助个体经营者提升经营规模和服务质量。一是广泛宣传告知,通过日常巡查告知、发放宣传材料、村级有线广播以及张贴验照公示等方式,提醒个体经营者按时参加验照工作。二是提升服务质量,一方面规范验照流程,要求工作人员严格依照程序受理、审查个体工商户验照材料;另一方面,充分发挥工商工作站的作用延伸服务平台,对市场和主要街道等个体工商户集中地区采取集中验照、上门验照的方式。三是全面采集信息,通过验照工作,全面采集个体工商户经营信息,完善监管资料,及时发现风险点,为日常监管提供基础和依据。四是严格履行职责,通过验照工作,严格履行监管职责,规范个体工商户经营行为。对于存在问题的,通过行政指导予以解决,问题解决后由工商所审批方能通过验照;对违反相关法律法规的,则依法予以查处。（顺义区经信委）

**【推进诚信计量体系建设】** 年内,北京市顺义区质量技术监督局(以下简称"顺义区质监局")加强舆论宣传,对列入建设范围的17家加油站和8家社区菜市场进行实地走访,宣贯北京市质量技术监督局诚信计量建设相关文件与计量法律法规，要求各单位高度重视，认真贯彻执行文件精神。加强制度建设。顺义区质监局根据推行单位实际情况，指导各项计量行为，帮助其建立完善的计量管理制度。加强部门联合，顺义区质监局联合相关检测部门，检定推行单位在用计量器具，为诚信计量工作的进一步开展打下坚实的基础。加强主体责任，顺义区质监局指导单位完成《诚信计量承诺书》，悬挂于单位醒目位置，公布投诉电话，接受社会监督。

（顺义区经信委）

**【企业信用信息平台运转良好】** 截至2010年底，北京市顺义区企业信用信息系统已累计录入企业信用信息23.07万条，其中，除工商部门以外的其他单位共录入信息8.46万条，占录入信息总量的36.7%。在信息类别上，身份信息22.65万条；良好信息853条；提示信息945条；警示信息2334条。信息录入排名居前3位的单位分别是顺义区地税、质监和国税部门。

（顺义区经信委）

# 大兴区

**【内企业成功发行短期票据】** 2 月,北京市大兴区高新技术企业——北京奥宇模板有限公司,成功发行中小企业短期集合票据,直接融资 3000 万元人民币。根据《中关村高科技中小企业 2010 年度集合票据发行公告》,经综合评定,北京奥宇模板有限公司的主体长期信用等级为 BBB + 级。 (大兴区金融办　王娜)

**【设立两家村镇银行】** 6 月 28 日,北京大兴九银村镇银行正式开业,这是北京市第 4 家、大兴区首家村镇银行。北京市金融工作局、中国人民银行营业管理部、中国银行业监督管理委员会北京监管局、江西省九江市人民政府、北京市大兴区人民政府等部门参加开业庆典。大兴九银村镇银行是九江银行主发起,由大兴区部分国有企业、民营企业和自然人共同发起设立的股份制商业银行,以服务中小企业、服务“三农”经济、服务百姓生活为宗旨,引入九江银行高效的服务、灵活的机制,为推进大兴区新农村建设,推动全区工业化和城镇化发展提供金融支持。

12 月 6 日,北京大兴华夏村镇银行正式挂牌营业,成为北京市第 6 家、大兴区第 2 家村镇银行。原北京市常务副市长、原华夏银行董事长翟鸿祥、北京市金融工作局、中国人民银行营业管理部、中国银行业监督管理委员会北京监管局、北京市大兴区人民政府、华夏银行的有关领导出席开业庆典并剪彩。

(大兴区金融办　张天宇)

**【与国开北分签署合作协议】** 6 月,国家开发银行北京分行与北京市大兴区签订合作协议。根据协议,国家开发银行北京分行将作为我区“十二五”规划编制咨询机构参与规划编制工作,重点为“十二五”期间金融支持大兴区经济社会发展提供可行性建议。

(大兴区金融办　张天宇)

**【首次举办大兴区金融安全知识宣传活动】** 8 月 10 日,由北京市大兴区发展和改革委员会、北京市大兴区金融工作办公室主办,中共北京市大兴区委宣传部、北京市公安局大兴分局、北京市大兴区财政局、北京市大兴区审计局、北京市大兴区统计局和部分金融机构协办的“大兴区金融安全知识宣传活动”举行。活动现场为居民发放了《首都金融安全知识手册》、推介理财知识、金融产品相关材料、解答金融问题以及传授理财技巧。

(大兴区金融办　张天宇)

**【召开金融机构座谈会】** 12 月 28 日,北京市大兴区组织召开了 2010 年金融机构座谈会,邀请国家开发银行、中国农业发展银行、中国工商银行、中国农业银行、中国银行、中国建设银行、交通银行、兴业银行、民生银行、北京农村商业银行和北京银行等 18 家银行的北京分行及大兴支行行长参加。此次座谈会是大兴区与亦庄经济开发区整合后范围最大的一次金融机构座谈会。会上,区领导介绍了大兴区经济社会发展情况、“十二五”规划要点和2011年的重点工作。各银行就如何与大兴区深化合作、实现共赢进行了座谈。

（大兴区金融办　张天宇）

**【小额贷款公司运营平稳】**　截至12月31日，北京市大兴区内四家小额贷款公司累计发放贷款564笔50402万元，贷款余额30728.3万元。其中北京兴宏小额贷款有限公司累计发放贷款234笔15162万元，贷款余额7338万元；北京市兴融小额贷款股份有限公司累计发放贷款148笔18632万元，贷款余额10743.3万元；北京兴瑞小额贷款有限公司累计发放贷款157笔9508万元，贷款余额5547万元；北京亦庄国际小额贷款有限公司累计发放贷款25笔7100万元，贷款余额7100万元。

（大兴区金融办　王娜）

**【金融机构经营稳健】**　截至12月31日，北京市大兴区内金融机构人民币存款余额839.2亿元，比2009年末增加68.9亿元，增长22.1%；人民币贷款余额344.5亿元，比2009年末增加92.2亿元，增长36.5%。机构经营稳健，未发现突发性事件。　（大兴区金融办　张天宇）

**【加强国有企业合规度建设】**　加强企业财务管理和成本控制管理。12月29日，为进一步规范企业国有资产处置工作，切实保障企业国有资产安全与完整，提高企业资金使用效率和和企业财务的信用等级，北京市大兴区国有资产监督管理委员会（以下简称“大兴区国资委”）在强化内审内控机制的同时，印发了《关于印发〈大兴区企业国有资产处置暂行办法〉的通知》（京兴国资发〔2010〕186号），对大兴区国资委履行出资人职责的企业及其独资或者控股子企业国有资产的转让、无偿划转、报废、报损和捐赠等行为进行了规范。

充实注册资本金。年内，大兴区国资委对企业遗留下来的注册资本金不实情况进行了全面摸底调查，并筹措近10亿元的资金，及时解决了企业注册资本金不实的问题。

规范国有企业公司化管理运营、增强企业的信誉度。年内，大兴区国资委组织了国有企业董事会和监事会专项培训，指导和推动监管企业建立健全法人治理结构。依照《中华人民共和国公司法》的规定，对监管企业的董事会构成进行调整，明确职工董事的法律地位。成立了监事会办公室，向各监管企业派驻监事，并对各监事会开展首轮监督检查进行指导和监督。

完善绩效考核体系。在继续完善和改进绩效考核、任期考核体系的基础上，大兴区国资委对企业负责人的薪酬、经营业绩和国有资本保值增值、诚信体系建设等方面，进行了全面的监督、检查、考核。

强化重大事项监管。大兴区国资委进一步强化了重大事项管理，通过事前、事中、事后“三位一体”管理，及时对企业申报的重大事项进行审核把关，为企业解决了生产经营中的各种重大问题，有效预防了企业决策风险，促进了系统内信用体系的建立。

严格采购程序，规范采购行为。在政府采购工作中，大兴区国资委完善了政府采购诚信体系，通过外部监督与内部监督的方式，进一步规范采购行为，并根据《大兴区政府采购监督管理办法》，每次开标均由大兴区国资委纪检监察人员对开评标过程进行监督。　（大兴区国资委）

**【推进诚信计量工作】** 年内,北京市大兴区质量技术监督局通过在全区重点单位开展诚信计量调研,确定了集贸市场和加油站为诚信计量示范行业。通过加强与区工商、商务等政府部门及中石化、中石油在大兴区的分公司的横向联合,促进了诚信计量工作的落实。通过加强计量法律法规和规章的宣传教育,在集贸市场、加油站等行业内建立健全各项计量管理制度。在全区诚信计量示范单位全部配备专(兼)职计量管理员,建立强制检定计量器具管理台账,充分发挥诚信计量示范效应。全区50多个中石化加油站、2个达标验收集贸市场在经营场所显著位置公示了《诚信计量承诺书》,初步建设起大兴区示范企业诚信计量体系。　(安明)

# 昌平区

**【组织中小食品生产加工企业参加质量管理大讲堂活动】** 3月13日和3月22日，北京市昌平区质量技术监督局组织本区18家企业的20位代表，参加北京市质量技术监督局开展的“全市中小食品生产加工企业质量管理大讲堂”活动。活动中，食品质量认证专家向企业讲授了食品行业的相关法律、法规知识，QS审核通则及企业人员作业指导书，并现场解答了企业代表提出的问题。（昌平区质监局）

**【北京青年创业示范园开展“诚信创业、依法经营”法制宣传活动】** 8月6日，北京市昌平区回龙观北京青年创业园示范园联合回龙观镇司法所在北京青年创业示范园院内开展了以“诚信创业，依法经营”为主题的法制宣传进企业活动。活动中，司法所工作人员向入园企业及员工发放了、劳动合同法、公司法、个人所得税法、法制故事精选、普法短剧等读物、光盘和宣传单页百余份，并为企业及员工提供了法律咨询服务。（安明）

**【设立中小企业应急互助基金】** 10月28日，“昌平中小企业应急互助基金”成立。昌平中小企业应急互助基金是由北京昌融信资产管理有限公司设立，主要为昌平区信用评价良好的中小企业提供融资服务，提高中小企业在经营中资金安排的应变能力，探索通过创新手段调动社会资源，促进中小企业互助发展的新路，使中小企业互帮互助，加强企业信用建设，打造良好的金融环境，共创信用企业、信用昌平、信用社会。

（北京昌平中小企业信用促进协会）

**【举办企业内部信用管理专题讲座】** 11月17日，北京昌平中小企业信用促进协会与联合信用管理有限公司北京分公司在昌平区金融服务大厅联合举办“企业内部信用管理”专题讲座。联合信用管理有限公司北京分公司有关人员以“如何提高企业信用意识和信用管理水平”、“如何建立适合企业自身所在环境的有效内部信用管理体系”为内容，通过实际案例，向与会企业代表分析了企业发展过程中，在财务、采购、销售、经销商四个主要方面的内部信用管理。

（北京昌平中小企业信用促进协会）

**【查处白酒造假窝点案】** 11月18日，北京市昌平区质量技术监督局对昌平区北七家镇某白酒造假窝点进行突击检查，查获假冒13个品牌的白酒1074箱、用于制假的原料酒1960公斤、制假包装物3万余件、封盖机8台，涉案货值达70余万元。该案被国家质量监督检验检疫总局列入“全国质检系统打击侵犯知识产权和制售假冒伪劣产品专项行动10起典型案件”。

（昌平区质监局）

**【2010年工程建设领域诚信体系建设情况概述】** 年内，北京市昌平区住房和城乡建设委员会（以下简称“昌平区住房城乡建设委”）在贯彻落实区委、区政府“大

投入、大建设、大发展”决策部署的大背景下,采取多种措施,加强监管,促进全区建筑、房地产市场平稳健康发展。

加强施工安全监管。年内,昌平区住房城乡建设委共出动5824人次,检查工地4149项次,责令立即整改隐患2786个,74个工地限期整改、104个停工整改,执法处罚83起,其中立案23起、简易处罚51起、罚款66.1万元;通过“市住房城乡建设系统执法平台”对施工单位、项目负责人、总监理工程师等累计扣425分;全年全区未发生安全生产责任事故,昌平区住房城乡建设委安全监督站被区安全生产委评为安全生产先进单位,46个施工项目被评为市级绿色施工安全生产文明工地。

加强施工合同履约监管。全年出动36人次,抽查48个工地,发放《合同动态监督管理自查表》200份,指导自查20项,接受咨询68次,检查出不规范点227个,纠正和完善各类企业资料或凭证62份,补发工程款、劳务费260余万元,下发责令整改通知书28份,整改率达100%。对不及时签订劳务合同、专业承包合同、因管理不善导致群体性事件或存在其他管理问题的51家企业进行记分处理,对23家受处罚企业在全区通报批评,3名相关人员被列入不良记录名单。同时,强化建筑企业资质动态监管,树立监管威信,净化建筑市场环境,对18家企业资质进行了核查,对检查出不符合资质要求的企业送达了限期整改通知单。复查全部项目,收缴整改报告28份。针对中小学校舍加固工程承建各方违法使用零散工等问题,加强合同规范化管理,加大违规处罚力度,确保了校舍工程完成。

工程招标投标和合同备案管理。年内,昌平区住房城乡建设委联合北京市昌平区人民检察院对4项工程的40家投标单位,开展行贿犯罪档案查询,未发现犯罪记录;办理各类合同备案310项,其中,施工合同备案142项、监理合同备案118项、市政工程合同备案32项、专业项目合同备案12项、处罚及一次性备案合同6项。

加强房地产开发监管。年内,昌平区住房城乡建设委会同北京市昌平区发展和改革委员会、北京市国土资源局昌平分局、北京市规划委员会昌平分局等10部门,组织在施、在售项目专项检查,重点是保障性住房项目。经检查,注销了2家违规开发、7家未按时参加核定的企业资质。截至年底,昌平区房地产开发企业212家,其中一级5家、二级9家、三级16家、四级111家、暂定资质71家。

建筑工程质量监管。整合安全质量监督员、城镇建设管理员和安全协管员队伍,成立质量监督领导小组和督查组,建立健全管理体系,全年出动7210人次,检查工地2911项次,发现隐患并整改7590条,实施动态监管扣分和简易处罚48起,立案处罚10起;在工程建设实施和质量管理专项治理中,排查项目327个,发现无施工许可、未招标投标、未竣工备案即使用等违规项目99个,下发整改通知书79份,对25个项目实施立案处罚或扣分等处理,处罚企业及个人84起,罚款247.9万元、扣分282分。

房地产中介行业监管。年内,办理房地产经纪机构备案511件,开展紧急专项检查和联合检查各1次、常规专项检查3次,涉及经纪机构186家,发现存在违法违规行为的机构36家,通报批评14家,撤掉违规张贴的广告等150余张,没收展板17张,查处并移交公安部门制假经纪人员1名;3家经纪机构因在"经改商"业务活动中严重违规,扰乱区域中介市场秩序,已上报市住房城乡建设部门处理;受理房地产经纪行为纠纷投诉169件,已办结168件。

房地产预售市场监管。全年审核商品房预售许可30件,楼房333栋,房屋11457套、100.74万平方米,初审办结并转交市住房城乡建设部门复审,全部取得预售许可证。组织预售商品房37次检查,涉及24个项目,上报市住房城乡建设部门处理违规企业1家;受理商品房销售投诉480件、同比增长72.5%,全部办结。

加强施工行政执法:全年出动430人次,实施行政处罚115起、罚款722.2万元;针对施工现场脚手架搭设不规范、物料堆放不整齐等问题,下发责令整改或停工通知书57份,针对无相关手续的工程,下发责令整改通知单105份,并对冬施器材准备不完善的提出建议。

(昌平区住房城乡建设委)

**【2010年整顿和规范旅游市场秩序情况概述】** 2月,北京市昌平区旅游局制定了《关于2010年昌平区加强旅游环境秩序整治工作实施方案》,明确了昌平区2010年加强旅游环境秩序整治工作的指导思想、组织领导和职责分工、工作重点和工作步骤、保障措施和工作要求。在保障措施中提出,要大力开展"依法治旅"和以"诚实守信"为主要内容的职业道德教育,不断加强旅游企业从业人员培训,积极倡导诚信经营理念。

年内,北京市昌平区旅游秩序联合执法大队(以下简称"昌平区旅游执法大队")加大了对昌平区旅游市场的监管力度,完善投诉公示体系和投诉渠道,进一步提高投诉处理质量和速度,加强了执法队伍建设,旅游市场秩序管理各项工作取得了新进展,旅游市场秩序得到了进一步改观。在2010年11月19日的《昨日市情》特刊《昌平区多项举措治理"非法一日游"初见成效》中,北京市人民政府副市长丁向阳批示"昌平区高度重视,问题抓的准,工作效率高,成效显著,望坚持下去,保持常态"。

昌平区旅游执法大队把旅游购物场所作为重点监管对象,确定了重点监管和日常检查相结合的监管体系,完善旅游商店管理台账,细化旅游商店管理档案,强化重点目标的监管力度。与旅游商店签订了《诚信规范经营承诺书》,制定了违规处罚办法,对问题较多的个别旅游商店出台了交纳质量保证金制度。在49家旅游商店门口明显位置悬挂温馨提示牌、公布旅游投诉服务电话,以及通过小区短信提示、发放旅游提示宣传册等方式,进一步提高游客的自我防范意识。

2010年前10个月,昌平区旅游执法大队共为游客解决购物纠纷30多起,为游客退换商品60多件,价值40多万元。对5家以"喜生贵子"为由,诱导游客购物的商店下达了停业整顿通知书,对其中涉嫌违法、违规的行为及时与工商、公安部门沟通、联系,并要求旅游企业以此为鉴,守法诚信经营。关闭了19家"老乡店",震慑了以"攀老乡,扮华侨"等违规手段欺客宰客的行为。共抽查旅游车800多辆次,抽查导游员500多人次,其中违规扣分导游60人次,基本消除了"黑车"、"黑导"现象。十三陵景区、明皇蜡像宫、居庸关长城均已与旅行社签订新协议,对旅行社等团购门票实行价格优惠率最高不超过门票价格的20%。从6月1日起,开通了手机小区旅游短信服务平台、及时为游客提供昌平旅游信息服务。10 月,针对中央电视台报道昌平区部分景点存在非法“一日游”现象,昌平区旅游执法大队与北京市旅游局、北京市工商行政管理局、北京市交通执法总队等单位,以及中央电视台记者,对中央电视台报道中提到的景区进行了联合监督检查,共检查旅游车辆 18 辆次,导游人员 18 人次,未发现违规行为。（昌平区旅游局）

**【2010 年纳税信用 A 级评定】** 年内,北京市昌平区国家税务局和北京市昌平区地方税务局共同开展了昌平区 2011—2012 年度纳税信用等级评定工作,共同评定 2011—2012 年度纳税信用 A 级 A 级企业 99 户。其中地税主评 35 户,国税主评 64 户。（昌平区地税局）

**【建立食品安全监管新机制】** 年内,北京市昌平区质量技术监督局按镇街划片、科室分组、小组包片、责任到人,对包片区域内食品质量全面负责,促进了以肉制品、乳制品、食用植物油、食品添加剂等为重点的专项检查和市级监督抽查工作,其中食品市抽合格率达到95%。以食品生产加工企业的企业规模、质量管理等情况为要素,确定了全区 161 家食品生产企业的风险等级。组织召开由全区各镇政府(街道办)主管领导参加的食品安全工作会议,形成食品安全监管合力。先后 3 次组织食品生产加工企业代表 298 人次参加质量管理培训。

年内,共检查获证食品生产企业 421 家次,覆盖率 100%。抽取样品 348 个,合格率95%。检查食品小作坊 14 家次。完成了对 2 家世博会供应企业和 1 家亚运会供应企业的监管保障任务。查处涉及桶装饮用水、白酒等各类制假窝点 10 个。年审食品及相关产品生产企业 188 家。

（昌平区质监局）

**【建立工业产品生产企业监管档案】** 年内,北京市昌平区质量技术监督局建立了工业产品获证企业监管档案 93 家,完善重点产品的质量档案 341 家。开展了以汽车配件、细木工板、燃煤炉具等 11 类重点产品生产企业的专项整治。

（昌平区质监局）

**【推进计量“四个走进”工作】** 年内,北京市昌平区质量技术监督局扎实推进诚信计量进市场、健康计量进医院、光明计量进镜店、服务计量进社区等“四个走进”工作。完成了 12 家菜市场的计价秤统配统管工作,共统配计价秤 545 台;组织了能源计量器具配备标准的宣贯工作;对 3 家重点耗能单位的能源计量器具配备情况进行了检查和计量检测。检查全区大中型超市 31 家次、集贸市场 12 家、餐饮单位 40 家、医疗卫生单位 40 家、眼镜制配单位 62 家,大中型超市、集贸市场和餐饮业在用衡器受检率均在 90% 以上,公平秤受检率 100%。检查加油站 79 家次,覆盖率 100%。检查面粉、豆制品等定量包装商品和预包装商品 45 种,790 件。检查计量器具生产企业 37 家、计量认证实验室 21 家。办理计量器具到期复核和新取证 7 家。

（昌平区质监局）

**【质监部门加强诚信宣传工作】** 年内,北京市昌平区质量技术监督局以“宣传工作务实、宣传意识超前、宣传方式创新、宣传内容贴近、宣传效果明显”为目标,发挥政府门户网站的作用,加大网络宣传力度;向北京市质量技术监督局《北京质监》、北京市昌平区人民政府《信息快报》、《昌平周刊》等刊物和媒体投稿;创建《质监工作简报》(月刊),发往区政府及相关职能部门,促进工作信息交流,争取属地政府和相关部门的大力支持;利用"3·15"、"计量日"、"质量月"、"标准化日"、"法制宣传日"等活动,开展送法下乡、送法进社区、送法进学校等普法宣传教育活动,共发放宣传资料4万余份。全年共报送各类宣传信息326篇,被北京市质量技术监督局和区级媒体采用101篇。配合《北京电视台》和《中国质量报》,分别对昌平苹果、昌平草莓和如何识别月饼过度包装等内容做了报道,收到了良好的社会效果。

(昌平区质监局)

**【加强行政执法力度】** 年内,北京市昌平区质量技术监督局共出动执法人员3899人次,行政执法1869起。办理案件100起,其中立案案件90起,现场处罚案件10起。行政罚款80.03万元。处理办结12365投诉举报72起。受理行政许可事项399件,特种设备开工告知328件,企业标准备案802件,组织机构代码新办、年审、变更16588件。技术机构完成计量器具强制检定99629台件,质量检验各类样品5934个,检验各类特种设备6892台件。

(昌平区质监局)

**【完成4批中小企业信用考评工作】** 年内,北京昌平区中小企业信用促进协会共完成4批区内中小企业信用考评工作,共有89家企业获得三星级(含三星)以上的信用等级。其中,五星级信用企业21家,四星级信用企业43家,三星级信用企业25家。

(北京昌平中小企业信用促进协会)

# 平谷区

**【创建无假冒商标示范店】** 3 月 15 日，北京市工商行政管理局平谷分局举行了“无假冒商标示范商场”发牌仪式，为平谷区“无假冒商标示范商场”和“绿色通道”新成员单位—“北京国泰平安百货有限公司平谷店”进行揭牌。截至年底，平谷区共有无假冒商标示范商场 5 家，分别是北京国泰平安百货有限公司平谷店、北京天地和工贸有限公司、北京天马兴合太商贸中心自行车超市、北京市天寿春医药经营部和北京兴和堂保健食品有限公司。

（工商平谷分局）

**【商务系统开展诚信宣传教育活动】** 3 月 15 日，北京市平谷区卫生、动检、农业、工商、盐业公司等部门和单位，在西寺渠早市和峪口大集市场举办了“让百姓吃上放心肉”、“宣传酒类流通市场管理”和“坚持科学补碘，预防碘缺乏病”等宣传活动，宣传食品安全，普及食品安全有关知识，让老百姓吃上放心肉、喝上放心酒、吃上放心盐。（平谷区商委会）

**【平谷工行开展信用宣传活动】** 6 月 24 日，中国工商银行北京平谷支行组织开展以“真爱信用记录　享受幸福人生”为主题的信用记录关爱日活动，对个人征信及相关金融知识进行了宣传，咨询近 60 人次。（工行平谷支行）

**【举办金融安全知识宣传活动】** 8 月 25 日，主题为“保障金融安全、优化金融环境”的平谷区金融安全知识宣传活动在平谷区世纪广场举行。此次活动旨在帮助市民学习金融知识，培育并增强市民信用意识，远离金融陷阱和风险。活动由中共北京市平谷区委宣传部、北京市平谷区财政局、北京市公安局平谷分局、北京市平谷区金融工作办公室主办，区内部分金融机构协办。活动当日，北京市平谷区人民政府有关领导带领相关委办局及区内金融机构走近普通市民，现场为居民发放《首都金融安全知识手册》，推介金融知识，宣传金融信用的重要性，并解答了市民提出的相关金融问题。

（平谷区财政局金融办）

**【开展诚信服务在平谷活动】** 12 月 25 日，北京市平谷区商务委员会以“诚信经营”为主题，组织召开了“诚信服务在平谷”活动，区内部分重点商场和超市代表参加。活动中，北京市平谷区商务委员会宣传了规范促销行为的相关法规，要求商业流通企业共同构建诚信经营体系，自觉遵守法律，对商品明码标价，坚决制止恶性竞争，确保购物环境安全。

（平谷区商委）

**【整合区内担保机构】** 年内，按照北京市金融工作局的有关要求，北京市平谷区金融工作办公室决定逐步对平谷区融资性担保机构进行整合。拟由北京市谷财国有资产经营公司（以下简称“谷财公司”）作为北京市平谷区平信投资担保中心和北京谷诚担保有限公司担保基金的持有人，将整合的担保资金托管到北京首创投资担保有限责任公司(以下简称“首创担保公司”)。首创担保公司与谷财公司签订合作框架协议,并以此作为载体,在平谷设立首创担保公司平谷分公司,通过分公司开展担保业务。首创担保公司平谷分公司将具有更强的信用增级能力,在为平谷区中小企业融资提供担保业务的同时,还将引导平谷区工商企业形成健康的信用意识,推动平谷区担保行业信用体系建设,为平谷区经济发展注入新的活力。

(平谷区财政局金融办)

**【共享劳动用工信息用信息】** 年内,北京市平谷区人力资源和社会保障局向平谷区企业信用信息系统上传用人单位劳动用工规范性以及遵守劳动保障法律法规情况的信用信息12条,供63家区内成员单位和51家市级成员单位共享。

(平谷区人力社保局)

**【开展用人单位劳动用工行为检查】** 年内,北京市平谷区人力资源和社会保障局对区内劳动用工企业进行了劳动用工行为监督检查,对有劳动用工违法行为的14家用人单位依法进行行政处罚,共处罚款16.65万元。

(平谷区人力社保局)

**【加强食品质量安全监管】** 年内,北京市平谷区质量技术监督局(以下简称“平谷区质监局”)利用“3·15”消费者权益日活动,开展“质量安全进企业”主题宣传活动,引导全区企业自觉树立质量安全意识、积极参与质量管理奖和知名品牌的创建活动,营造重视质量、参与质量的良好氛围。全年,平谷区质监局共组织质量安全进企业、进学校、进社区、进街道、进农村宣传活动5次,发放材料20000余份。

为配合创建国家卫生区工作,平谷区质监局制定了创建国家卫生区规定范围内食品生产企业的环境卫生标准,加强对范围内25家食品生产企业的巡查。

严格生产许可证管理,加强取证企业年审。完成了48家工业产品生产企业、45家食品生产企业和7家食品相关产品生产企业的年审工作,企业全部通过年审。按照10%以上比例抽查食品企业5家,工业企业5家,食品相关产品企业1家。对37家食品申证企业进行了现场核查,对不合格项目提出整改措施。全区已有食品取证企业54家(新取证9家)、工业产品取证企业49家(新取证1家)、食品相关产品取证企业7家。

在生产许可证年审的基础上,平谷区质监局进一步完善食品质量安全监管机制,要求61家食品及相关产品生产企业加强使用标准规定名单外物质和扩大食品添加剂使用范围及使用量的管理,完善生产加工环节预警、评价等保障体系,做好食品安全风险信息的收集、汇总。同时,进一步强化企业产品质量安全主体责任,与54家食品生产企业签订了质量安全承诺书,督促企业建立健全并严格执行产品质量安全保障体系、落实主体责任制。

(平谷区质监局)

**【市场风险防控取得新进展】** 年内,北京市工商行政管理局平谷分局(以下简称“工商平谷分局”)依托网格化监管体系,对排查出的42个市场风险,实行了“定点、定人、定岗”和挂销账管理。同时采取网格干部加强巡查、二级网格加强互查、专业网格加强抽查、分局考核组加强督查的方式,尽量消除区域性风险。为防止巡而不查、查而不究、应付检查的问题,工商平谷分局强化了对巡查效果、专项整治效果、违法行为发现率和风险控制情况的督查,实行黄、橙、红三级预警,增强了干部"种好责任田"的意识。全年共办理行政处罚案件604件,罚没款196万元。经济户口实现了"底数清、分布清、风险清、情况明",内资企业年检率达96.12%,外资企业年检率达96.34%,个体工商户验照率达98.09%。

年内,工商平谷分局集中力量查处侵犯驰著名商标、涉农商标、地理标志、涉外商标及制假售假的行为,共查扣假冒知名白酒、饮料、化妆品1.3万件,服装1591件,端掉造假窝点4个,立案查处侵权假冒案件8件,两类两件被抢注的"京东绿谷"商标被国家商标局依法撤销。

(工商平谷分局)

**【创建食品安全示范店(街)】** 年内,北京市工商行政管理局平谷分局全面启动了"食品安全示范(街)店建设工作",以全区18个乡镇街道和273个行政村为单位,开展了"一乡(镇、街道)至少一条示范街,一村至少一个示范店"的活动。截止年底,全区已建立食品示范店243户,建示范街17条。示范店(街)建设以来,食品经营者提高了食品质量意识和食品安全意识。此项工作得到了平谷区人民政府主要领导的高度评价。

(工商平谷分局)

**【央行个人征信系统应用见成效】** 年内,中国工商银行北京平谷支行通过中国人民银行个人征信系统,成功防范了21笔不良信用客户向工行再融资870万元,有效规避了信用风险。

(工行平谷支行)

# 怀柔区

**【成立诚信体系建设领导小组】** 3月2日和3月8日，北京市怀柔区经济和信息化委员会、北京市怀柔区质量技术监督局分别成立了诚信体系建设领导小组。领导小组由行政一把手为组长，主管领导为副组长，各业务科室为成员单位，领导小组下设办公室。领导小组成员和办公室职责明确，将诚信体系建设作为一项重点工作列入重要议事日程。

（怀柔区经信委、怀柔区质监局）

**【印发怀柔区食品工业企业诚信体系建设意见】** 12月8日，北京市怀柔区经济和信息化委员会联合区发展和改革等10部门，印发了《关于怀柔区食品工业企业诚信体系建设意见》（怀经信委发〔2011〕1号），明确了怀柔区食品工业诚信体系建设工作的指导思想、主要目标、重点工作、保障措施和工作要求。提出要在怀柔区建立完备的食品工业企业诚信体系，建设食品工业行业诚信示范基地，最终打造怀柔区食品工业行业诚信品牌，形成全国乃至全世界知名品牌。（怀柔区经信委）

**【印发怀柔区食品工业企业诚信管理体系实施方案】** 12月8日，北京市怀柔区经济和信息化委员会联合区发展和改革委等10部门，印发了《关于印发怀柔区食品工业企业诚信体系实施方案（试行）的通知》（怀经信委发〔2011〕2号），提出加快推进怀柔区食品工业企业诚信体系建设，逐步形成和完善由行业自律规范、食品质量安全管理规范、企业诚信评估分类等要素构成的食品安全诚信体系，实现有效合同违约率为0、入库原辅料合格率100%、食品添加剂使用合规率100%、产品出厂批次合格率100%、顾客投诉处理率100%、产品第三方抽检后复检合格率100%的诚信目标。同时，要建立食品工业企业诚信评级体系，采取“双优评选”、“一票否决”、“分值制”相结合的评价分级方式，将评价结果记入企业诚信档案，对有违反法律法规的失信企业进行披露和曝光；建立部门联动的协调沟通机制，营造“关注诚信，推动发展”的社会氛围。（怀柔区经信委）

**【制订工程建设领域信息公开和诚信体系建设实施方案】** 1月14日，北京市怀柔区经济和信息化委员会（以下简称“怀柔区经信委”）印发了《怀柔区工程建设领域突出问题专项治理工作中推进信息公开和诚信体系建设工作实施方案》，成立建设项目信息公开和诚信体系建设专项工作组，由区经信委牵头，区政府办、工商、监察、住建、检察院、法制办、发改、交通、水务、商务等部门组成，组长为区经信委主任。要求项目主管部门公开工程建设项目审批、核准和监管信息，建设单位提供工程建设项目招标信息、招标过程、施工工程管理、合同履约情况、质量检查和竣工验收结果等情况。完善工程建设领域信誉评价、项目考核、合同履约、黑名单等市场信用记录，整合有关部门和行业信用信息资源，建立健全统一的企业和个人诚信系统，建立健全失信惩戒制度和守信激励制度。建立工程建设领域项目信息公开与共享目录系统，规范项目信息收集、公布、管理和使用，加强行业监管，做到条块结合，促进怀柔区工程建设领域项目信息公开透明。年内，北京市怀柔区经济和信息化委员会按时完成了工程建设领域项目信息公开和诚信体系建设近300个项目第三整治阶段属性审查填报工作，怀柔区项目属性确认填报率达100%。（怀柔区经信委）

**【拓宽企业融资渠道】** 年内，北京市怀柔区经济和信息化委员会采用互担、发债、信托、创投等新型融资模式与普通授信相结合的方式拓宽企业融资渠道，全年为怀柔多家企业融资合计达7亿余元。

（怀柔区经信委）

**【加强食品安全监管】** 年内，北京市怀柔区对辖区14个镇乡政府、2个街道办事处、25个村(社区)、82户食品经营主体开展了食品安全示范单位评比检查活动，引导经营者规范自律经营，整体提升食品安全管理水平。制定了全区统一抽检监测计划，区政府将抽检评估经费纳入区财政预算，组织区农业、质监、工商、卫生等部门开展抽样送检和快速检测，全面监测豆制品、肉制品、肉制品等65大类食品，通过对抽检结果的深入分析和全面评估，为食品监管提供科学依据。年内，共抽检食品样本3250个，合格3143个，抽检合格率为96.7%。

年内，北京市工商行政管理局怀柔分局(以下简称“工商怀柔分局”)以繁华商业区、超市、农副产品批发市场以及旅游景点等重点地区为抽检重点，加强源头监管力度，严把准入关；加强与群众关系密切的重点食品以及24类高风险食品的监管；加强区内重点食品生产企业产品质量监测。全年共计检测食品样品2251个，合格样品2160个，不合格样品91个，总体合格率95.96%；其中快速检测1781个，合格1753，不合格28个，合格率98.43%；食品抽样送检470个，合格407，不合格63，合格率86.60%。在“春节”、“元宵节”、“五一”、“国庆”等节日期间，工商怀柔分局共查获侵权花生油76箱304桶，涉案金额68000元，配合动监等相关部门查扣未经检疫及来源不明肉类380.5公斤；下发责令改正通知书5件，发放行政指导81件，制发行政提示33份。

此外，工商怀柔分局在已经建立3955户食盐配送网络、400家二兴益连锁店、50家阿泰早餐连锁店、北部山区猪肉配送网络的基础上，以北部山区为重点，继续扩大食品配送的种类和规模，建立了北部山区食品配送分中心，辐射北部五镇乡，扩大了配送食品的覆盖面，并在雁栖开发区投资3330万元，建设便民早餐基地。帮助5家企业建立食品检测室，引导2家农副产品市场和4家超市建设自检实验室，增强了企业对不合格食品的屏蔽能力。

年内，北京市怀柔区质量技术监督局(以下简称“区质监局”)依据辖区食品质量抽检状况、与百姓生活相关程度、食品质量安全涉及范围等因素，通过分析、评估，确定重点监控企业、重点监控食品和重点监控环节，对食品生产企业实施高、次高、中、一般四级分级分类监管。其中，一级高风险企业22家，二级高风险企业12家，三级中风险企业12家，四级一般风险企业41家，并做好风险信息的收集、研判和处置工作，从而降低管理风险，有效的控制食品质量安全。同时，引导区内大中型食品企业采用国际标准，开展HACCP(危险分析和关键控制点)体系认证；根据中小企业自身特点和市场需求，制定切合实际的质量工作标准和改进措施，并与北京市质量检验认证协会共同举办了3期《中小食品生产加工企业质量管理专题讲座》。

年内，区质监局还加强了对乳制品、肉制品等高风险食品及小作坊的监控力度，对7家乳制品生产企业进行了三聚氰胺跟踪检测抽查，对2家上海世博供应企业、1家广州亚运供应企业、1家珠海航展供应企业进行了重点监督检查。

截至年底，怀柔区共有食品生产企业113家，实际生产的87家企业全部取得食品生产许可证，其余26家未获证企业处于停产状态，全年抽取食品样品133个，合格率96.4%。全区已有29家食品生产企业获得HACCP认证及食品安全管理体系认证，占获证企业的35%。

此外，区农业部门启动了“绿剑行动”，共检查检疫动物1.4万头、动物产品79吨，查扣未经检疫动物产品2.4吨，确保农产品源头的安全。卫生部门开展了打击“地沟油”及规范一次性餐饮具专项行动，并会同区教育部门开展“春风”行动，对全区学校、幼儿园食堂进行规范，对食品安全隐患进行挂账式管理。

(工商怀柔分局　怀柔区质监局)

**【实施有形市场合同指导工作】**　年内，北京市工商行政管理局怀柔分局开展了家居建材市场合同指导站建设，制定印发了《怀柔工商分局关于开展家居建材市场合同行政指导工作实施方案》，确定怀柔建材市场为试点，联合市场科、龙山所多次深入市场开展行政指导，就人员配备、制度建设、工作流程、工作规范开展交流，并指导使用家具、建材类合同示范文本2180份。同时，对区内新开业的大星发农发地农副产品市场、富民泰和社区菜市场开展合同行政指导，指导主办单位与商户签订《市场场地租赁合同》及《附件》，送去合同示范文本2600份。　(工商怀柔分局)

**【开展诚信宣传教育】**　“3·15国际消费者权益保护日”期间，北京市工商行政管理局怀柔分局(以下简称“工商怀柔分局”)与怀柔区消费者协会以“消费与服务”为主题，联合开展了“服务消费者、服务经济发展、服务社会和谐、营造我区良好的消费生态环境”等一系列活动。在区域繁华场所、镇乡、街区设立了23个分会场，宣传了消法、商标法、食品安全法等法律法规知识，共接待消费者咨询3876余人次，12315平台、消协及各活动现场受理消费者投诉10件，发放宣传材料8.5万余份，参加活动群众近7万人次。

3月19日，北京市怀柔区质量技术监督局(以下简称“区质监局”)联合区农业、工商、种子公司和鱼政等职能部门，在怀柔区北房镇集贸市场开展了旨在普及农资打假知识的农资打假宣传活动，活动中共发放宣传材料500份。

9月9日，区质监局开展“质监邀您看企业，食品安全大家行”活动，向参加观摩的人员发放了《食品生产企业落实质量安全主体责任监督检查基本要点》，介绍了食品安全法等相关法律法规以及企业质量安全主体责任和监管部门监管职责等。受邀代表参观了区质监局的实验室和部分食品生产企业，检查了企业的生产车间、实验室和成品库房，听取了企业产品质量管理的汇报。

年内,区质监局向全区食品生产加工企业发出了食品安全生产倡议书,倡议企业坚持诚信兴业,坚持责任第一,坚持从严管理,坚持行业自律,并与红牛维他命饮料有限公司等 5 家大中型企业签订了倡议书。工商怀柔分局利用区电视台、广播电台、《怀柔报》等媒体开展宣传活动;给各单位和经营户发放《食品安全法》1.2 万册;组织各单位工作人员、监督员、信息员有关食品安全培训会 16 期;印制了《六查六看六做到》宣传贴册 6000 份,张贴在商场、超市、食杂店的显要位置,时刻提醒经营者依法经营;编印《民俗旅游食品安全自律手册》5000 本,购买《食品安全法》及实施条例 30000 本,组织开展“健康知识大讲堂”宣传培训活动,强化对民俗旅游户的宣传引导;在辖区各工商所开展合同法律宣传,在全区主要经营场所、各行政村张贴合同法宣传画报 260 份、发放合同法相关宣传材料 2000 份;向相关行业推广合同示范文本 1000 份。举办法规培训暨合同示范文本推介会,集中推广合同示范文本 30058 份。

年内,怀柔区各镇乡政府通过广播、宣传栏、培训会等途径,将《食品安全法》宣传到基层和农户,发放食品安全宣传材料 2.2 万份,营造全社会关注食品安全的社会氛围。

(工商怀柔分局　怀柔区质监局)

**【推进诚信计量工作】** 5 月 14 日至 20 日,北京市怀柔区质量技术监督局(以下简称“区质监局”)检查了 7 个眼镜制配单位的验光机、焦度计等设备 26 台件;检查 5 个加油站的 21 台加油机和 46 条加油枪;检查 16 家宾馆饭店压力表、称等 223 台件;检查 7 家大型购物场所的在用计量器具 63 台件;检查四条旅游沿线摊点在用计量器具 86 台件。共计检查在用计量器具 379 台件,送检率达到 95% 以上,对未执行定期检验的单位进行现场处罚或告知。

5 月 20 日,区质监局在“世界计量日”期间,以“诚信计量惠及民生”为主题,对计量器具使用单位的证书和在用计量器具是否按期检定,集中开展了计量执法检查活动。

10 月 14 日,区质监局召开诚信计量工作会,区内 26 家加油站、4 家集贸市场负责人及中石化、中石油主管领导参加会议。会上传达了《北京市推进诚信计量、建设和谐城乡行动计划(2010—2012)》文件精神,并与 30 家计量器具使用单位分别签订了《加油站诚信计量承诺书》和《集贸市场诚信计量承诺书》。

年内,区质监局联合区工商、商务部门,完成了北京大星发商贸有限公司社区菜市场和富民泰和社区菜市场有限公司计价秤统配统管工作,共配置立臂式电子计价秤 90 台件,逐步建立起“经营者自律、主办者管理、政府监督”的规范化管理模式。以涉及公平交易、人民群众身体健康和安全的商场、超市、集贸市场、加油站、医疗卫生、餐饮、出租汽车服务业、眼镜制配场所、旅游沿线计量器具为重点,共检查计量器具使用单位 99 家,提高计量器具检定率,营造诚信、公平的市场计量环境。对 19 家制造计量器具许可证单位和实验室计量认证机构进行了证后监管,突出计量基础作用。

(怀柔区质监局)

**【加强广告监测】** 北京市工商行政管理局怀柔分局建立了联系人机制、发布前文案会商、违规广告研讨例会、涉嫌违法广告叫停和强化联席会成员督办五项机制。年内,对怀柔区电视台的 BTV 公共怀柔和怀柔一套两个频道,以及怀柔广播电台(FM101.3)进行监测。共监测广告 42435 条次,广告条数 262 条,广告发布量违法率和广告条数违法率分别为 0,其中电视广告发布量值 31013 条次,广播广告发布量值 11422 条次。

(工商怀柔分局)

**【政府信息公开】** 全年,北京市怀柔区人民政府所属部门主动公开政府信息 2026 条,全文电子化率达 100%。其中,机构职能类信息 242 条,法规文件类信息 303 条,规划计划类信息 38 条,行政职责类信息 216 条,业务动态类信息 1227 条。全区共有政府信息公开查阅中心 62 个,其中区级查阅中心 3 个。行政机关主动提供政府信息,一律不收取任何费用。2010 年度内,怀柔区共收到政府信息公开申请 17 件,申请内容主要涉及财政预算、交通补贴、征地拆迁、经济适用房等;依申请受理总量居前 3 名的单位分别是北京市怀柔区庙城镇人民政府、北京市怀柔区发展和改革委员会及北京市怀柔区人民政府办公室;结转到 2011 年度的 0 件,已答复的 17 件。全区共接受公民、法人及其他组织政府信息公开方面的咨询 12679 人次。

(怀柔区政府信息公开办公室)

# 延庆县

【保护知识产权宣传】 2月24日，北京市延庆县科学技术委员会与县商务、工商、文化、农业、药监等9家单位，在金锣湾商业中心区开展以“打击侵犯知识产权和制售假冒伪劣商品违法行为，维护良好的市场经济秩序”为主题的大型街头宣传咨询活动。4月26日，北京市延庆县知识产权局与县科技、宣传、司法、工商、文化及农业等部门，联合开展以“创造 · 保护 · 发展”为主题的知识产权宣传活动，共发放各种宣传材料万余份，展板展示30块。延庆县人民政府有关领导出席了活动。

(延庆县经信委)

【打击侵犯知识产权和制售假冒伪劣商品】 12月24日，北京市药品监督管理局延庆分局与县商务、卫生、工商、经济和信息化、质监、科技、广电中心等8个部门联合在县金锣湾大型商业广场开展“打击侵犯知识产权和制售假冒伪劣商品”大型宣传活动，发放各类宣传材料4万余份。对辖区内425家涉及“三品一械”的单位进行现场检查，共出动车辆182车次执法人员424人次，检查中发现2家单位有制售假冒药品的违法行为，均已对其进行立案处罚。 (延庆县经信委)

【政府信息公开情况】 年内，北京市延庆县主动公开政府信息4638条并实现了100%的全文电子化；接受公民、法人及其他组织政府信息公开方面的咨询36046人次；收到政府信息公开申请42件，并全部在规定的期限内给予答复。 (延庆县经信委)

【加强有形市场监管】 年内，北京市工商行政管理局延庆分局（以下简称“分局”）制定下发了《2010年流通领域食品安全专项整治工作方案》、《流通领域商品质量专项整顿工作方案》和《2010年继续开展无照经营清理整顿工作的实施方案》等文件，加强对市场的监管力度。结合辖区特点，着重加强两级督导和执法办案工作。在城区批发市场和旅游景区市场推出星级管理模式，制定评选标准，公示星级文明户，形成管理上的特色。与北京市延庆县农村工作委员会、延庆县农村合作经济经营管理站共同拟定并下发《延庆县农村集体经济合同管理办法》。在永宁、张山营两个山区工商所推行“一站、一集、一协会”工作模式，将流动工商工作站、集期市场管理办公室及乡镇农村经纪人协会职能进行整合，提高市场监管和公共服务效率，规范集期市场。推进检测体系建设，建成并投入使用分局食品实验室，在县内7家超市和有形市场建立企业食品自检室。全年共完成食品快速检测、抽检4408个样品，发现不合格样品100个并进行下架处理。依据各项监测数据，形成《分局2010年食品安全监测分析》，对辖区食品安全薄弱环节作梳理，维护辖区食品安全稳定。开展精品网格评选活动，提升分局57个网格的监管质量。制作《农村集期市场工作管理规范》，建立集期市场经营者档案机制。

(延庆县经信委)

【开展电子商务监管】 年内，北京市工商行政管理局延庆分局进行电子商务监管利用北京市工商行政管理局电子商务监控平台，对辖区网站进行日常监管。全年共立案查处涉网案件20件，罚款23.7万元，案件数和罚没款分别同比下降45%和99%。（延庆县经信委）

【加强发票稽查】　年内，北京市延庆县地方税务局联合县国税、公安等部门检查发票30168份，发现有问题发票1141份，涉案金额3714万元。（延庆县经信委）

【获证企业和小作坊的质量监管】　截至年底，北京市延庆县质量技术监督局出动执法人员380人次，检查企业128家次，对县重点产品、重点企业进行了重点检查；出动执法人员470余人次，检查食品生产加工小作坊157家次，抽取样品合格率为86%。完成北京市质量技术监督局下达的57个批次食品样品监督抽查计划，年底样品合格率100%。完成全县辖区内57家获证企业生产许可证年度报告审查工作。（延庆县经信委）

【创建信用村、信用养殖小区和信用市场】　年内，北京市延庆县发展和改革委员会与邮政储蓄银行共同开展信用村、信用小区、信用市场创建活动。全年共对贷款金额大、质量高的9个行政村（包括延庆镇蒋家堡、沈家营镇北梁、旧县镇大柏楼、康庄镇西红寺、永宁镇新华营、永宁镇上磨、井庄镇王木营、四海镇海字口、刘斌堡乡马道梁）、一个市场（日上市场）和一个养殖小区（金牛山养殖小区）授予信用村、信用小区、信用市场称号并授牌。（延庆县经信委）

【扩大担保规模】　年内，北京诚信共享担保服务中心共为全县120户私营企业和个体工商户担保贷款2000万元。其中新增担保金额200万元，担保金总额达到700万元。自2002年6月该担保中心开展业务以来，共为1360户私营企业和个体工商户办理担保贷款1.03亿元。（延庆县经信委）

# 中关村国家自主创新示范区

## 完善信用制度保障

**【中关村国家自主创新示范区十百千工程工作方案】** 4 月 21 日,中关村国家自主创新示范区领导小组办公室印发《关于印发中关村国家自主创新示范区"十百千工程"工作方案通知》(中示区组发〔2010〕7 号),决定在中关村国家自主创新示范区实施"十百千工程"中,对企业提供综合融资支持,建立信用贷款、信用保险及贸易融资绿色通道,引导金融机构加大对企业的支持力度,给予企业 40% 的流动资金贷款贴息支持和 50% 的保费补贴。加大企业贷款风险补偿资金支持力度。支持企业和产品进行品牌和商标的申请和注册,提升企业产品质量和商业信誉。

(中关村企业信用促进会)

**【中关村国家自主创新示范区知识产权质押贷款工作会举行】** 5 月 22 日,中关村国家自主创新示范区知识产权质押贷款工作会在北京举行。会议由北京市人民政府主办,中关村科技园区管理委员会、北京市知识产权局、北京市科学技术委员会、北京市财政局等多家单位联合承办,北京中关村企业信用促进会、中关村知识产权促进局、北京中小企业信用再担保有限公司等单位协办。中共北京市委常委赵凤桐、国家知识产权局副局长甘绍宁出席会议。中共北京市委副秘书长李福祥主持会议。来自国家和北京市有关单位、商业银行、投资机构、中介机构、企业和协会等单位,共计 400 多人参加了会议。

中关村科技园区管理委员会主要负责人介绍了《关于加快推进中关村国家自主创新示范区知识产权质押贷款工作的意见》(征求意见稿)的基本内容。

会议提出,北京市将建立相关部门参加的中关村知识产权质押贷款工作联席会议制度,并通过中关村企业信用"星级"评定计划,鼓励企业建立信用记录,根据企业"信用星级"的不同,企业将享受 20% ~ 40% 的差别化贷款贴息政策支持。在企业获得贴息支持的同时,信贷机构也将得到一定的风险补贴资金。

(中关村企业信用促进会)

**【关于加快推进中关村国家自主创新示范区知识产权质押贷款工作的意见】** 8 月 10 日,中关村国家自主创新示范区领导小组办公室印发《关于印发加快推进中关村国家自主创新示范区知识产权质押贷款工作意见的通知》(中示区组发〔2010〕19 号),决定在中关村国家自主创新示范区开展知识产权质押贷款工作,并发布了《关于加快推进中关村国家自主创新示范区知识产权质押贷款工作的意见》(以下简称《意见》)。根据《意见》,信用激励是中关村知识产权质押贷款工作的实施原则之一,要以企业信用为基础,实现以"信用促融资、以融资促发展"。信贷机构要根据企业信用状况不同,实行差别化的利率政策。实施中关村企业信用"星级"评定计划,鼓励企业建立信用记录,根据企业信用“星级”不同，政府部门实施20%至40%的差别化的贷款贴息政策。要发挥信用保险的风险保障、融资推动功能，并建立再担保机制。《意见》要求扩大中关村信用贷款试点范围，凡通过信用保证和知识产权质押组合发放的贷款，可纳入中关村信用贷款试点范围，鼓励银行、担保机构、小额贷款机构等信贷机构在中关村的设立和发展并推行信用贷款。对获得信用贷款支持的企业给予20%至40%的利息补贴，对信贷机构给予一定的风险补贴。

（中关村企业信用促进会）

**【印发中关村国家自主创新示范区“瞪羚计划”首批重点培育企业名单】** 8月18日，中关村国家自主创新示范区领导小组办公室印发《关于印发中关村国家自主创新示范区高科技高成长企业“瞪羚计划”首批重点培育企业名单的通知》（中示区组发〔2010〕20号），决定在中关村国家自主创新示范区大力推进高科技高成长企业“瞪羚计划”，遴选并发布了525家“瞪羚计划”首批重点培育企业名单，要求中关村国家自主创新示范区领导小组各成员单位和各园区管理委员会提高服务效率，加大支持力度，为企业快速成长营造良好的发展环境。

（中关村企业信用促进会）

**【中关村国家自主创新示范区战略性新兴产业中小企业创新资金管理办法】** 8月27日，中关村科技园区管理委员会印发《关于印发〈中关村国家自主创新示范区战略性新兴产业中小企业创新资金管理办法〉的通知》（中科园发〔2010〕31号），规定在中关村国家自主创新示范区战略性新兴产业中小企业创新资金管理中，申请一般创新项目支持资金、重点创新项目支持资金和股权投资项目支持资金的企业，应使用《中关村园区企业信用评级报告》或《中关村园区企业深度征信报告》。

（中关村企业信用促进会）

**【中关村国家自主创新示范区科技型中小企业信用贷款扶持资金管理办法】** 11月18日，中关村科技园区管理委员会印发《关于印发〈中关村国家自主创新示范区科技型中小企业信用贷款扶持资金管理办法〉的通知》（中科园发〔2010〕38号），明确了中关村国家自主创新示范区科技型中小企业信用贷款业务范围、信用贷款支持对象及条件、信用贷款支持措施、信用贷款企业申请和受理办法，以及信用贷款风险补贴标准和程序等。《中关村国家自主创新示范区科技型中小企业信用贷款扶持资金管理办法》自2010年8月1日起执行，原《中关村国家自主创新示范区科技型中小企业信用贷款扶持资金管理办法》（中科园发〔2009〕27号）同时废止。

（中关村企业信用促进会）

**【中关村国家自主创新示范区信用保险及贸易融资扶持资金管理办法】** 11月30日，中关村科技园区管理委员会印发《关于印发〈中关村国家自主创新示范区信用保险及贸易融资扶持资金管理办法〉的通知》（中科园发〔2010〕42号），明确了中关村国家自主创新示范区信用保险及贸易融资服务业务范围、信用保险及贸易融资支持对象及条件、信用保险及贸易融资支持措施、信用保险及贸易融资企业申请和受理办法等。《中关村国家自主创新示范区信用保险及贸易融资扶持资金管理办法》自 2011 年 1 月 1 日起实施。

(中关村企业信用促进会)

**【中关村国家自主创新示范区协会商会组织发展支持资金管理办法】** 12 月 8 日,中关村科技园区管理委员会印发《关于印发〈中关村国家自主创新示范区协会商会组织发展支持资金管理办法〉的通知》(中科园发〔2010〕44 号),提出中关村科技园区管理委员会将采取专项委托和工作经费资助两种方式,支持在中关村国家自主创新示范区内开展工作或会员大部分在示范区,为示范区发展服务的非营利性协会、商会开展示范区信用体系建设等工作。

(中关村企业信用促进会)

**【中关村国家自主创新示范区企业购买中介服务支持资金管理办法】** 12 月 8 日,中关村科技园区管理委员会印发《关于印发〈中关村国家自主创新示范区企业购买中介服务支持资金管理办法〉的通知》(中科园发〔2010〕46 号)。《中关村国家自主创新示范区企业购买中介服务支持资金管理办法》规定了包括信用中介服务在内的中关村国家自主创新示范区中介服务支持资金的支持对象及条件、支持措施、申请和受理办法等。该管理办法自 2011 年 1 月 1 日起实施,原《中关村科技园区企业购买中介服务支持资金管理办法》(中科园发〔2010〕38 号)同时废止。

(中关村企业信用促进会)

**【中关村国家自主创新示范区企业信用星级评定管理办法】** 12 月 14 日,中关村科技园区管理委员会和中国人民银行营业管理部联合印发《关于印发〈中关村国家自主创新示范区企业信用星级评定管理办法〉的通知》(中科园发〔2010〕47 号)。《中关村国家自主创新示范区企业信用星级评定管理办法》规定了中关村国家自主创新示范区企业信用星级评定的范围、企业应具备的条件、信用星级递增和保留的条件、针对不同信用星级建立的信用激励机制等,并对不能增加信用星级和取消信用星级的情形予以了明确。该管理办法自 2011 年 1 月 1 日起施行。

(中关村企业信用促进会)

**【中关村企业信用培育双百工程实施方案(试行)】** 12 月 16 日,北京中关村企业信用促进会和北京中关村科技创业金融服务集团有限公司联合发布《"中关村企业信用培育双百工程"实施方案(试行)》(以下简称《方案》),表示将在中关村国家自主创新示范区开展中关村企业信用培育双百工程实施工作,推出一批信用等级高、创新能力强、带动效应明显、具有行业影响力的信用品牌企业,带动示范区企业的信用建设和创新发展;培育一批信用意识强、融资需求迫切、经营管理规范、信用管理水平较高、发展潜力大的信用榜样企业,进一步做大做强中关村企业信用规模;聚集一批服务意识强、信贷政策灵活、勤勉高效的金融服务机构,以企业信用为基础,构建企业信用资本与科技金融资源有效结合的科技金融创新机制。

(中关村企业信用促进会)

# 加强工作平台建设

**【市经济信息化委肯定信用促进会工作】** 1月22日,北京市经济和信息化委员会(以下简称“市经济信息化委”)有关领导带队赴北京中关村企业信用促进会(以下简称“中关村企业信用促进会”)调研中小企业信用体系建设工作。中关村企业信用促进会秘书处领导介绍了中关村国家自主创新示范区信用体系建设工作情况。双方围绕大力推进北京市中小企业信用体系建设工作进行了座谈。市经济信息化委有关领导表示,中关村企业信用促进会充分发挥了桥梁和纽带作用,加强了会员企业与政府之间的沟通和联系,大力倡导了企业信用自律,提高了企业信用意识和信用能力,营造了中关村良好的信用环境,打造了“信用中关村”品牌,要大力推广中关村企业信用促进会工作经验,加强中小企业信用体系建设,积极推进北京市社会信用体系建设。

(中关村企业信用促进会)

**【北京中关村企业信用促进会召开第三届会员代表大会】** 5月25日,北京中关村企业信用促进会(以下简称“中关村企业信用促进会”)召开第三届会员代表大会。146名会员代表参加会议,中关村科技园区管理委员会有关业务处室负责人应邀出席会议。大会听取并审议通过了第二届理事会的工作报告及第二届监事会工作报告,讨论修改了章程,选举产生了第三届理事会、监事会和新一届理事长、监事长、秘书长。

中关村企业信用促进会第三届理事会由联想集团有限公司、北京中关村科技担保有限公司、北京中小企业信用再担保有限公司、中国人民银行营业管理部等61家会员单位组成。第三届监事会由北京双高人才发展服务中心等3家单位组成。北京中关村科技担保有限公司董事长张利胜为第三届理事会理事长,北京双高人才发展服务中心主任袁方为第三届监事会监事长,刘英为秘书长。

(中关村企业信用促进会)

**【中关村企业信用促进会会员规模创新】** 截至2010年12月,北京中关村企业信用促进会会员企业已达到3200家,占中关村国家自主创新示范区规模以上企业的75%。(中关村企业信用促进会)

# 推进信用信息化建设

**【北京市高新技术企业信用信息项目】** 自2007年3月起,北京中关村企业信用促进会承担了国家信息化试点项目——北京中关村企业信用促进会北京市高新技术企业信用信息项目。该项目总投资1200万元,其中获得中央财政资金补贴800万元。项目主要建设内容包括:以企业信用报告为基础数据源,在整合金融机构、中介机构、工商、税务、社保、抵押登记机构和环保、司法等部门的企业信用信息的基础上,建设企业信用信息基础数据库平台;在基础数据库平台基础上,建设企业信用与融资服务平台和信用与管理信息平台;完善信用制度建设和信用风险评价系统,建设企业信用交易、信用融资与信用结算服务平台。

该项目核心内容包括:企业信用服务与信用管理信息系统、企业信用信息编码系统;开放式企业信用信息采集、加工整理、查询、信息动态更新、信息发布、信息共享和网络化认证信用信息系统;企业信用评级、征信、信用调查和企业内部信用制度建设评价系统;基于企业信用的交易与结算服务平台系统;企业信用风险评价、跟踪和预警防范系统。

截至2010年底,该项目已完成了平台数据库的整体设计、平台用户门户发布系统的开发,以及企业信用编码系统的整体设计和研发。开展了北京市高新技术企业信用信息的动态采集、加工和录入工作,向政府有关部门、金融机构提供了企业授权情况下的信用评级报告和征信报告的在线查询业务。与中国人民银行、北京市工商行政管理局和北京市经济和信息化委员会等部门进行了企业信用信息的数据交换、共享工作。项目实施三年以来累计共有1700家次高新技术企业获得总计约160亿元各类政策性专项担保贷款、信用贷款和信用保险及贸易融资贷款的支持,中关村高新技术企业信用融资总额比项目实施前三年增长了10倍。

(中关村企业信用促进会)

## 信用中介支持资金使用情况

**【2004年至2010年信用中介支持资金使用情况】** 2004年至2010年,北京中关村企业信用促进会受中关村管委会委托,根据中介支持资金管理办法的规定,共补贴园区企业购买各类信用报告费用总计约1100万元,占同期中介资金补贴总额的22.35%。

同期,中介服务支持资金受益企业达7700多家,占示范区具有一定规模企业总数的70%左右。资金补贴范围涉及信用中介服务、企业财务(税务)中介服务(基础财务服务)、知识产权代理中介服务(商标和著作权)、认证中介服务、并购服务等。从企业申请中介服务项目类型看,信用中介服务占60%以上。

信用中介支持资金有效地拉动了中关村示范区信用中介服务市场的需求和发展,为示范区企业信用体系建设、中介服务体系建设和投融资服务体系的建立和完善提供了强大的政府公共财政的支持。

(中关村企业信用促进会)

## 规范信用服务体系

**【中关村企业信用促进会召开信用专业委员会工作会议】** 3月17日下午,北京中关村企业信用促进会召开信用专业委员会工作会议。10家在中关村国家自主创新示范区(以下简称“示范区”)备案信用中介服务机构派代表参加会议。会议讨论了调整示范区信用中介服务收费程序、信用报告上传数据库信息安全等有关问题,肯定了中介服务补贴金在示范区信用体系建设工作中的积极作用，提出了对调整信用中介服务收费程序进行调整的建议，并就示范区2010年信用服务工作计划进行了商讨。会议要求各信用中介服务机构认真总结近年来信用服务工作的经验和问题，提出2010年开展示范区信用服务工作的意见和建议。　（中关村企业信用促进会）

**【规范企业招投标履约能力信誉评价报告模板】**　6月10日，北京中关村企业信用促进会（以下简称“中关村企业信用促进会”）信用服务专业委员会召开2010年第二次工作会。8家信用中介服务机构派代表参加会议，中国人民银行营业管理部、中关村科技园区管理委员会，以及中关村企业信用促进会秘书处有关领导出席了会议。会议主要讨论了由中关村企业信用促进会信用专业委员会主任委员单位——联合信用管理有限公司牵头起草的企业招投标履约能力（信誉评价）报告模板初稿。根据该模板，企业招投标履约能力信誉评价报告等级初设为四等十级制。会议强调要根据中关村国家自主创新示范区企业的需求不断推出新的信用产品，提升信用服务质量，满足企业不同发展阶段的具体需求。

（中关村企业信用促进会）

## 拓展企业融资渠道

**【举办信保融资银保企三方对接交流会】**　1月上中旬，北京中关村企业信用促进会举办了二期“信保融资银保企三方对接交流会”系列活动，共有来自21家企业的32名代表，以及中关村科技园区管理委员会有关业务处室、5家试点保险机构、中国银行、中国建设银行、北京银行和民生银行的代表参加了交流会。

参会企业涉及覆盖工程仿真、射频识别等高端技术领域、电子电路等制造业领域以及环保技术等创新领域，基本具备信保融资的资质和资格。北京中关村企业信用促进会依据企业实际情况将参会企业分门别类，将每期参会企业在业务发展和融资需求上的共性问题加以整合，初步保障了保险公司和银行能够提供针对性的服务。

保险公司和金融机构对于基本符合信保融资条件的企业，根据企业的具体融资需求拟定了相关方案，以便通过银保合作，推动信保融资政策的落实，帮助企业解决在快速发展中遇到的融资难问题。

（中关村企业信用促进会）

**【举办IT企业债权融资信托计划介绍会】**　3月18日，北京中关村企业信用促进会以座谈的形式举办“IT企业债权融资信托计划”介绍会，共有22家企业、26位代表参会。

IT企业债权融资信托计划专门针对北京IT企业的系统集成项目资金缺口而设立，具有以未来应收账款为质押、贷款手续简便、效率高的特点，期限为6至12个月，贷款金额在300万到1000万之间，可根据客户的实际需求灵活使用，以解决企业短期资金周转困难，是IT企业可以利用的全新融资渠道。　（中关村企业信用促进会）

**【举办信用保险及贸易融资银保企三方对接交流会】**　3月26日，北京中关村企业信用促进会举办“2010年第四期信用保险及贸易融资银保企三方对接交流会”。会上,各参会企业代表介绍了各自企业自身的基本情况,各保险机构的专家就融资费用、补贴政策和投保流程,以及国内保理和“信保融资”各自不同的特点及对不同发展阶段企业的适用性等具体问题,进行了现场解答。

“信保融资”是中关村国家自主创新示范区 2010 年大力贯彻落实的融资政策之一。该项政策主要服务于处在快速成长阶段的高新技术企业,可以为企业提供信用风险保障、融资以及国内外市场开拓等金融增值服务。

中国出口信用保险公司、中国人民财产保险股份有限公司、中国平安保险(集团)股份有限公司、中银保险股份有限公司、中国大地财产保险股份有限公司等 5 家参与中关村中小企业信用保险及贸易融资试点工作的试点机构的代表参加了交流会。　(中关村企业信用促进会)

**【举办信保融资银保企三方对接交流会——亦庄专场】** 4 月 28 日,北京中关村企业信用促进会联合“信保融资”五家试点机构之一的中国出口信用保险公司在北京亦庄经济开发区举办“2010 年第五期信保融资银保企三方对接亦庄专场交流会”。通过银企保互动交流,参会企业代表对于信用保险的风险分散和融资便利功能有了进一步的认识和理解。

(中关村企业信用促进会)

**【举办银行融资创新产品介绍会——民生银行专场】** 7 月 15 日,北京中关村信用促进会与民生银行平安里支行联合举办了首场民生银行融资创新产品介绍会。来自中关村国家自主创新示范区的 26 家企业的 30 余名代表参加了介绍会。民生银行平安里支行代表在会上介绍了民生银行最新推出的创新融资产品。

民生银行针对当前中小企业普遍存在的融资难问题,以盘活企业固定资产和流动资产,借助企业上下游资源,打通企业融资渠道为服务重点,推出了适合民营中小企业融资的两大品牌产品线——“财富罗盘”和“商贷通”业务。(中关村企业信用促进会)

**【举办海淀区第十期中小企业融资促进培训会】** 7 月 23 日,由北京市海淀区金融服务办公室(以下简称“海淀区金融办”)主办,北京中关村企业信用促进会以及北京中关村海淀金融创新商会联合承办的海淀区第十期中小企业融资促进培训会举行。海淀区金融办领导以及光大银行相关负责人,多家中关村企业信用促进会会员企业参加。海淀区金融办介绍了《海淀区促进企业上市支持办法》、《海淀区知识产权质押贷款贴息实施办法》等相关政策,光大银行对中小企业融资贷款、第三方保证贷款、保理贷款等业务进行了介绍。

(中关村企业信用促进会)

**【2010 年第一期北京市拟上市企业培训会】** 8 月 30 日,由北京市金融工作局会同中国证券监督管理委员会北京监管局、上海证券交易所、深圳证券交易所和中关村科技园区管理委员会联合举办了“2010 年第一期北京市拟上市企业培训会”。200 余家拟上市企业的董事长、董事会秘书、投行、中介机构参加了本次培训。培训会针对中小板和创业板的最新发展与特点、券商与拟上市企业合作、上市涉及的财务、法律问题等问题进行了讲解。中共北京市委常委、北京市人民政府常务副市

长吉林、中国证券监督管理委员会北京监管局、北京市金融工作局、中关村科技园区管理委员会、中国证监会发行监管部和创业板发行监管部的相关领导出席会议,通报了北京市企业上市情况,并对拟上市企业提出了希望。(中关村企业信用促进会)

**【举办中关村电子城科技园区企业信保融资金融服务推介会】** 9月10日,由北京中关村企业信用促进会和北京市朝阳区高新技术企业协会联合主办的“中关村电子城科技园区企业信保融资金融服务推介会”召开。中关村科技园区管理委员会、中关村电子城科技园区管理委员会、中国出口信用保险公司、中信银行总行营业部的相关领导出席了本次会议。

会议主要针对信用保险产品概念、信保融资的内涵、对中小企业融资的重要价值等政策要点进行了解读,还对信用保险如何与银行信贷产品对接、信保融资的成本测算、操作流程和信用保险的功能进行了详细的讲解。(中关村企业信用促进会)

**【举办信保融资—银保企三方对接交流会】** 8月27日和9月3日,北京中关村企业信用促进会举办了第六期和第七期“信保融资—银保企三方对接”交流会。5家试点保险机构、相关银行及20家园区企业的相关代表参加了交流会。参会的企业代表就各自企业的业务模式是否适合信保融资等相关细节问题,与保险公司、银行进行了现场沟通。会后,试点保险机构将通过电话回访和实地走访方式与参会企业进一步接洽,继续推进业务开展和合作,帮助企业利用扶持政策解决融资需求缺口。

(中关村企业信用促进会)

**【信贷创新中关村系列活动——杭州银行专场举行】** 10月28日,由中国人民银行营业管理部、中国银行业监督管理委员会北京监管局、北京市金融工作局、中关村科技园区管理委员会、北京市海淀区人民政府主办,北京中关村企业信用促进会、杭州银行北京分行、北京中关村科技创业金融服务集团有限公司联合承办的“信贷创新中关村”系列活动杭州银行专场——杭州银行北京中关村支行开业及科技金融产品推介会举行,杭州银行北京分行专门为科技型中小企业设立的北京中关村支行正式开业,各主办和承办单位领导、中关村企业代表近200人参加了开业庆典仪式,杭州银行介绍了科技金融产品。　(中关村企业信用促进会)

**【部分园区企业成功上市】** 年内,北京中关村企业信用促进会部分会员企业在深圳证券交易所创业板和中小企业板成功上市。1月8日,北京梅泰诺通信技术股份有限公司上市,成为创业板第三批上市企业之一,也是中关村国家自主创新示范区德胜科技园和北京市西城区诞生的第一家创业板上市企业。之后,从3月至8月份,先后有北京汉王科技股份有限公司、北京海兰信数据科技股份有限公司、北京碧水源科技发展股份有限公司、广联达软件股份有限公司、北京启明星辰信息技术有限公司和乐视网信息技术(北京)股份有限公司等企业,分别在创业板和中小企业板上市,其中,乐视网信息技术(北京)股份有限公司是在国内A股成功上市的首家网络视频公司。

(中关村企业信用促进会)

# 褒奖信用企业

**【中关村企业信用培育双百工程启动仪式】** 12 月 16 日,“信用中关村系列活动——中关村企业信用培育双百工程启动仪式”举行。北京市经济和信息化委员会、中关村科技园区管理委员会、中国人民银行营业管理部征信管理处有关领导出席启动仪式,北京中关村企业信用促进会(以下简称“中关村企业信用促进会”)、北京中关村科技创业金融服务集团有限公司有关负责人、来自园区的 300 多位企业家代表,以及国家开发银行、北京银行、民生银行、交通银行、南京银行、杭州银行、大连银行等银行和在中关村服务的信用中介机构的代表近 400 人参加了启动仪式活动。

北京市经济和信息化委员会有关领导在启动仪式上致辞。指出中关村作为国家和北京市社会信用体系建设的试点单位,为全国和北京市的社会信用体系建设起到了很好示范作用,希望中关村的广大企业积极参与“信用培育双百工程”活动,积极支持北京市社会信用体系建设工作,为大力推进“信用北京”建设,为构建社会主义和谐社会首善之区贡献力量。中关村科技园区管理委员会主要负责人表示,从现在开始,每年从中关村优秀企业、中关村企业信用促进会优秀会员,中关村信用星级企业中筛选“最具影响力”和“最具发展潜力”的企业各百家(简称“信用双百企业”),经过公示程序予以公开表彰,并通过各方面渠道向行业、向社会宣传、向金融机构推荐,扩大其市场知名度、信用度,为其获取更多更快的有效资源和市场份额提供助力。同时示范区在信用融资、信用担保、信用保险、小额贷款、贸易融资等专项政策方面也将向信用企业提供支持和扶持。中关村企业信用促进会负责人强调,信用建设是产业和企业发展的核心要素,中关村企业信用双百工程的启动,是“十二五”规划开局之年的重要举措,标志着中关村示范区信用体系建设将迈上一个新台阶,是中关村信用建设的硕果,是企业信用品质的展示,将为企业创造更多更优的信用财富。

启动仪式上,中国人民银行营业管理部征信管理处有关负责人发布了《中关村国家自主创新示范区企业信用星级管理办法》,并公布了 2010 年中关村信用星级企业。仪式上还发布了中关村国家自主创新示范区最新调整的信用贷款、信用保险及贸易融资扶持资金管理办法。中关村企业信用促进会与北京银行、交通银行、民生银行、南京银行、杭州银行、大连银行等六家商业银行举行了“中关村企业信用与科技金融服务战略合作框架协议”的签约仪式。(中关村企业信用促进会)

**【首批中关村信用培育双百工程企业获奖】** 12 月 16 日,在“信用中关村系列活动——中关村企业信用培育双百工程启动仪式”上,举行了首批中关村企业信用培育双百工程获奖企业颁奖仪式,表彰了 202 家北京中关村企业信用促进会 2009—2010 年优秀会员、“最具影响力”和“最具发展潜力”的信用双百企业。截至 2010 年底,中关村信用星级企业有 411 家,其中五星级企业 35 家,四星级企业 43 家,三星级企业 73 家,二星级企业 81 家,一星级企业 179 家。(中关村企业信用促进会)

# 第三篇　北京市部分领域和行业信用体系建设

# 第三篇　北京市部分领域和行业信用体系建设

## 税务领域

**【市国税首次与纳税信誉A级企业签订税收遵从协议】** 4月28日，北京市国家税务局（以下简称“市国税局”）与北京金隅股份有限公司、北京莱市口百货股份有限公司、施耐德电气（中国）投资有限公司、北京龙徽酿酒有限公司、北京燕京啤酒股份有限公司等5家纳税信誉A级企业签订了“税收遵从协议”，首次以合同文本形式约定了税款缴纳与退还、发票管理、企业重大事项处置、税收风险内部防控、涉税诉求、税务稽查、企业与市局局长直接沟通等主要内容，从而将企业税收遵从的意愿、税务机关以纳税服务为核心的遵从引导措施固定下来。市国税局希望以此能进一步实现税企联手共同防范税收风险、营造诚信纳税的良好氛围，同时在税务部门贯彻纳税服务理念。市国税局主要负责人代表税务部门签署了协议，北京市商务委员会、北京市人民政府国有资产监督管理委员会有关领导，出席并见证了签约仪式。（市国税局）

**【市国、地税开展纳税信用等级联合评定工作】** 11月18日，根据国家税务总局关于纳税信用等级国、地税“协调配合、联合评定、共同管理”的工作要求，北京市国家税务局与北京市地方税务局共同印发了《北京市国家税务局　北京市地方税务局关于联合开展2011—2012年度纳税信用等级评定工作的通知》（京国税发〔2010〕217号），并以“维持原有规模、沿用现有规定、确保平稳过渡”为原则，于2010年11月联合开展了北京市纳税信用A级企业国地税联合评定工作。

（市地税局）

**【市地税进一步规范纳税信用A级企业评定管理工作】** 12月3日，北京市地方税务局制定了《北京市地方税务局关于规范纳税信用A级企业评定管理工作的通知》（京地税纳〔2010〕212号），参照国家税务总局和北京市国家税务局的评定工作要求，明确了纳税信用等级评定的组织、协调和管理工作由纳税服务主管部门负责，对2010年度纳税信用A级企业评定管理工作修改了相关程序,取消了评估环节,并就纳税信用 A 级企业评定过程中出现的问题进行了进一步的明确与规范。

(市地税局)

**【市地税信用体系建设工作职责转至纳税服务处】** 年内,按照北京市地方税务局(以下简称"市地税局")市局处室"三定方案",负责组织开展企业纳税信用等级评定工作及后续管理工作和负责组织地方税务信用体系建设的工作职责,由市地税局纳税评估处移交至纳税服务处。同年,市地税局所辖各区县、分局的纳税服务科陆续成立,全市地税系统企业纳税信用等级评定工作及后续管理工作,以及地税信用体系建设工作组织架构初步形成。

(市地税局)

# 工程建设领域

**【关于规范房地产经纪机构经营场所信息公示的通知】** 2月12日，北京市住房和城乡建设委员会印发了《关于规范房地产经纪机构经营场所信息公示的通知》（京建发〔2010〕73号，以下简称《通知》），进一步规范房地产经纪机构的市场行为。《通知》要求房地产经纪机构在经营场所显著位置，必须公示有效的企业法人营业执照正本、机构备案证明正本、经纪业务流程、经纪服务收费项目、计费方法和收费标准、有效的投诉电话等11项内容，市区住房城乡建设部门定期对本辖区内经纪机构公示情况进行检查，并对未按本通知规定公示有关信息的机构责令改正，或按有关规定进行处理。 （市住房城乡建设委）

**【关于加强北京市建设工程质量施工现场管理工作的通知】** 3月4日，北京市住房和城乡建设委员会印发《关于加强北京市建设工程质量施工现场管理工作的通知》（京建发〔2010〕111号，以下简称《通知》），细化了对工程参建各方在施工现场质量管理的责任和要求。《通知》要求，工程质量检测机构对其出具的检测报告的真实性、准确性负责，不得伪造检测数据、出具虚假检测报告或鉴定结论；建设单位须严格依法执行建设程序，不得任意压缩合理工期，降低质量标准。市区住房城乡建设部门加大监督执法检查力度，依法严肃查处违法违规行为并责令改正，同时记入企业资质及人员资格动态监管信息系统，进行记分处理，对于一年内同一建筑业企业有3次工程质量行政处罚的，依照相关规定启动动态核查。

（市住房城乡建设委）

**【北京市建筑材料供应单位质量诚信评价管理暂行办法】** 3月14日，北京市住房和城乡建设委员会印发《北京市建筑材料供应单位质量诚信评价管理暂行办法》（京建发〔2010〕117号，以下简称《暂行办法》），建立建材市场产品质量诚信机制，保证建设工程质量和安全。《暂行办法》规定了建材供应单位质量诚信评价工作的组织及评价标准、评价程序、动态管理、监督管理等方面，并鼓励本市行政区域建设工程建材采购单位在评价为“A”级以上的供应单位范围内选购材料，鼓励使用政府投资的建设工程采购建材在评价为“AA”级的供应单位范围内选购。

（市住房城乡建设委）

**【344支施工作业队获得信用特A级荣誉】** 4月1日，北京建筑业人力资源协会发布了《首都建筑行业优秀及合格劳务企业施工作业队信用等级名录》，344支施工作业队被评为2009年度建筑行业信用特A级企业。在所评价出的特A级企业中，位居前两位的省份是河北省和安徽省，具体分布情况为：河北68支、安徽57支、河南55支、江苏49支、湖北30支、重庆21支、北京20支、四川23支、山东15支、陕

西3支、浙江2支、广东1支。同时，有2051支和850支施工作业队分别被评为信用A级和B级企业。

（市住房城乡建设委）

**【建立物业服务成本发布制度】** 4月23日，北京物业管理行业协会首次公布城区普通商品住宅物业服务成本，成本项目包括日常设备设施运行维护费，以及物业管理区域绿化养护费、清洁卫生费、秩序维护费等。北京市以后将每季度发布一次全市物业服务平均成本，为业主与物业服务企业协商定价提供参考，进一步构建双方和谐互信关系。

（市住房城乡建设委）

**【出京介绍信和企业诚信证明网上办公平台启用】** 7月6日，北京市住房和城乡建设委员会（以下简称“市住房城乡建设委”）开通出京介绍信和企业诚信证明网上办公系统，以“网上填报，书面受理”模式加强对本市建设工程企业办理出京介绍信和诚信证明事项的管理。自12日起，建筑施工企业通过北京建设网填报相关信息，然后由申请人持相关材料原件到市住房城乡建设委办事服务大厅提交审核。工作人员核对信息填报是否齐全，查看填报资质与企业资质原件中主项资质是否一致；登陆“建筑企业动态监管”系统，查询企业有无违规记录；登陆“市住房城乡建设系统执法工作平台”系统，查询建造师有无违法记录。经审查后，对申请事项作出决定，同意审查意见的，签署意见；不同意审查意见的，书面提出意见与理由。

（市住房城乡建设委）

**【1—4批建筑起重机械租赁企业信用等级评定结果公示】** 7月21日，北京建设工程物资协会建筑机械分会依据相关规定，组织专家对申报“信用等级”的租赁企业进行评审，对达到评审标准的企业进行公示，并希望各租赁企业继续自愿参加建筑机械分会组织的“信用等级”评定工作，鼓励各施工企业从获得“信用等级”的租赁企业中选租起重机械设备。

（市住房城乡建设委）

**【125家企业被评为北京市建设行业诚信企业】** 7月22日，北京建筑业联合会发布《关于北京市设备安装工程集团有限公司等143家企业评定为2009年度北京市建设行业诚信企业的决定》（京建联〔2010〕30号）。按照《北京市建筑业诚信企业评定实施办法》，经自愿申报、考核推荐、委员会评审、网上公示、领导小组审定等，评定出北京市设备安装工程集团公司等125家企业为2009年度“北京市建设行业诚信企业”，并同时评选出2009年度“外省市进京施工诚信企业”2家、2009年度“外省市进京劳务诚信企业”16家。

（市住房城乡建设委）

**【首都建筑业劳务分包企业施工作业队信用等级评定实施办法】** 10月20日，北京建筑业人力资源协会发布《首都建筑业劳务分包企业施工作业队信用等级评定实施办法》（北建人协〔2010〕信字05号，以下简称《实施办法》），旨在加强行业自律，建设社会信誉优良的劳务作业队伍群体。《实施办法》规定，由北京建筑业人力资源协会在北京市住房和城乡建设委员会的指导和支持下，负责组织开展施工作业队伍信用评价，并明确规定了评价范围、信用等级划分、标准、申报方式和评定程序等方面。（市住房城乡建设委）

**【着力于构建工程领域市场诚信体系】** 10月25日至11月5日，中央有关单位对北京市工程领域专项治理工作进行了检查。按照中央检查组检查提出的整改建议，以及北京市人民政府常务副市长吉林、中共北京市纪律检查委员会书记叶青纯在检查意见通报会上的部署，北京市治理工程建设突出问题工作领导小组制定了下一步工作措施，其中提出要推进长效机制建设，加大源头治理力度，强化“四个着力”，即着力于完善工程领域规章制度建设；着力于完善工程领域行政监管体系；着力于构建工程领域市场诚信体系；着力于加大监察力度。（安明）

**【北京市物业服务企业信用信息管理办法】** 11月15日，北京市住房和城乡建设委员会印发《北京市物业服务企业信用信息管理办法》（京建发〔2010〕658号，以下简称《管理办法》），规定自2011年1月1日起，对全市物业企业的服务活动实施动态监管。《管理办法》围绕企业服务行为不规范、从业人员信用管理滞后、行政监管方式落后等问题，提出改变行业监管重心，建立物业服务企业及项目负责人信用信息系统等要求，并明确规定项目监管及信用信息的采集与发布、动态监管、使用等。

（市住房城乡建设委）

**【市政工程行业协会评选市政行业诚信企业】** 12月23日至24日，北京市政工程行业协会召开专家委员会工作会议，对40余家会员单位推荐的17家企业、70余名项目经理进行集中评审，对企业的经营能力、管理能力、财务实力、社会信用等4大方面进行全面考核，从北京市企业信用网站的社会信用记录中采集资料，参评企业与项目经理进行信用调查。通过投票，评出2010年度“市政行业诚信企业”17家、“优秀市政项目经理”72名。

（市住房城乡建设委）

**【建设工程物资协会开展诚信评价活动】** 年内，北京建设工程物资协会根据《北京市建筑材料供应单位质量诚信评价管理暂行办法》（京建发〔2010〕117号），在建筑门窗、塑料管道和聚氨酯防水涂料行业开展建筑材料供应单位产品质量评价活动，26家企业获“诚信A级企业”称号。

（市住房城乡建设委）

**【市住建部门强化政府信用监管】** 年内，北京市住房和城乡建设委员会（以下简称“市住房和城乡建设委”）在工程担保、合同履约、建筑劳务市场和房地产市场等方面，强化了信用监管。

强化工程担保监管。组织担保机构排查重点担保项目，强化担保机构的诚信评价和动态监管工作，促进担保机构履行监管责任、保障施工合同履约；完善信用评级标准和程序，严格控制机构总量，淘汰5家不合格担保机构。同时，进一步加强担保公证制度，会同市司法部门择优增加4家公证机构，扩大具有担保保函强制执行效力的试点单位，引入竞争和相互监督机制。

加强合同履约监管。在工程合同监管

上,一季度调查核实合同履约信息系统预警的416个项目;5~8月开展全市施工现场合同履约专项执法,检查661个项目,责令281个项目整改,立案处理47个项目,公开通报批评44家企业和17名执业人员;11月,组织所有在建地铁项目专项检查,涉及42个标段,合同总金额215.51亿元,责令企业整改违规行为,全年协调处理的施工合同纠纷案件数量和金额同比均下降了1/3。在劳务合同监管上,进一步完善劳务分包合同管理信息系统信息报送程序,7月份正式启动履约信息网上报送工作。截至年底,共报送劳务分包合同履约信息6次、38199份次,核实劳务分包合同445份、纠正437份、重点监控8份,约谈企业61家。

完善建筑劳务市场信用体系建设。对379家劳务企业组成的“劳务企业推荐名单”实施动态调整,借助行业自律规范队伍使用;建立警示名单实施重点监控,包含77家企业和186名人员,在建设工程信息网、市建筑业人力资源协会网发布,并转发各区县住房城乡建设委、各省驻京建管处、各集团总公司;对14家因拖欠劳务分包工程款或农民工工资的施工企业,做出停止招标投标、清出市场等处理决定。

加强房地产市场监测监管。构建了北京市房地产供应监测监管系统,全程监控企业房地产开发、销售行为,包括项目报批、土地转让、施工招标、施工许可、竣工验收、房屋销售的各环节,及时发现和纠正市场不良行为;组织新设立开发企业负责人培训,内容涉及企业诚信经营及社会责任,以规范企业开发行为。实施房地产经纪机构动态监督管理,推行中介机构人员全面持证上岗、公示制度。年内,市住房城乡建设部门共出动检查人数26436人次,检查房地产项目10341项次,对违法违规房地产开发企业及中介机构实施行政处理771起,实施行政处罚228起,罚款金额1020余万,协同追缴和罚没税款2.55亿元,清算征收土地增值税105.44亿元,分批次约谈告诫开发企业、中介机构累计141家,集中曝光和社会公示违法违规企业43家,执法力量投入、检查频次、查处力度均为近年新高。

推进房地产行业信用体系建设。市住房和城乡建设委会起草了《关于加快开展房地产市场信用管理工作的方案》、《北京市房地产行业信用管理信息平台系统需求方案》,并在吸收兄弟城市经验的基础上,草拟《北京市房地产行业信用信息管理暂行办法》。同时,完成了2008年6月以来房地产开发企业不良信用信息的搜集和整理,清理出157家违规企业,并从5月份起每月向住房和城乡建设部和各区县住房城乡建设部门共享开发企业信用信息。

(市住房城乡建设委)

# 食品安全领域

**【食品安全诚信体系建设工作列入年度重点任务】** 3月19日，北京市经济和信息化委员会印发《北京市经济和信息化委员会关于印发2010年北京市推进社会信用化体系建设重点任务的通知》（京经信委发〔2010〕44号），强调要贯彻落实工业和信息化部等部委《食品工业企业诚信体系建设工作指导意见》，加快建立企业诚信管理体系、诚信信息征集和披露体系、诚信评价体系，逐步建立面向社会的食品企业诚信信息查询系统和诚信信息公示披露系统，建立失信惩戒公示机制，开展食品工业企业诚信体系建设试点工作。持续提升企业诚信能力和管理水平，规范食品企业生产经营行为和食品市场秩序，提高食品安全水平。明确北京市食品安全委员会办公室、北京市经济和信息化委员会、北京市工商行政管理局等10部门为此项工作的责任单位。

（市经济信息化委）

# 质量监督领域

**【市质监部门成立质量信用工作领导小组】** 1 月 30 日,北京市质量技术监督局成立了由局主要领导和分管领导牵头的质量信用工作领导小组,由各业务处室共同参与,开展质量信用体系建设研究工作。并委托清华大学媒介调查实验室负责对企业质量信用体系的构成要素进行调查研究,确定质量信用体系的构成要素。国家质量监督检验检疫总局、北京市经济和信息化委员会、中国标准化研究院、清华大学等单位专家作为专家顾问,指导质量信用体系研究工作。经过近 8 个月的调查研究,确定了构成企业质量信用的评价指标,并通过了专家评审组的验收,为进一步推进质量信用体系建设奠定了基础。

(市质监局)

**【组织机构实名制管理纳入中关村自主创新示范区试点工作】** 5 月 5 日,经过北京质量技术监督局(以下简称"市质监局")与全国组织机构代码管理中心(以下简称"国家代码中心")多次协调、沟通后,全国组织机构代码中心下发了《关于中关村示范区企业办理组织机构代码证有关问题的通知》(组代管中函〔2010〕25 号),决定授权市质监局组织机构代码管理中心为中关村央企办理代码登记业务。为满足中关村国家自主创新示范区建设需要,落实市政府工作任务要求,市质监局组织召开了中央在京单位代码数据应用需求调研会,征询各业务部门和基层单位的实际需求,并根据各部门需求,研究制定了技术解决方案,明确了数据需求、服务对象、数据传输和共享模式、管理权限、安全机制等内容。2010 年 12 月,市质监局组织机构代码管理中心与国家代码中心签署了数据保密协议,搭建了数据交换平台,实现了存量数据落地和增量数据每日更新,完成了北京央企法人数据库的建设,弥补了北京市代码数据库中缺少中央单位的不足,增强了北京市代码数据的完整性,提高了代码应用质量和效果,满足了中关村建设要求。

为使组织机构代码信息资源在中关村发挥更大作用,年内,市质监局调研了中关村自主创新示范区行政服务大厅里 14 个政府部门,以及中关村自主创新示范区管理委员会有关部门的组织机构代码应用和需求情况。目前,中关村国家自主创新示范区行政服务大厅中各涉及单位审批的部门,已经全部实现了组织机构代码的应用,中关村企业资助网上申报系统,也应用了组织机构代码作为企业身份的唯一标识。　(市质监局)

**【北京市与国家质监总局签署合作备忘录】** 12 月 9 日,国家国家质量监督检验检疫总局与北京市人民政府签署《推进北京质量首善之区建设合作备忘录》(以下简称《合作备忘录》),双方将在多个方面开展合作,共同推进北京质量首善之区建设。根据《合作备忘录》,北京市将建立政府质量奖励制度,把食品安全、特种设备安全等工作列入区县政府年度目标考核指

标，完善质量安全责任制，推进首都的城市信用体系建设。（安明）

**【应用组织机构代码信息提升印章监管能力】** 12月20日，北京市公安局在与北京质量技术监督局、北京市国家税务局等九部门联合发布的《关于进一步加强印章管理工作的通告》（2010年第17号）中，明确了组织机构代码在加强印章管理中的应用模式与作用，对提升北京市单位印章管理水平，奠定社会基础信用，促进和完善首都信用体系具有重要作用。

（市质监局）

**【在全市范围推进组织机构实名身份管理】** 年内，北京市质量技术监督局（以下简称"市质监局"）对全市52个委办局、18个区县行政服务大厅、市政府中环广场行政服务大厅开展组织机构代码应用调研，摸清组织机构代码在全市应用现状，了解各部门需求，推进组织机构实名身份管理。在现有北京市法人基础信息数据库基础上，整合现有资源，研究建立全市组织机构实名制统一平台，为全市各部门对组织机构采用实名制管理方式提供技术支撑。组织机构代码在北京市工商、编办、民政、商务、海关、税务、统计、财政、发改委、劳动和社会保障、人事、教育、公安、交通管理、银行、环保、国家资产管理、信息化等46个部门得到了广泛应用，在国家电子政务、电子商务、社会信用体系建设等领域信息化建设中发挥了重要的基础作用。

（市质监局）

**【完善产品质量信用记录】** 年内，北京市质量技术监督局继续在本局网络主页中完善并及时更新产品质量信用记录，公开了工业、食品、计量、特种设备、强制性产品认证等信息25000余条。同时，在产品质量信用记录专栏中公开信用制度相关文件和标准，并向北京市企业信用信息系统提供企业信息3582条，为实现政府间的信息共享和网络化的运用提供了所需的数据。（市质监局）

**【应用组织机构代码提升金融业信贷管理水平】** 年内，北京质量技术监督局代码中心与中国人民银行营业管理部征信管理处协调，在银行征信管理系统中应用组织机构代码，将代码作为信贷企业的唯一标识，通过组织机构代码IC卡实现数据交换共享。为建立长期稳固合作，两部门签署了合作框架协议，建立信息联网共享机制，对推进首都信用体系建设，形成良好的企业发展环境起到积极的促进作用。

（市质监局）

# 人力资源和社会保障领域

**【申请促进就业资金纳入诚信管理】** 4月19日，北京市人力资源和社会保障局(以下简称“市人力社保局”)下发了《促进就业资金监督管理办法(试行)》(京人社就发〔2010〕110号)，要求申请享受促进就业政策的单位或个人，应按照相关政策规定据实申请，并对所提交材料的真实性负法律责任。市、区(县)资金审批部门在监管环节中建立资金审批公示和不良信息登记制度，将单位和个人申请促进就业资金的情况纳入诚信管理，建立不良信息登记制度，对骗取促进就业资金的违规行为进行通报。对采用弄虚作假等手段骗取促进就业资金的单位和个人，经市人力社保局资金审批部门确认后，取消其单位或个人申请享受相关促进就业政策的资格并依法追回资金；情节严重的，由市、区(县)人力社保行政部门依法予以处理；涉嫌犯罪的，移送司法机关处理。(市人力社保局)

**【参保人员违反基本医疗保险规定处理办法】** 11月25日，北京市人力资源和社会保障局(以下简称“市人力社保局”)印发《参保人员违反基本医疗保险规定处理办法》(京人社发〔2010〕5号)，规定参保人员有下列行为之一的，记入医疗保险信用信息系统，实施重点监督检查：一是伪造医疗保险票据、处方、病历、医疗文书的；二是以欺骗、胁迫等手段重复开药、超量开药的；三是转卖医疗保险基金报销的药品谋取不当利益的；四是将本人社会保障卡转借他人或用他人社保卡发生医疗费用的；五是冒名住院骗取医疗保险基金的；六是享受医疗保险待遇的条件发生变更或丧失享受医疗保险待遇资格，未按规定办理有关变更、注销手续的；七是经市医疗保险管理部门认定的其他骗取医疗保险基金行为的。实施重点监督检查的期限为3年，在此期间，被查人员就医发生的医疗费用由持卡结算改为由个人全额现金垫付，一年报销一次的方式享受医保待遇。此办法于2010年12月1日起施行。

(市人力社保局)

**【开展人力资源服务机构等级评定工作】** 年内，北京人力资源服务行业协会通过开展人力资源服务机构等级评定工作，在全行业努力营造积极向上、诚信服务的良好氛围，促进人力资源服务业的信用建设。截至12月31日，北京地区共有48家人力资源服务机构通过了不同级别的等级评定。(市人力社保局)

**【人事考试健全信用体系】** 年内，北京市人事考试中心在组织北京地区国家公务员考试、北京市公务员考试、全国计算机模块考试以及各类执业(职业)资格、专业技术资格等70余项考试中，要求74万名考生在报名时、考试或答辩前，必须阅读和签署相关诚信承诺，以体现人事考试严谨性和严肃性，提高人事考试工作的公平、公正。同时，开展了职称评审申报人的诚信建设。一是要求申报中关村国家自主创新示范区高端领军人才专业技术资格评审的专业技术人员在登录报名系统后，须确认阅读有关诚信说明，才可以进行网上申报。二是要求申报社会化职称评审的专业技术人员，在填写、下载专业技术资格申报表后，须本人签字确定所填写内容真实性，才可以进行资格审核。（市人力社保局）

**【加大稽核清欠力度，建立社会保险诚信体系】** 年内，全市社会保险经办机构重点建立完善了三个机制：一是落实工作责任制，建立完善了社保各相关部门清欠工作制度。二是建立事前预防工作机制，当征缴部门发现首次托收欠费额超过百万元的单位有新增加时，稽核部门立刻发布红色预警信息，并调取单位缴费信息，分析原因，制定限制转移外区、控制人员转出等措施。部分区县经办机构为清欠工作建立了专人专岗，通过等多种形式开展清欠工作。三是强化培训工作制度，将社会保险稽核、欠费等纳入社会保险日常培训内容，向参保单位讲明欠费的危害和所承担的法律负责，引起单位对社保欠费问题的重视。

对于百万元以上单位的欠费问题，全市社保经办机构主要采取了制定计划、控制重点、诚信公示等措施，指导单位制定切实可行的还款计划，遏制新欠大于清欠；控制重点环节，挖掘欠费大户还款潜力。

在社会保险清欠工作中，全市社保经办机构采取稽核与征缴等内部多个部门共同配合、区县社保中心与相关职能部门建立联动机制、参与企业改制，争取欠费单位上级主管部门的支持等方式，加大清欠力度。（市人力社保局）

# 科技领域

**【北京市科技计划管理相关责任主体信用管理办法】** 9月12日，北京市科学技术委员会(以下简称“市科委”)印发了《北京市科学技术委员会关于印发〈北京市科技计划管理相关责任主体信用管理办法(试行)〉的通知》(京科发〔2010〕458号)，对参与由市科委列入北京市科技计划，并由北京市财政科技经费拨款支持的项目、课题及专项(以下简称“科技计划任务”)的相关责任主体，包括项目主持单位、课题承担单位、专项受托管理及承担单位、项目负责人、课题负责人、咨询专家等，开展信用管理，即对个人或机构在参与相关科技计划任务时，从立项、实施到验收(结题)全过程的科技信用状况进行客观记录和评价，并据此进行相关管理和决策。市科委依据不同责任主体参与科技计划任务活动的特点，针对各责任主体确定其良好信用和不良信用的记录与评价标准。对项目主持单位、课题承担单位、项目负责人、课题负责人，按照信用优秀、信用良好、信用一般、信用不良和信用差五个级别，对其参与本次科技计划任务的科技信用进行累计评价，分别用AA、A、B、C、D表示。对咨询专家，则按照信用良好、信用一般、信用不良三个级别对其本次咨询的科技信用进行评价，分别用A、B、C表示。对于获得不同信用级别的责任主体，在其参与科技计划任务时，由市科委对其进行相应的信用管理。该办法于10月1日起正式执行。

(市科委)

**【市科委开展信用管理培训活动】** 9月7日，为配合《北京市科技计划管理相关责任主体信用管理办法》的正式执行，北京市科学技术委员会(以下简称“市科委”)组织处级领导干部进行了培训。当年，市科委对正在试行的《北京市科技计划项目(课题)管理办法》、《北京市科技计划专项管理办法》以及《北京市科技计划管理相关责任主体信用管理办法》等，先后进行了十余次多种形式的规范管理宣传、学习和培训工作，受众累积达到近千人次。其中涉及到科委机关新任职主管工程师、各直属单位(如生产力中心、人才交流中心、新材料中心、生物医药中心等)的科技项目管理人员；中央在京单位、市属机构、区县和高校推荐单位的科技管理人员；以及北京科学技术研究院、北京城市系统工程研究中心、医科院药物所等；还有区县科委、涉农高新、研究院所及企业；北京经济技术开发区、医药行业的G20企业等等。此外，市科委还充分利用网络媒体、平面媒体，先后在市科委网站、北京日报等进行了宣传。

(市科委)

# 出版印刷发行领域

**【首批印刷行业诚信企业诞生】** 1月26日，北京市新闻出版局和北京印刷协会联合印发《关于2009年北京印刷行业诚信企业评估结果的通报》（京新出联〔2010〕2号），公布了2009年北京市印刷行业诚信企业评估工作结果。中国电影出版社印刷厂等36家印刷企业荣获“2009年北京印刷行业诚信企业”荣誉称号。在同一天召开的北京印刷协会2010年理事大会暨北京印刷行业诚信企业颁奖大会上，北京市新闻出版局有关领导向获奖企业颁发了奖牌。（市新闻出版局）

**【全面推动印刷发行行业诚信建设工作】** 2月2日，北京市新闻出版局在全市新闻出版工作会议上部署了当年推动行业诚信体系建设工作任务后，2000多家印刷企业、5000多家发行企业主动参与争做诚信企业活动，推动公平竞争、抵制商业贿赂行为成为每个企业的自觉行动，有效地促进了行风建设。（市新闻出版局）

**【首批出版物发行行业诚信企业诞生】** 7月9日，北京市新闻出版局印发《关于2009年北京出版物发行行业诚信企业评估结果的通报》（京新出纪〔2010〕394号），宣布北京图书大厦有限责任公司等38家企业被评为北京出版物发行行业诚信企业。7月13日，在由北京市新闻出版局、北京市出版工作者协会召开的“北京出版发行物行业首批诚信企业授牌仪式”大会上，新闻出版总署、中共北京市委宣传部、首都精神文明建设委员会办公室、北京市新闻出版局和北京市出版工作者协会等有关领导，为获得“诚信企业”单位的代表授牌。（市新闻出版局）

**【出版发行领域诚信企业评估工作领导小组】** 8月26日，北京市新闻出版局（以下简称“市新闻出版局”）成立了出版发行领域诚信企业评估工作领导小组（以下简称“领导小组”）。市新闻出版局主要领导（局党组书记、局长）任领导小组组长，主管领导（局党组成员、副局长）任副组长，成员包括市新闻出版局有关业务处室、北京印刷协会、北京印刷工业产品质量监督检验站、北京市书刊发行业协会有关领导。领导小组下设协调部、办公室和评估小组。其中，评估小组分别设在北京印刷协会和北京市书刊发行业协会，负责所属业界的诚信企业评估工作。（市新闻出版局）

**【建立诚信企业信用档案】** 年内，北京市新闻出版局在开展诚信企业评估工作的基础上，建立了诚信企业信用档案，在政府网站和相关专业网站予以公布，并将其纳入“北京市读书益民工程”招投标条款之中。（市新闻出版局）

# 交通运输领域

**【发布公交运营服务质量评价体系实施办法】** 4月9日,北京公共交通控股(集团)有限公司发布《公交运营服务质量评价体系实施办法(暂行)》,从车厢(站台)标准化服务合格率、集团公司调位互查成绩、乘客投诉率、乘客满意度、社会监督员评价五个方面进行考核,同时设置了乘客满意度未达到90%、发生恶性服务纠纷或严重批评、发生重大站台事故三项一票否决条件,确保对公交运营服务质量进行公正、科学评价。　(市交通委)

**【开展维修企业质量信誉考核】** 年内,北京市交通委员会运输管理局制定下发了《2009年度北京市机动车维修企业质量信誉考核工作方案》,召开质量信誉考核工作方案宣传动员会,组织全市各区县运管部门对本辖区机动车维修企业2009年度的质量信誉进行考核。经过考核打分、等级初评、初评审核、公示征询意见与核实、评定等环节,共评出3A级企业533户,占考评总数的10.4%,同比增长7.7%;2A级企业1355户,占考评总数的26.3%,同比增长5%;A级企业2458户,占考评总数的47.7%,同比下降4.6%;B级企业803户,占考评总数的15.6%,同比减少14.2%。　(市交通委)

**【开展诚信企业评比活动】** 年内,北京市交通委员会运输管理局与北京汽车维修行业协会合作,探索出了"政府推动、协会组织、行管配合、企业创建、公众参与、舆论监督"这一适合北京市汽车维修行业自身特点的全新运作模式。通过"协会组织发起、企业自愿参加、举办专题培训、聘请行管专家、入户现场考评、辖区负责评审、年终复审跟踪、工商及执法总队网络检索、社会公众监督"的创建体系,2010年全市共有266家企业获得"北京市汽车维修行业诚信企业"称号,40家获得"全国汽车维修行业诚信企业"称号。　(市交通委)

# 商务领域

**【推动信用销售健康发展】**　年内，北京市商务委员会通过开展中小商贸企业国内贸易信用保险补助工作和信用保险保单融资业务，多种举措推动北京市信用销售的健康发展。全年，全市有300多家中小商贸企业获保单融资8.24亿元，在一定程度上缓解了融资难问题。

（市经济信息化委）

# 市政市容领域

**【开展燃气供应企业综合评价工作】** 4 月 14 日,北京市市政市容管理委员会印发了《关于开展燃气供应企业综合评价的通知》(京政容发〔2010〕26 号),同时发布了《北京市燃气供应企业综合评价实施方案》,组织对全市燃气供应企业开展综合评价工作,进一步提升企业经营和服务水平,努力创建文明行业。综合评价工作主要是涉及企业的运营保障、生产运行、安全管理和服务水平等四个方面,评价结果将作为对燃气供应企业实行分级分类、差别化管理的依据并向社会公布。第四季度,北京市市政市容管理委员会组织对全市 139 家燃气供应企业进行了综合评价抽查,抽查结果将于 2011 年上半年向社会公布。

(市市政市容委)

**【市市政市容委加强居民供热采暖合同管理】** 6 月,为进一步规范北京市居民供热采暖收费等工作,北京市市政市容管理委员会和北京市工商行政管理局共同制定了《北京市居民供热采暖合同》(BF—2010—0501,按面积计费版),适用于本市行政区域内供热单位与居民用热人之间发生的经营性供热采暖交易,合同明确了用热人与供热单位的权利、义务、违约责任等。

(市市政市容委)

# 生物医药产业

**【生物医药产业跨越发展金融激励试点工作】**　4月8日，北京市科学技术委员会（以下简称“市科委”）、中国人民银行营业管理部（以下简称“人行营业管理部”）、中国银行业监督管理委员会北京监管局（以下简称“北京银监局”）联合印发《关于印发推动北京生物医药产业跨越发展的金融激励试点方案及工作管理办法的通知》（京科发〔2010〕169号），组成“推动北京生物医药产业跨越发展的金融激励试点”工作领导小组，由市科委领导任组长，人行营业管理部、北京银监局等单位的主管领导组成。4月28日，试点工作正式启动。该项试点以“政府引导、市场运作、财政扶持、风险自担”为基本运行模式，主要内容是以企业信用为基础，以财政扶持为引导，按照“征信＋信贷”的模式，通过市场化的信用约束与激励机制，引导、激励商业银行、小额贷款公司、中介机构为北京生物医药企业的创新发展提供快捷、优质的金融服务。

试点工作设立财政专项支持资金，主要用于降低商业银行、担保机构对生物医药企业的信贷风险，加大对生物医药企业的金融支持力度。对于商业银行、小额贷款公司发放信用贷款和知识产权质押担保贷款，根据累计发放额的不同给予从2.5%到3.5%的风险补贴比例。对于商业银行、小额贷款公司发放的保证担保贷款，执行基准利率，风险补贴比例为0.2%。对担保机构的风险补贴，规定担保期限在6个月（含）以上的担保额可享受担保风险补贴，风险补贴比例为年担保贷款额的0.5%。

以信用为重要参考，设定参与试点企业的遴选标准。申请贷款的试点企业需要在人行营业管理部征信管理部门申领贷款卡，并在人行征信中心建立信用档案的生物医药企业；引入外部评级机构对企业进行评级，要求最近一次信用评级为BB级（含BB－）以上的企业才能够参加试点；要求参与试点企业上年度销售收入在100万元以上，对于企业入选“北京生物医药产业跨越发展工程”、近三年内取得过新药证书、拥有临床Ⅱ期以上在研品种、拥有近三年取得的技术服务合同、近三年内获得国家或北京市科技资金支持、企业核心人员入选国家或北京人才计划等六种情况，可以优先获得贷款。

凸显信用价值，将企业还款情况与北京市科委相关扶持政策挂钩。对于能够良好履行借款本息偿还责任的试点企业，在今后申请市科委专项资金支持时，可获得一定优先权；如企业不能良好地履行借款本息的偿还责任，今后将失去申请北京市科委专项资金支持的资格。

截至12月，参与试点工作的11家银行共向71家北京市生物医药企业发放贷款24.7亿，其中信用贷款15.3亿，占62%。　（人行营业管理部）

# 旅游行业

**【旅游服务质量提升年】**　3 月 27 日，旨在实现推进旅游诚信建设、提升旅游服务质量等目的的“品质伴你行，满意在北京”全国旅游服务质量提升年北京地区宣传咨询日活动，在西单文化广场举行。国家旅游局监督管理司、北京市旅游局有关领导出席启动仪式。北京市旅游、工商、交通、城管、公园管理中心等部门，北京市消费者协会，西城区相关委办局的有关领导和工作人员，以及 10 家 5A 级旅行社、5 家星级饭店、5 家 A 级景区、2 家旅游运输企业的有关人员参加了启动仪式和现场咨询活动。市旅游等部门和 22 家旅游企业共设立 36 个咨询服务台，除西城区西单文化广场作为活动主会场外，还同时在其他 17 个区(县)设立分会场，统一采取设立咨询台及展台的方式，组织有关部门和旅游企业现场接待群众咨询，解答旅游消费疑难，宣传依法维权知识，发放《文明旅游，理性消费——品质旅游出行提示手册》等宣传资料，推介品质旅游。

(市旅游委)

**【聘请 A 级景区服务质量义务监督员】**　5 月 20 日，北京市旅游局发布聘请国家 A 级旅游景区服务质量义务监督员的公告。聘请吴森堂等 51 名北京市及各区县政协委员、人大代表和宋经伦等 20 名北京市群众代表为北京市国家 A 级旅游景区服务质量义务监督员，加强对北京市国家 A 级旅游景区服务质量的动态监控，完善景区服务质量监控体系，增加行业管理的透明度，发挥社会监督作用，聘任期限为 5 月 20 日起至 2010 年 12 月 31 日。

(市旅游委)

**【旅游景区质量等级复核公告】**　8 月 19 日，北京市旅游局发布了对 29 个旅游景区的质量等级复核公告。什刹海风景区等 26 个旅游景区经复核达到现有质量等级标准。其中 4A 级(13 个)：什刹海风景区、首都博物馆、圆明园遗址公园、北宫国家森林公园、世界花卉大观园、圣莲山旅游度假区、中国航空博物馆、温都水城、北京野生动物园、金海湖风景区、京东石林峡风景区、北京密云黑龙潭旅游区、北京密云桃源仙谷自然风景区；3A 级(9 个)：北京大观园、北京老舍茶馆、北京湖广会馆大戏楼、北京京辉高尔夫俱乐部、北京韩美林艺术馆、通州运河公园、大兴采育葡萄大世界观光采摘园、幽谷神潭自然风景区、北京八达岭国家森林公园；2A 级(4 个)：北京提香高尔夫俱乐部、通州西海子公园、北京密云云蒙山自然风景区、北京青菁顶自然风景区。北京沟崖自然风景区等 3 个景区经复核未能达到现有质量等级标准，取消其质量等级资格。其中 3A 级(1 个)：北京沟崖自然风景区；2A 级 2 个：北京葡香苑艺场、通州大运河水梦园。　(市旅游委)

**【一日游市场整顿】**　10 月 18 日，北京市副市长丁向阳召集专题会议研究部署北京“一日游”市场治理整顿工作。北京市市“一日游”市场治理整顿领导小组成员单位的有关领导和负责人出席会议。会议传达了国务院副总理王岐山、北京市市长郭金龙对治理北京“一日游”市场的重要批示，组织观看了中央电视台新闻频道《每周质量报告》栏目10月10日播出的“北京一日游乱象背后”专题片，并组织与会单位对片中涉及到的一些问题进行分析研究。会议决定，由北京市“一日游”市场治理整顿领导小组组织启动专项治理工作，制定治理整顿的方案和措施，明确各成员单位的职责及分工。重点整治并铲除非法“一日游”发车点；由公安部门牵头对非法“一日游”幕后组织者进行查处打击，打掉一批涉黑涉恶的非法“一日游”组织团伙；市旅游部门要在前门地区进驻20家正规旅行社，用正规的经营和规范的服务占领“一日游”市场。对昌平区、延庆县旅游景区（点）的旅游商店、医疗咨询点存在的问题，要求两区政府部门严格控制其数量和规模，条件成熟时实行连锁化、品牌化经营。

（市旅游委）

**【被投诉星级饭店公示】** 年内，北京市旅游局公示了旅游者对星级饭店的有效投诉191件，共涉及153家饭店。被投诉饭店的饭店有九华山庄（6件）北京饭店（5件）强强国际商务酒店；民族饭店（4件）；国玉大酒店、新侨饭店、北京天堂阳光大酒店、五洲大酒店、龙城丽宫国际宾馆、碧水云天宾馆（3件）；大宝饭店、北京清泽酒店、红栌温泉山庄、北京佳龙阳光酒店、亮马河大厦、华都饭店、好苑建国商务酒店、京海饭店、金融街威斯汀大酒店、大江南花园酒店、金域万豪酒店（2件）；以下饭店各为1件：万达索菲特大饭店、富来宫温泉山庄、大雁楼宾馆、中奥马哥孛罗大酒店、隆格酒店、明宫宾馆、新水丰商贸中心宾馆、裕龙大酒店、春晖园文化娱乐公司、东方宫霄酒店、快乐假日大酒店、名人国际大酒店、中裕世纪大酒店、东竹园宾馆、城市宾馆、南航大酒店、凤山温泉度假村、平安府宾馆、温都水城、贵宾楼饭店、寰宇京航宾馆、丽亭华苑酒店、上东国际酒店、金都假日饭店、石化宾馆、西苑饭店、丰泽园饭店、明苑酒店、冠京饭店、运鸿宾馆、新北纬饭店、崇文门饭店、中国大饭店、中国职工之家、紫玉饭店、八闽宾馆、顺成饭店、欣燕都饭店、瀚林阁宾馆、北京凤展大酒店、森根国际大酒店、京广新世界酒店、建国饭店、凯莱大酒店、中油宾馆、飞鹰宾馆、大北宾馆红庙分部、丽都假日饭店、京瑞温泉国际酒店、西翠宾馆、天一方宾馆、船舶重工酒店、金龙潭大饭店、建银大厦、东晓新越酒店、嘉里中心饭店、港澳中心瑞士酒店、东长安饭店、国贸饭店、渔阳饭店、读月山庄、阳坊大都饭店、空港花园酒店、九华山庄大酒店、鑫海锦江大酒店、沙滩宾馆、北京亚奥国际酒店、太阳宫宾馆、交通饭店、瑞驰大酒店、珠江帝景酒店、竺航宾馆、运河源酒店、前门观旗宾馆、中奥华美达大酒店、大唐科苑宾馆、隆泽园宾馆、爱华大厦、中土大厦、新欣万汇原宾馆、黄河京都大酒店、宝辰饭店、中盐饭店、永兴花园饭店、宁阳大酒店、鼎奇龙华膳园温泉饭店、朝阳佳丽饭店、悦宏国际酒店、好苑建国酒店、北京文锦世博国际大酒店、笔架山培训中心、蟹岛绿色生态农庄、重庆饭店、东方君悦大酒店、天伦松鹤大饭店、兆龙饭店、天伦王朝酒店、凯宾斯基饭店、贵州大厦、伯豪瑞廷酒店、艾维克酒店、北京万豪酒店、长安大饭店、深圳大厦、东方饭店、培新宾馆、小汤山会议中心、凯迪克格兰云天大酒店、新闻大厦酒店、国谊宾馆、亚奥国际酒店、万怡酒店、中民大厦、太申祥和山庄、龙湖温泉酒店、千禧大酒店、昆仑饭店、南粤苑宾馆、昆泰嘉华酒店、王府半岛酒店、商务会馆、西华智德饭店、西华饭店月坛分店、希尔顿酒店、首都国际机场宾馆、诺林大酒店、世豪国际酒店、五环大酒店、龙泉宾馆、天堂阳光酒店、中成天坛假日酒店、长峰假日酒店、香山饭店。　（市旅游委）

**【A级被投诉旅游景区公示】**　年内，北京市旅游委对受理的A级旅游景区的有效投诉276件进行了公示，共涉及75家景区。被投诉的景区有：北京欢乐谷（25件）；北海公园（15件）；恭王府花园（14件）；龙庆峡（13件）；居庸关长城（11件）；颐和园（8件）；中华民族博物院（7件）；以下景区各为6件：北京动物园、京东大溶洞、圆明园；以下景区各为5件：八达岭长城、八大处公园、香山公园、北京海洋馆；以下景区各为4件：莲花山滑雪场、大观园、北京民俗博物馆、慕田峪长城、青龙峡；以下景区各为3件：龙脉温泉、天坛公园、雍和宫、朝阳公园、中国科技馆、北京植物园、十渡风景名胜区、潭柘寺、百望山森林公园、黑龙潭、石花洞、司马台长城、生存岛、周口店北京人遗址博物馆；以下景区各为2件：世界花卉大观园、首都博物馆、南山滑雪滑水度假村、怀北国际滑雪场、故宫博物院、军都山滑雪场、中央电视塔、双秀公园、雪世界滑雪场、石景山游乐园、陶然亭公园、石京龙滑雪场、中国钱币博物馆、中国农业博物馆、老北京风情园、古观象台、精灵谷自然风景区、中国人民革命军事博物馆、中科院北京植物园、戒台寺、京都第一瀑、虎峪自然风景区、北京野生动物园、凤凰岭自然风景区、桃源仙谷、十三陵、玉渊潭公园、妙峰山、中山公园、十三陵明皇蜡像宫、云峰山自然风景区、太平洋海底世界、鹫峰国家森林公园、京东石林峡、珍珠湖、神堂峪、詹天佑纪念馆、十三陵昭陵、孤山寨、十三陵（昭陵）。　（市旅游委）

# 保险行业

**【实施车险费率浮动　防范打击车险骗赔违法行为】**　1月1日，中国保险监督管理委员会北京监管局（以下简称“北京保监局”）指导北京保险行业协会制定实施北京地区商业车险费率浮动制度，实现车险费率与车辆历史理赔记录联系浮动，促使车主主动关心车辆理赔记录，防范虚假赔案等违法行为。（北京保监局）

**【综合治理保险销售误导　推进行业诚信建设】**　2月3日，中国保险监督管理委员会北京监管局（以下简称“北京保监局”）召开了由在京各寿险公司主要负责人参加的治理销售误导专题工作会议。2010年北京保监局从完善监管制度、强化监督手段、加大信息披露等方面开展保险销售误导综合治理，推进保险行业诚信建设。指导北京保险行业协会出台销售强调语和新单回访基础用语，杜绝销售误导用语；开展电话销售渠道业务专项检查，对存在销售误导问题的保险机构和相关人员实施行政处罚，惩治不诚信的销售行为；指导行业协会搭建行业信用信息服务平台，全面披露销售人员资质、信用记录、在售保险产品条款等信息，加强保险销售行为的社会监督；督促保险机构遵从诚信经营原则，严格落实客户回访工作要求，明确提示消费者有关销售误导风险。（北京保监局）

# 机电行业

**【市机电行业评价诚信企业】** 年内,北京机电行业协会与中国机电产品流通协会联合在北京机电行业中开展行业信用评价工作,由北京机电行业协会向中国机电产品流通协会推荐企业参加全国机电行业企业信用评价活动,并以此推动北京机电行业信用体系建设。经过筛选,北京机电行业协会推荐了北京京城重工机械有限公司、北京第一机床电器厂有限公司、北京华天机电研究所有限公司三家会员单位参加评价。经过企业填报、第三方评价、专家组综合审议形成《企业信用评价报告》、商务部信用工作办公室和国务院国有资产监督管理委员会行业协会办公室备案及公示等环节,北京京城重工机械有限公司获得AAA级信用等级诚信企业,北京第一机床电器厂有限公司和北京华天机电研究所有限公司获得AA级信用等级诚信企业。6月3日,在商务部授权中国机电产品流通协会举办的机电行业"信用评价等级企业"授牌仪式上,中国机电产品流通协会向上述三家获评企业颁发了信用评价等级牌匾、证书和《企业信用评价报告》;三家企业的评价结果还收录在商务部和国务院国有资产监督管理委员会2010年印发的《中国行业信用评价A级以上企业名录》中。

(北京机电行业协会)

**【市机电行业协会获评AAAA级行业协会】** 年内,北京机电行业协会参加了北京市民政局在市级行业协会中开展的社会组织评估工作。此次评估内容包含社会组织的基础条件、组织建设、工作绩效(自律与诚信建设)和社会评价等方面。评估结果最高为5A级(AAAAA),依次递减至最低1A级(A)。经评估,北京机电行业协会被评为AAAA级行业协会,评估结果有效期为5年。

(北京机电行业协会)

# 室内装饰行业

**【北京室内装饰行业评定诚信星级企业】** 年内，北京室内装饰协会连续第六个年度组织开展行业诚信星级企业的评定工作。经过申报培训、资格认定、建立档案、专项考察、数据打分、专家评定等程序，73家企业分获不同等级诚信星级企业称号。（北京室内装饰协会）

# 园林绿化行业

**【市园林绿化企业协会开展"守信企业"评审活动】** 年内,北京市园林绿化企业协会(以下简称"协会")继续开展"守信企业"评审活动,共评出 103 家"守信企业",其中,4A 级 36 家、3A 级 14 家、2A 级 34 家、1A 级 19 家。在 36 家 4A 级企业中,有 10 家企业连续 7 年获得"守信企业"称号,它们是:中外园林建设有限公司、北京朝园弘园林绿化有限责任公司、北京东方园林股份有限公司、北京京林园林绿化工程有限公司、北京市绿欣园林绿化有限责任公司、北京城市之光园林工程有限责任公司、北京园景园林工程有限公司、北京天房绿茵园林绿化工程有限公司、北京首钢园林绿化有限公司、北京浩华园林绿化工程有限公司。今年,协会首次举办了园林绿化信用风险管理讲座,吸收上海、云南等省市同行业协会在信用建设工作中的经验,制定了《北京市园林绿化行业"守信企业"评审实施办法》,并把"守信企业"最高等级提升为 4A 级。除颁发牌匾和证书外,协会还将获评企业名单登录在北京市企业信用信息网和园林绿化信息网上,成为北京市工程建设领域内共享的守信企业的信用记录。

(市园林绿化企业协会)

# 北京安防行业

**【北京安防行业协会开展“企业诚信评价”活动】** 北京安全防范行业协会(以下简称“协会”)自2006年始开展全行业诚信评价工作,申报参加行业诚信评价的企业逐年增加。2010年度共168家会员单位被评为诚信优秀企业。协会除通过协会网站等渠道向社会推荐诚信优秀企业外,还免费统一印刷宣传刊物,向北京市公安局各内保单位及国家大型在京企业和北京各行业国有企业保卫部门发放。此外,协会还在各类重点工程招投标工作中,向甲方重点推荐获得诚信企业的会员单位。通过推行行业诚信规范、表彰诚信企业、开展多种形式的诚信宣传教育活动,在北京安防行业营造了“守信者荣、失信者耻、无信者忧”的行业风尚和社会氛围,激发了企业加强诚信自律、积极参与行业诚信体系建设的热情和积极性。

(北京安防行业协会)

# 个人信用体系

**【小额担保贷款信用社区放贷 800 余万】** 年内,北京市 57 个小额担保贷款信用社区共协助发放贷款 102 笔,共计 821 万元,分别占全市个体工商户贷款总数的 36.8% 和 39.2%。截至 12 月 31 日,信用社区的还款率为 95.8%,高于全市总贷款还款率 2 个百分点。　(市人力社保局)

**【初步建立公积金缴存人失信惩戒机制】** 2 月 26 日,北京住房公积金管理委员会办公室印发了《关于"二套住房"住房公积金贷款业务审核操作和调整个人信用评估手续的通知》(京房公积金发〔2010〕9 号),规定自 2010 年 3 月 1 日(含)起,市住房公积金贷款中心和各远郊区(县)管理部新受理的住房公积金贷款业务,需根据北京市住房贷款个人信用信息服务中心出具的借款申请人个人信用评估结果中相关信息,以及贷款系统中调取的借款申请人相关信息,对借款申请人贷款情况进行审核。如借款申请人存在尚未还清的个人住房商业贷款,且办理住房公积金贷款相关手续时该笔商业贷款还款状态处于"逾期"状态,则不能通过公积金贷款审核,需待借款申请人的商业贷款还款状态恢复为"正常"后方可通过审核并办理后续手续。

(公积金管理中心)

**【启动实施妇女创业小额担保贷款工作】** 5 月 26 日,为支持本市妇女自谋职业、自主创业,北京市财政局会同北京市人力资源和社会保障局、中国人民银行营业管理部,以及北京市妇女联合会,印发《北京市妇女创业小额担保贷款实施暂行办法》(京财经一(2010)889 号),正式启动实施妇女创业小额担保贷款工作,对符合条件的妇女个体工商户借款人,申请小额担保贷款,提供不超过 8 万元的小额担保贷款担保额度。对享受过小额担保贷款政策,且还款记录良好的妇女个体工商户,担保额度予以适当上调。根据《暂行办法》,妇女合伙经营、组织起来就业创办小企业且妇女任法定代表人或合伙事务执行人的,申请贷款时需提交企业出资人的个人信用报告,申请人的继往信用情况将作为审核内容之一,并要求其提供包括信用反担保在内的反担保措施。

(市经济信息化委)

**【对公积金借款申请人提供虚假信息的记入个人信用信息记录】** 11 月 29 日,北京住房公积金管理委员会办公室印发了《关于规范北京住房公积金个人住房贷款政有关问题的通知》(京房公积金管委会〔2010〕3 号),为规范北京住房公积金个人住房贷款(以下简称"公积金个人贷款"),根据住房和城乡建设部、财政部、中国人民银行、中国银行业监督管理委员会《关于规范住房公积金个人住房贷款政策有关问题的通知》(建金〔2010〕179 号)要求,北京住房公积金管理中心将利用北京市住房和城乡建设委员会、中国人民银行营业管理部的信息系统,核实公积金个人贷款申请人的现有住房情况及个人住房贷款情况。且三方将进一步完善信息共享机制,防范骗取公积金个人贷款行为。借款人提供虚假信息的,北京住房公积金管理中心将依据相关规定,追究借款人责任,停止发放公积金个人贷款,并记入个人信用信息记录。　（公积金管理中心）

**【住房公积金管理部门开展个人信用服务】**　自2003年起,北京市住房贷款个人信用信息服务中心(以下简称“信用中心”)在住房公积金个人贷款、商业银行信用发放和汽车金融等领域,开展个人信用服务。截至2010年12月31日,信用中心共为公积金借款申请人出具个人信用评估报告29万余份,其中2010年出具信用评估报告47738份;向各商业银行信用卡业务提供查询67万余笔,其中2010年查询31万余笔;向汽车金融公司出具个人信用报告2万余份,其中2010年出具报告近4000份。　（公积金管理中心）

# 农村信用体系建设

**【推进镇村企业发展的指导意见】** 6月21日,北京市经济和信息化委员会与北京市农村工作委员会联合印发《关于推进镇村企业发展的指导意见》(京经信委发〔2010〕135号),要求在推进镇村企业发展中,试点镇村企业贷款信用保证保险等险种,加大保险业对镇村企业发展的服务力度。　(市经济信息化委)

**【继续推进农村"三信工程"建设】** 截至2010年底,北京市参加农村"三信工程"信用等级评定的农户数达到19.3万户,已建立信用档案的农户8.6万户,信用村324个,信用镇12个。通过开展"三信"评定工作,加大了农村诚信宣传力度,促进了农村信用文化建设,增强了镇村和农户信用意识,扩大了信用等级评定覆盖范围,培育了农村良好的信用环境。(市金融局)

# 第四篇　北京信用经济发展

# 第四篇　北京信用经济发展

## 北京信用交易发展概况

【信用总规模】　2010年,北京地区信用总规模[1](以社会融资总量粗略计算,包括金融机构贷款余额、非金融机构融资量等)为48181.28亿元,较上年增长1.24%。在信用总规模中,金融机构贷款余额为36479.58亿元,占比75.71%。

北京市信用总规模在1998年以后增长迅速,且加速度不断增大。在1998至2001的三年内,全市信用总规模增加10000亿元,基本与1985—1998年将近13年的信用总规模增加量相当。2005—2007年两年的信用总规模增长量即已超过10000亿元。2009年至2010年,由于宏观经济调控,信用扩张速度有所减缓。

(人行营业管理部　甘瀛)

表4—1　北京市信用总规模表[2]

单位:亿元人民币

| 年份 | 信用总规模 | 金融机构贷款余额 | 占比 | 非金融机构融资量 | 占比 |
|---|---|---|---|---|---|
| 2006 | 22220.7 | 18131.6 | 81.60% | 4089.1 | 18.40% |
| 2007 | 26061.5 | 19861.5 | 76.21% | 6200.0 | 23.79% |
| 2008 | 31541.7 | 23010.7 | 72.95% | 8531.0 | 27.05% |
| 2009 | 47586.8 | 31052.9 | 65.26% | 16533.9 | 34.74% |
| 2010 | 48181.28 | 36479.58 | 75.71% | 11701.7 | 24.29% |

① 指一段时间内,能够可靠计算的一国或地区的所有信用交易总量。吴晶妹,《信用规模、信用结构与经济增长——从美国信用活动看我国信用制度的建设》,金融论坛,2004.2。

② 数据来源:中国人民银行营业管理部、中国证券业监督管理委员会北京监管局、中国债券网。

**【金融部门信用投放量】** 在北京市信用活动的构成中,金融机构的信用活动总量占了非常大的比例,虽然近几年有略微下降,但金融机构的信用总量占比一直处于 70% ~80% 之间,金融和非金融部门的信用活动发展呈现出不平衡状态。

(人行营业管理部　甘瀛)

**表 4—2　非金融机构融资结构表①**

单位:亿元人民币

| 年份 | 融资量 | 比重(%) | | |
|---|---|---|---|---|
| | | 贷款 | 债券(含可转债) | 股票 |
| 2001 | 1476.0 | 82.1 | 4.4 | 13.5 |
| 2002 | 2117.4 | 84.8 | 7.8 | 7.4 |
| 2003 | 2843.7 | 83.5 | 7.8 | 8.7 |
| 2004 | 2184.4 | 88.4 | 8.5 | 3.1 |
| 2005 | 3174.6 | 60.3 | 39.6 | 0.1 |
| 2006 | 4089.1 | 69.9 | 25.8 | 4.3 |
| 2007 | 6200.0 | 38.8 | 17.6 | 43.6 |
| 2008 | 8531.0 | 38.0 | 47.5 | 14.5 |
| 2009 | 16553.9 | 47.6 | 43.3 | 9.1 |
| 2010 | 11701.7 | 46.4 | 47.4 | 6.2 |

**【经济信用化率】** 尽管与国际上一些发达国家的发达省区相比,北京市经济信用化率②仍有一定的差距,但近年来,北京市信用规模总量与 GDP 的比例有了很大提高,2009 年和 2010 年均超过了 3。

(人行营业管理部　甘瀛)

**表 4—3　北京市信用总量与 GDP 比例**

单位:亿元人民币

| 年份 | 北京市 GDP | 北京市信用总量与 GDP 比例(%) |
|---|---|---|
| 2006 | 8117.8 | 2.7 |
| 2007 | 9846.8 | 2.6 |
| 2008 | 11115 | 2.8 |
| 2009 | 12153 | 3.9 |
| 2010 | 13777.9 | 3.5 |

① 贷款、债券融资量均以当年新增额口径计算。数据来源:中国人民银行营业管理部、中国证券业监督管理委员会北京监管局、中国债券网。

② 是指某一国或地区的信用总规模与该国或地区的国内生产总值之比率。这一比率用来显示某一国家或地区的信用状况和经济发展是否匹配。比值越高,表明经济信用化程度也就越高,该国或地区的经济也就越发达。

# 银行类金融机构

**【发展概述】**　年内,北京地区银行业金融机构发展势头良好,规模与效益同步提升。年末,北京市银行业金融机构资产总额同比增长17.4%,资产规模持续扩大;利润同比增长34.6%,创近三年最好水平;不良贷款率比年初下降0.4个百分点,为全国最低,继续实现低位“双降”的目标。银行业金融机构总量达到3553个,其中法人机构43个。外资银行运行总体平稳,法人数量继续增加,蒙特利尔银行(中国)有限公司在京注册开业。农村金融服务组织体系更加丰富,年内新开业村镇银行5家,首家农村资金互助社获准筹建。国内首家消费金融公司——北银消费金融有限公司运行良好,全年发放消费贷款超过2500万元。银行支付服务取得新进展,全年银行卡累计交易金额达到6800亿元,同比增长40%,年末累计银行卡发卡量达到1.2亿张。

存款增长总体放缓,活期化趋势较为明显。2010年,北京市存款增长总体放缓,年末金融机构本外币各项存款增速较上年同期回落10.6个百分点。信贷规模下降导致派生存款减少、央企调整负债结构主动偿还部分存量贷款、企业集团资金沉淀减少是全市存款增长放缓的主要原因。存款活期化趋势较为明显,年末人民币企业活期存款占比52.7%,较上年同期提高5.7个百分点,显示出实体经济的活跃程度进一步提高。据人民银行营业管理部第四季度问卷调查显示,企业家的经济热度感受指数较上季度提高1点,已连续6个季度回升。虽然储蓄存款增长放缓,但理财产品销售额增长较快,反映出居民主动理财意识明显增强。受美联储实施第二轮量化宽松货币政策等因素影响,人民币升值预期持续增强,微观经济主体持有美元等外币的意愿继续下降,外汇存款持续负增长,年末同比下降18.2%。

贷款投放总体适度,符合宏观调控方向。2010年,北京地区金融机构主动调整信贷投放规模和节奏。年末北京市本外币贷款增速为17.5%,较上年同期回落17.5个百分点。其中,人民币贷款增长平稳,年末增速较上年同期回落10.9个百分点;比年初增加4143.5亿元,同比少增1134亿元,但仍比近五年平均投放规模高924亿元。从期限结构看,中长期贷款增长较快,全年新增人民币中长期贷款4213亿元,重点支持基础设施建设和“城中村”改造。自年初以来,票据融资除个别月份略有增加外,大多数月份为负增长,表明在信贷投放逐步回归常态背景下,金融机构主动压缩票据融资以增加一般性贷款发放。从投放节奏看,一、二、三、四季度人民币贷款分别投放1339.9亿元、736.1亿元、764.6亿元和1302.9亿元,呈“U”型走势,受国家和北京市加快项目建设进程影响,第四季度贷款投放有所加快。外汇贷款增长平稳,年末外汇贷款同比增长26.6%,在人民币升值预期和外币贷款利率较低的带动下,贸易融资外汇贷款增长较快。

信贷结构继续优化,契合首都经济发

展方式转变和产业结构调整需要。2010年,中国人民银行营业管理部继续创新工作机制,不断完善信贷政策导向效果评估体系,在产品、组织、机制等三方面加强正向激励,“北京市中小企业金融服务平台”上线运行,推动银、政、企长效对接机制建设,引导信贷资金支持科技型中小企业和文化创意型中小企业发展,促进全市信贷结构优化调整,契合首都经济发展和产业结构调整需要,信贷资金对重点领域、优势产业及经济社会薄弱环节的支持力度加大。年末全市金融机构中小企业人民币贷款(不含票据融资)同比增长 25.5%,余额在企业贷款中的比重为 34.3%,较上年末提高 2.3 个百分点。其中,小型企业人民币贷款同比增长 23.8%,余额占中小企业人民币贷款余额的 26.1%。科技金融和文化金融建设成效显著,年末文化创意产业贷款同比增长 36.6%,累计发放贷款同比增长 112.9%;高新技术企业贷款同比增长 37.3%,累计发放高新技术企业贷款同比增长 219.1%。金融支持社会薄弱环节的力度不断加大,年末小额担保贷款同比增长 65%,涉农贷款同比增长 42.3%。

现金呈净投放态势。2010 年,北京市银行现金收入增长平稳,现金支出主要受消费市场活跃、价格涨幅增大、黄金消费持续旺销等因素影响。

本外币存贷款利率整体趋升,金融机构利率定价能力继续增强。2010 年,虽然执行下浮利率的贷款占比提高,但受流动性趋紧、信贷规模总体受限、中长期贷款增长较快以及加息等因素综合影响,全市金融机构贷款利率水平总体仍呈上升态势。12 月,人民币贷款加权平均利率较年初明显上升。大型企业对未来加息存在较强预期,选择固定利率贷款意愿较强,12 月,全市执行浮动利率贷款占比较年初有所下降。人民币存款基准利率上调后,全市人民币存款利率有所上升。受境内外汇资金供求变化和国际金融市场利率波动影响,美元存、贷款利率有所上升,整体利率水平高于上年。北京辖内金融机构利率定价机制建设稳步推进,定价技术进一步提高,Shibor[①] 在金融机构利率定价中运用的深度和广度均有所增强。

银行类金融机构改革继续向纵深推进。五家已改制大型商业银行北京市分行继续深化内部改革,资产负债规模平稳增长,整体利润水平持续提高,经营更为稳健,战略转型步伐加快,中间业务收入占比同比提高 1.8 个百分点,不良贷款低位双降,拨备覆盖率同比提高 88.7 个百分点,风险抵御水平进一步提高。国家开发银行北京市分行商业化改革推向深入,各项业务运行平稳,继续立足首都特点,支持北京市重点区域、产业园区基础设施建设和“城中村”改造项目。中国农业银行股份有限公司完成股份制改革并成功上市,北京市分行坚持服务“三农”发展战略,积极推进多项涉农产品创新,不断加

---

① 上海银行间同业拆放利率(Shanghai Interbank Offered Rate,简称 Shibor),是中国货币市场的基准利率,以位于上海的全国银行间同业拆借中心为技术平台计算、发布并命名,是由信用等级较高的银行组成报价团自主报出的人民币同业拆出利率计算确定的算术平均利率,是单利、无担保、批发性利率。目前,对社会公布的 Shibor 品种包括隔夜、1 周、2 周、1 个月、3 个月、6 个月、9 个月及 1 年。

强内控建设，防范各类风险，着力提升市场竞争力。北京银行继续完善各项公司治理机制，推进跨区域发展战略。全年新增异地分支机构15家，其中分行3家，支行11家，阿姆斯特丹代表处1家。北京农村商业银行积极推动内部治理结构改革，在组织架构、制度梳理、流程优化和违规行为责任认定等多方面加强操作风险管理，通过增发普通股补充核心资本，并同时置换不良资产，取得明显成效，年末不良贷款率为4.8%，同比下降2.7个百分点。

辖内农村金融服务持续改善，支农金融机构继续增加，适应农村经济发展的多样化金融服务不断推出。

跨境人民币业务呈现良好发展态势。自6月23日试点启动以来，在人民银行营业管理部及政府有关部门的强力推动下，金融机构加大营销力度，全市人民币跨境贸易结算试点成效显著。从试点启动至年末，辖内银行累计办理跨境人民币结算业务1192笔，半年时间内即突破千亿元规模，金额达到1147.8亿元。

（人行营业管理部　甘瀛）

**表4—4　北京市金融机构本外币存贷款总量情况表**

2010年12月　　单位：亿元

| 项目名称 | 本期余额 | 月环比增速（%） | 同比增长（%） | 比年初 | |
|---|---|---|---|---|---|
| | | | | 2010年 | 同比增减额 |
| 一、存款 | | | | | |
| 1. 金融机构（含外资）本外币 | 66584.6 | 0.44 | 16.90 | 9628.1 | -2546.8 |
| 其中：中资金融机构 | 64897.6 | 0.18 | 16.29 | 9091.2 | -2877.7 |
| 外资金融机构 | 1687.0 | 11.14 | 46.02 | 536.9 | 330.9 |
| 2. 金融机构（含外资）人民币 | 64453.9 | 0.89 | 18.75 | 10183.9 | -1859.1 |
| （1）对公存款 | 47450.8 | -0.20 | 19.81 | 7852.9 | -1473.3 |
| 其中：企业存款 | 31281.2 | 3.64 | 18.43 | 4638.7 | -1754.7 |
| （2）储蓄存款 | 17003.1 | 4.06 | 15.89 | 2331.0 | -385.8 |
| 其中：中资全国性大型银行 | 38126.2 | 0.31 | 15.62 | 5149.4 | -1499.9 |
| 中资全国性四家大型银行 | 32375.6 | -1.79 | 13.87 | 3942.9 | -1555.6 |
| 中资全国性中小型银行 | 20908.9 | 2.62 | 22.01 | 3772.1 | -434.9 |

续表

| 项目名称 | 本期余额 | 月环比增速(%) | 同比增长(%) | 比年初 | |
|---|---|---|---|---|---|
| | | | | 2010年 | 同比增减额 |
| 二、贷款 | | | | | |
| 1. 金融机构(含外资)本外币 | 36479.6 | 2.05 | 17.48 | 5428.2 | -2454.8 |
| 其中:中资金融机构 | 35352.0 | 2.12 | 17.25 | 5201.9 | -2630.0 |
| 外资金融机构 | 1127.6 | -0.12 | 25.11 | 226.3 | 175.2 |
| 2. 金融机构(含外资)人民币 | 29563.8 | 1.23 | 16.29 | 4143.5 | -1134.1 |
| 其中:中资全国性大型银行① | 15338.0 | 1.48 | 13.28 | 1798.0 | -709.3 |
| 中资全国性四大银行② | 9666.8 | 1.67 | 13.81 | 1172.9 | -486.5 |
| 中资全国性中小型银行 | 11446.7 | 2.00 | 19.19 | 1842.6 | -691.0 |

**表4—5　2010年北京市金融机构现金收支情况表**

单位:亿元

| | 年累计额 | 同比增长(%) |
|---|---|---|
| 现金收入 | 31001.6 | 9.0 |
| 现金支出 | 31149.2 | 9.3 |
| 现金净支出 | 147.6 | 322.5 |

**【实施新巴塞尔协议③情况】**　年内,北京地区各商业银行切实推动新资本协议实施工作,开展了"三个支柱建设"工作。

以信用风险、市场风险和操作风险管理体系建设(即第一支柱)为核心的项目实施工作取得实质进展。信用风险方面,大中型银行基本完成非零售客户评级建设,零售敞口内部评级体系项目建设工作有序推进,限额管理体系已建成并进入应用阶段;债项评级体系设计完成,零售内部评级项目全面启动并取得阶段性成果;市场风险方面,完成银行账户与交易账户划分,交易账户市场风险限额管理进一步完善,金融工具估值管理体系持续优化,市场风险计量方法评估工作相继完成;操作风险方面,管理框架初步建立,开展操作风险识别和评估,研发操作风险管理信息系统,建立操作风险报告体系。

在第二支柱建设方面,各商业银行完

① 指资产总量超过2万亿的银行,包括工行、建行、农行、中行、国开行、交行、邮储银行。

② 指工行、建行、农行、中行四家银行。

③ 即巴塞尔新资本协议(Basel II),2006年由巴塞尔银行监管委员会制定。

善资本管理制度框架，开展压力测试工作，启动内部资本充足评估程序项目建设，加强并表风险管理。在第三支柱建设方面，积极研究信息披露相关管理办法。同时，以实施巴塞尔新资本协议为契机，不断更新风险管理工作理念与手段，努力提升自身风险管理能力。

北京地区各商业银行立足于市场和自身积累的数据，已完成或正在研发内部评级模型和系统。针对不同客户群的特点，分别建立了对公客户和小企业客户信用评级模型、零售评分卡，对客户评级初评、客户评级调整与限定、客户评级推翻以及最终客户评级审批认定等具体实施操作和流程做出了规定。部分银行已经完成系统上线运行工作。逐步将内部评级体系运用到银行经营管理中，为信贷政策、客户选择、风险分类、贷款定价、审批决策、贷后管理、信贷结构调整等提供风险计量支持。

北京地区商业银行严格遵守《中国银监会关于规范商业银行使用外部信用评级的通知》要求，审慎使用外部信用评级，可将外部评级结果可作为内部信用评级认定的参考因素，但不直接以外部信用评级结果作为授信依据。外部评级结果主要用于同业授信额度设定、投行业务和债券投资业务。合作对象主要为国内外知名的评级企业，如标普、穆迪、惠誉、联合资信和大公国际等。

北京地区商业银行使用的公共征信系统主要包括中国人民银行征信中心企业信用信息基础数据库、中国人民银行征信中心个人信用信息基础数据库和银监会派出机构客户风险监测预警系统。通过中国人民银行征信中心企业信用信息基础数据库，商业银行可查询企业客户贷款卡是否有效、银行信用记录等情况，以帮助商业银行了解客户信用状况、遴选优质客户、提高贷款审批效率、合理确定贷款利率水平、扩大信贷规模，同时，提升银行授信及风险管理工作水平，防范信贷风险。同时使用中国人民银行征信中心个人信用信息基础数据库，商业银行可核实自然人客户银行信用记录等情况，对商业银行贷前风险识别能力、贷后风险管理力度、识别个人住房贷款首付、利率条件等方面均发挥重要作用。银监会派出机构客户风险监测预警系统则主要提供企业客户（集团）银行授信查询信息。

在日常风险管理工作中，各商业银行还利用最高人民法院执行局、北京市工商行政管理局、北京市地方税务局等相关信息，查询企业工商登记注册、案件判决、强制执行、行政许可处罚、客户纳税情况及纳税记录等，有效防范企业多头贷款、骗贷、互保、循环担保、担保能力不足、虚假资料、隐瞒不良信用记录等多种欺诈的情况。同时，查询个人的纳税、社保、房产登记等公共信息，作为判断个人申请贷款材料的重要参考依据。

年内，北京地区各商业银行各行共组织信用风险管理培训638期，累计参训人数达到20162人。内容涉及“三个办法一个指引”等监管政策、行业信贷政策、贷款风险防范、解读信用报告等内容。培训机制有效提高了信用风险管理人员整体素质，建立了信用风险管理人员培训交流及研究机制。（北京银监局）

**【商业银行信用产品创新情况】** 年内，中国工商银行北京市分行针对新兴市场中小企业居多、自身资产较轻、经营实力较弱、有效抵押担保能力不足等突出问题,通过引入知识产权质押、应收账款质押等权利质押手段,以及货权质押等方式,利用贸易融资政策和产品体系加大对传统流动资金贷款的改造升级和模式创新工作力度。

中国农业银行设计城乡一体化综合建设贷款,用于支付借款人城乡一体化建设项目的前期费用、征地费用、拆迁及相应补偿费用、市政费用、管理费用,以及回迁安置楼建设费用等与项目建设相关的费用,以该项目的收入及借款人其他合法经营收入作为还款来源的贷款。

中国建设银行北京市分行为支持北京地区基础设施建设和地区经济发展,针对北京市基础设施投资有限公司承担的轨道交通建设项目和“城中村项目改造”等相应的城市投资建设类项目融资需求设计了——基础设施项目额度借款产品。用于满足借款人固定资产投资项目建设期间的各项资金支出,并以后续该项目资金作为归还借款的保证。在合同期限内,只要借款人未偿还的贷款本金不超过项目储备贷款额度借款合同金额,借款人可以循环支用项目储备贷款。为支持北京市公共租赁住房项目建设,该行研发推出了公共租赁住房贷款,向借款人发放用于新建、改建、购置公共租赁住房,并以销售或持有出租公共租赁住房的收入以及政府补贴收入作为还款来源的中长期贷款。

年内,兴业银行推出了排污权抵押授信业务和碳资产质押授信业务。借款人以有偿取得(支付对价)的排污权做抵押申请获得授信,或借款人未持有排污权,拟以该行授信购买排污权之后以其购买的排污权作为该行的抵押品的融资活动。同时为进一步推动碳金融业务的创新与实践,不断丰富碳金融业务产品线,该行创新推出了碳资产质押授信业务,以申请人自身拥有的碳资产作为质押,授信品种包括但不限于流动资金贷款、各类贸易融资等。

深圳发展银行北京分行创新对公信贷产品,重点提升应收类业务的产品创新及应用,研究和推广“货押单证化”、“反向融资”、“保险代偿机制引入”和“深化物流合作”等四项创新工作。

民生银行研发了品牌代理商信用授信,针对具备一般纳税人资格,有连续三年以上的纳税记录的全国性或区域性代理商,满足其经营过程中的商品采购资金需求,最高授信额度 300 万元。同期,针对具备一般纳税人资格,与该行准入的全国性及区域性或地方超市企业建立连续 2 年以上合作关系的供应商,满足其经营过程中的商品采购资金需求,最高授信额度 300 万元。

华夏银行为解决核心企业上下游的小企业、商场内的商户批量化融资手续复杂的问题,开发了“商圈贷”产品。

年内,北京银行创新推出“短贷宝”业务、代付同业业务、“联保贷”中小企业联保贷款、租赁保理、法人设备按揭贷款等,并逐步完善“智权贷”知识产权质押贷款产品。此外,对“小巨人”中小企业成长融资方案进行整合,根据企业不同发展阶段推出“创融通”、“及时予”、“腾飞宝”三大核心基本产品包,并优选高科技、文化创意、节能减排三大行业组成科技金融、文化金融、绿色金融三大行业特色产品包。

北京农村商业银行结合农村经济发展的新形势和农民融资需求的新变化，2010年在完善“新农家”农户贷款服务方案的基础上，针对既有的“便利农贷、创新农贷、暖心农贷”几大支农产品进行不断优化，加大了针对农村地区客户信用产品的创新力度。

恒生银行北京分行设计了银行业金融机构“福费廷”转卖业务，作为福费廷包买行买入境内其他银行卖出的开证行远期已确认到期付款的可议付国内信用证项下的单据权益，并承担开证行信用风险的行为。进口商如有贸易融资需要，恒生中国可以提供“海外代付”业务，联系境外银行为海外代付银行，代进口商向供货商付款。

（北京银监局）

# 企业合同

**【合同经济纠纷】** 2010年北京市各级人民法院以规范市场秩序、保障交易安全为重点,审结借贷、证券、票据等金融类案件28467件,规范不良债权处置,维护金融安全,保护投资者公平享有经济增长成果;审结买卖、房地产开发等合同类案件150349件,维护交易稳定,营造诚实守信的市场环境;审结股东权益、解散清算等公司类案件3095件,保护公司、股东、债权人合法权益;审结涉外、涉港澳台案件3059件,坚持平等保护原则,优化投资环境。

(人行营业管理部　蔡义博)

# 票据市场

【整体趋势】　票据市场业务呈现量减价升态势。2010 年，北京市金融机构银行承兑汇票签发量保持稳定。由于信贷规模增长受限，金融机构通过缩短票据持有期限、减持票据资产等手段腾挪信贷额度，票据融资业务降幅明显。票据市场利率呈现上升态势，第四季度加速上扬。

（人行营业管理部　甘瀛）

【银行承兑汇票签发平稳增长】　2010 年末，北京地区金融机构银行承兑汇票余额 1619.2 亿元，同比增长 13.5%；全年累计签发银行承兑汇票 4553.1 亿元，同比增加 725.2 亿元。

（人行营业管理部　甘瀛）

# 债券市场

**【银行间债券市场】** 2009 年北京地区银行间债券市场现券交易量小幅上升，交易活跃。银行间现券市场累计成交增长 11.35%，占全国交易量的 27.84%。其中，买入累计成交增长 13.25%；卖出累计成交增长 9.36%。净买入债券增长 88.5%。债券远期交易规模急剧下降。受国际金融危机影响，国内金融机构进行衍生品交易的意愿明显减弱。2009 年远期买卖累计成交 692.03 亿元，减少 61.44%.

货币市场净融出资金大幅增长，利率从低位有所回升。2009 年，北京地区金融机构资金总体较为充裕，货币市场交易活跃，同业拆借和债券回购双向累计交易量 83.4 万亿元，同比增长 19.4%，占全国交易量的 46.5%。通过货币市场累计净融出资金 27.73 万亿元，同比增长 69.5%。中资银行是主要的资金供给机构。国有商业银行在资金融出中的垄断地位更加突出，净融出资金量在中资银行中占比为 71.3%；非银行金融机构和外资银行是主要的资金净融入机构。货币市场利率整体较上年下降，下半年，随着经济企稳回升，受新股密集发行和中央银行票据发行利率上行等因素影响，货币市场利率有所提高。

融资总量持续快速增长，中小企业直接融资取得新突破。2009 年，北京地区非金融企业融资总量同比增长 94%，增速创 2001 年以来的最高水平。中小企业融资状况有所改善，北京 7 家企业首批成功发行 2.65 亿元的中小企业集合票据；在中小企业板和创业板分别筹资 24.6 亿元和 55.1 亿元，中小企业融资渠道进一步拓宽。

（人行营业管理部　甘灜）

# 非银行类金融机构

## 【信托、汽车金融及金融租赁公司】

2009年末,中国银行业监督管理委员会北京监管局共监管3家信托公司、5家汽车金融公司和1家金融租赁公司。2009年末,辖内信托公司、汽车金融公司和金融租赁公司资产总额(本外币合计,其中包含信托公司信托资产834.68亿元)合计1200.94亿元,较上年增加223.57亿元,增长22.87%;负债合计228.58亿元,较上年增加69.88亿元,增长44.03%;所有者权益(不含信托权益)合计137.69亿元,较上年增加5.91亿元,增长4.48%;信托权益合计834.09亿元,较上年增加148.62亿元,增长21.68%。

信托公司。2009年末,辖内3家信托公司资产合计891.95亿元,较上年增加151.24亿元,增长20.42%。其中,固有业务资产总计57.27亿元,较上年增加3.46亿元,增长6.42%;信托资产合计834.68亿元,较上年增加147.79亿元,增长21.52%。固有业务负债合计5.33亿元,较上年增加1.75亿元,增长48.87%。所有者权益合计51.94亿元,较上年增加1.71亿元,增长3.4%。

3家信托公司存续管理的信托项目共计1185个。其中,集合资金信托计划50个,单独管理资金信托项目216个,管理财产信托项目919个。全年3家信托公司共计清算交付(不包含部分到期的信托项目)267个信托项目,累计给付信托本金856.02亿元,累计分配信托收益25.65亿元。

3家信托公司受托管理的信托资产规模在上半年有所下降,下半年随着市场环境变化逐步回升,银信合作类业务规模增幅显著,成为推动下半年信托规模增长的主要因素。

汽车金融公司。2009年末,辖内5家汽车金融公司资产合计227.01亿元,较上年增加39.25亿元,增长20.91%;负债合计188.63亿元,较上年增加36.29亿元,增长23.82%;所有者权益合计38.38亿元,较上年增加2.96亿元,增长8.37%。2009年,辖内汽车金融公司资产负债规模增长较为平稳,融资渠道以向金融机构借款为主。

金融租赁公司。辖内1家金融租赁公司为建信金融租赁股份有限公司,成立于2007年12月28日,由中国建设银行股份有限公司与美国银行合资设立。2009年末,建信金融租赁股份有限公司资产总额81.98亿元,负债总额34.61亿元,所有者权益47.37亿元。

(人行营业管理部 甘瀛)

# 个人消费信用

**【全市消费信贷概况】** 截至 2010 年末,北京地区个人消费信贷余额为 3074. 31 亿元,中小企业信贷余额 3789. 55 亿元。全年个人消费信贷违约总额余额为 434. 79 亿元。从季度数据变化看,北京地区个人消费信贷余额呈现逐季攀升态势。

(北京银监局)

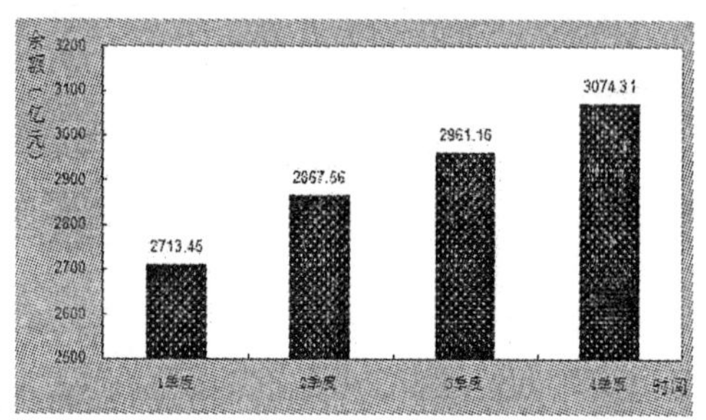


北京地区个人消费信贷余额图

**表 4—6　北京市中资银行个人消费贷款情况表**

2010 年 12 月　　单位:亿元

| 项　　目 | 2010 年 | 2009 年 | 同比增长(%) |
|---|---|---|---|
| 住房贷款 | 3390. 5 | 2976. 8 | 13. 9 |
| 汽车贷款 | 23. 8 | 31. 0 | -23. 1 |
| 助学贷款 | 14. 3 | 14. 4 | -1. 1 |
| 其他贷款 | 326. 3 | 133. 7 | 144. 0 |
| 合　　计 | 3754. 9 | 3156. 0 | 19. 0 |

**【个人消费信贷】** 12 月,北京市各中资银行发放个人购房贷款 3390. 50 亿元,同比增长 13. 9%;发放汽车贷款 23. 8 亿元,同比下降 23. 1%;助学贷款余额 14. 3 亿元,比去年减少 1. 1%。同期,个人购买经济适用房贷款 17 亿元,同比下降 25. 8%。

(人行营业管理部　甘瀛)

**【信用卡】** 截至年底,北京地区信用卡发卡总量为 20501518 张。其中,2010 年新增发卡量 4118849 张。全年新增 POS 机具 41146 台,新增特约商户 30297 户。信用卡消费主要集中于房地产类消费、汽车类消费、批发类消费、日常生活消费(商场百货、超市、餐饮、航空售票、加油)等。全额偿还是目前最主要的信用卡偿还方式,占比超过 80%;按照最低金额偿还的占比约为 15%;逾期未还的金额不足 5%。2010 年,北京地区信用卡违约金额为 6. 82 亿元,月均透支余额 209. 48 亿元。全市共有 13 家商业银行与追收业务外包公司开展信用卡欠款追收业务合作,投标机构累计 51 家。各行追收效果差异明显,成功率在 95. 25% 至 15. 79% 之间。

截至年底,在已发行的各类信用卡中,"睡眠卡"[①]总量为 6979554 张,占信用卡总量的 34. 04%;其中,2010 年全年"睡眠卡"新增总量为 1102385 张,占全部"睡眠卡"总量的 19. 86%。

(北京银监局)

① 一般指已发行但尚未激活的信用卡。

# 第五篇　北京信用管理行业

# 第五篇　北京信用管理行业

## 2010年北京地区信用管理行业概述①

据不完全统计，截至2010年底，在北京市工商行政管理局登记注册，通过2010年工商年检，从事征信、信用评级、商账管理、信用管理咨询、保理、市场调查、信用保险和信用担保的各类机构（含独立法人和非独立法人机构）共计1116家。

上述机构中，从事征信、信用评级、商账管理和信用管理咨询业务的机构有124家。独立法人机构的注册资本从12500万元到3万元不等；东方金诚国际信用评估有限公司以12500万元的注册资本列各机构之首。经营范围包括企业和个人的信用征集、评定；企业信用数据管理；信用风险管理；企业资信及履约能力评估；企业及金融机构综合财务实力评估；企业主体及债项评级；提供信用解决方案；信用风险管理培训和咨询；市场调查；商务、金融信息咨询；数据库及计算机网络技术服务、软件开发；企业信用评级模型软件开发；组织信用管理培训等。机构类型包括法人独资、自然人投资或控股、自然人独资、中外合资、台港澳法人独资、外国法人独资、集体所有制（股份合作）、其他有限责任公司、股份有限公司（非上市、自然人投资或控股）、全民所有制、普通合伙企业、个人独资企业、其他有限责任公司分公司和外国（地区）企业常驻代表机构。标准普尔、穆迪、惠誉、邓白氏、益百利等国际知名评级和征信机构分别以独资或合资的形式进入了北京信用服务市场。

从事商业保理业务的机构2家，分别是北京美臣保理投资管理公司和中安信成保理（天津）有限公司北京办事处。其中，前者为独立法人机构，后者为天津的保理机构在北京的分支机构。由于中央政府在商业保理方面的政策尚不明朗，在北京地区开展保理业务的多为商业银行，商业保理机构数量极少。

冠以市场调查名称或以市场调查为主营业务的机构105家。除4家具有外资背景（中外合资、中外合作）外，其余均为内资企业。注册资金在1000万元（含）以上的有3家，大部分机构的注册资金不到100万元，整体规模偏小。经营范围均以市场

① 数据来源：北京市工商行政管理局。

调查为主,同时开展信息咨询、经济贸易咨询、企业管理咨询、投资咨询和企业营销策划等业务。

截至年底,在北京地区开展信用保险业务的机构共 15 家,分别为中国人民财产保险股份有限公司、中国人寿财产保险股份有限公司、中国平安财产保险股份有限公司、中国太平洋财产保险股份有限公司、中华联合财产保险股份有限公司、安邦财产保险股份有限公司、华安财产保险股份有限公司、天安保险股份有限公司、民安财产保险有限公司、华泰财产保险股份有限公司、苏黎世保险公司北京分公司、华农财产保险股份有限公司、永诚财产保险股份有限公司、安华农业保险股份有限公司和中国出口信用保险公司。这些大型保险机构在北京市各区县设立了近 60 家分支机构,其中以中国人民财产保险股份有限公司的分支机构居多,约占总数的 38%。

北京地区各类担保机构共计 870 家。开展的业务包括信用担保、企业和个人贷款担保、债券担保、企业投融资担保、涉外担保、联保和分保、投资管理等。在独立法人机构中,最高注册资本为 100000 万元,最少的为 100 万元。具有外资背景的机构 12 家、国有独资机构 2 家,其余均为民营机构。

(市工商局)

# 中国人民银行营业管理部促进征信市场规范发展

年内,中国人民银行营业管理部(以下简称“人行营业管理部”)加强对金融机构参与中国人民银行征信系统建设的检查,切实提升征信业务规范化水平。制定了《北京市企业及个人征信系统数据质量工作业务指引》,完善工作流程。开发数据质量信息提取、业务对比程序,提高核查工作效率。对中国建设银行北京市分行、浦东发展银行北京分行和北京农村商业银行征信管理各方面工作情况进行综合检查。对5家商业银行和3家信用卡中心进行了18次数据质量定点监测。对辖内56家金融机构开展了12次自查及非现场核查,7次现场核查,指导20余家机构妥善处理操作失误、系统崩溃等问题。辖内非接口金融机构企业征信信贷业务数据综合一致率由年初的94.63%提升至96.61%;接口金融机构达到98.35%,比年初增加11个百分点;辖内金融机构个人征信数据质量完整性及准确性超过97%,数据加载率超过95%。

加强机构监管,推动信用评级市场健康发展。年内,人行营业管理部对2009年接受业务检查的辖内13家信用评级机构的整改情况进行复查。督促辖内商业银行报送《商业银行与信用担保机构合作情况统计表》并进行汇总分析,指导信用担保机构的信用评级工作。赴华夏国际信用咨询有限公司等三家征信机构就完善《征信管理条例》中有关征信机构准入等问题进行实地调研。与东方金诚国际信用评估有限公司等辖内主流评级机构就评级稳定性、银行间债券市场各评级机构级别迁移率情况进行调研。

创新工作思路,完善业务手段,探索征信服务新模式。年内,人行营业管理部与中信银行共同研究起草了借助中信银行网上银行为客户提供远程个人信用报告查询的方案。与招商银行北京分行合作研究借助商业银行进行贷款卡业务办理方案。与北京市组织机构代码中心合作共享已办理贷款卡企业的基本信息,通过开发自动处理程序完成贷款卡年审工作,有效处理近10万户企业信息。研究制定贷款卡档案电子化业务需求和操作流程。

(人行营业管理部)

# 在京开展业务的部分征信机构①

**【新华信国际信息咨询(北京)有限公司】** 1992年11月,北京新华信商业信息咨询有限公司成立,开始从事信用信息服务业务。2007年1月9日,该公司与英国益百利公司(Experian)合资组建了新华信国际信息咨询(北京)有限公司,主要提供市场研究咨询、商业信息咨询和数据库营销三大类服务。长期以来,该公司一直是国内最大的企业信用信息提供者,已累计提供企业征信报告近60万份;该公司是国

① 含企业征信和个人征信机构,按成立日期排序。

内第一家在线征信报告提供者,覆盖量达30万家企业;该公司中国领先的市场研究提供者,年开展专项研究近600个;该公司是中国最大的汽车营销解决方案提供者,累计完成约1500个市场研究、营销咨询和数据库营销服务项目;该公司是中国领先的数据库营销服务提供者,年完成200多个项目;拥有中国最大的机构数据库,动态更新2000多万家企事业单位和政府机构的信息;拥有数百个坐席的呼叫中心,每年呼出的数据和信息采集电话超过300万个。　(纪敬)

**【北京中贸远大信用管理有限公司】** 即原北京中贸远大商务咨询有限公司,2000年5月23日成立,是由商务部国际贸易经济合作研究院设立的信用风险管理和投资贸易咨询专业机构。该公司经营全球工商企业资信调查与评估服务,提供包括中国在内的170多个国家和地区的企业资信调查评估报告。此外,还经营国内外应收账款管理与追收、国际国内市场研究、企业信用风险管理培训、企业信用风险管理顾问、投资贸易咨询等服务。　(纪敬)

**【北京国富泰企业征信有限公司】** 2001年2月26日成立,是商务部中国国际电子商务中心下属的企业信用管理综合服务提供商。该公司既为电子政务提供所需的企业信用信息的整合与分析服务,又为电子商务提供所需要的商业交易信用评估和认证服务。主要提供的系列服务包括:企业资信报告、风险报告服务、信息服务、地方信用体系建设、行业信用体系建设、信用管理咨询与培训、商账管理与风险控制、企业客户拓展代理等。　(纪敬)

**【联合信用管理有限公司】** 2000年1月14日成立,主要从事企业征信、咨询、信用评级等服务。2009年4月,由天津市泰达国际控股(集团)有限公司控股,联合信用管理有限公司总部迁至天津市,原北京机构改制为联合信用管理有限公司北京分公司。　(纪敬)

**【北京汇诚征信咨询有限公司】** 2002年7月8日成立,主要从事信用调查服务、商账管理顾问、信用管理顾问等业务,企业信用的征集、评定;企业管理咨询;信息咨询(中介除外);信用风险管理;商务管理;财务顾问。　(纪敬)

**【北京市住房贷款个人信用信息服务中心】** 2002年8月12日成立。主要职责是:负责合法采集、维护个人信用数据,建立一套科学的信用评价系统,为住房个人贷款、住房资金使用及其他相关业务提供服务。信用中心成立以来,依托北京住房公积金管理中心信息数据库,建设了以动态监控人、房产、贷款信息为特点的征信数据库和个人住房金融征信模式,开展了住房公积金贷款信用评级服务、“二套房”信息查询、商业银行信用卡发放业务信息查询、汽车金融公司信息查询、抵押物信息查询服务等业务,并在贷后资产管理方面,建立了定期贷款资产质量分析报告制度和逾期人群信息查询制度。　(公积金中心)

**【北京穆迪投资者服务有限公司】** 2003年2月12日成立,是全球三大评级机构之一的穆迪投资者服务公司(Moody's Investors Service)在北京设立的全资子公司,主要从事信用评估、资信调查、信用风险管理咨询、投资咨询等业务。　(纪敬)

【北京北方中征征信咨询有限公司】 2003年8月26日成立，是台湾中华征信所企业股份有限公司（以下简称“中华征信所”）在北京注册的台资征信机构。中华征信所始建于1961年，是“国际信用协会”会员，亚洲征信联盟的发起机构之一，拥有全球性的征信及市场调查网络。（纪敬）

【北京中诚信征信有限公司】 2005年3月23日成立，由中诚信公司与中华征信所共同投资组建。该公司建有独立的民间征信数据库和电子商务平台，主要提供企业征信调查、市场调查及研究咨询、商账管理咨询、信用风险管理咨询、数据库产品查询等服务。（纪敬）

【益百利信息技术（北京）有限公司】 2005年11月10日成立，是美国三大个人征信局之一的Experian在京设立的全资子公司。主要为中国的商业银行及外资银行提供服务，服务内容覆盖信用卡、住房贷款和汽车贷款的决策引擎、风险评分建模、工作流系统、欺诈防范和新业务开发以及巴赛尔新资本协议零售业务内部评级法等方面。（纪敬）

【上海华夏邓白氏商业信息咨询有限公司北京分公司】 2006年12月26日，华夏邓白氏公司在北京设立了上海华夏邓白氏商业信息咨询有限公司北京分公司（以下简称“华夏邓白氏北京分公司”）。华夏邓白氏公司依托拥有超过1.65亿企业信息的全球最大的商业数据库以及覆盖了全球多达214个国家和地区的邓白氏公司全球网络，在企业征信市场上占据着优势地位。（纪敬）

【北京倍通信用管理有限公司】 2007年5月21日成立，是大连倍通信用管理有限公司在京设立的子公司和营销中心。该公司主要为赊销企业和金融机构提供海内外目标企业的资信调查、信用管理咨询、商账追收等服务。该公司拥有强大的医药生产和渠道方面的征信数据库。（纪敬）

【费埃哲信息技术（北京）有限公司】 2007年6月11日成立，是美国知名的个人信用风险管理和信用评分机构FICO公司在华设立的全资子公司，主要为中国的金融机构提供数据管理、预测分析、风险决策咨询与服务等。（纪敬）

# 信用评级

## 资信评级

**【业务概述[①]】** 截至 4 季度末，在北京地区向中国人民银行备案的信用评级机构有 11 家，其中全国性评级机构 4 家，中外合资评级机构 2 家，具备银行间债券市场信用评级业务资格的 3 家，具备中关村科技园区企业信用评级业务资格的 8 家，具备北京市信用担保机构信用评级业务资格的 6 家，专业评级人员近 800 人。全年共完成信用评级业务 1712 项，实现营业收入 34896 万元，其中评级收入 26036 万元。机构、从业人员数量，以及评级收入均位居全国首位。

2010 年，上述 11 家机构所完成的各类评级业务中，债项评级 642 笔（含企业债券评级 63 笔、金融债券评级 376 笔、其他债项评级 203 笔），完成主体评级 1070 笔（含借款企业评级 530 笔、担保公司 72 笔、其他评级 468 笔）。各类资信评级结果的分布为：AAA 级 390 笔，AA 级 484 笔，A 级 354 笔；BBB 级 304 笔，BB 级 179 笔，B 级 1 笔。　　（人行营业管理部　赵强）

**【大公发布国家和地区信用等级报告】** 2010 年，大公国际资信评估有限公司（以下简称“大公”）共分四次发布了 67 个国家和地区的信用等级，成为中国、也是世界第一个向全球发布的国家信用风险信息的非西方国际评级机构。

大公初次评级的 67 个国家遍及世界主要区域，具体分布情况为：欧洲 26 国、亚洲 22 国、北美 3 国、南美 7 国、非洲 7 国和大洋洲 2 国，67 个国家的国内生产总值合计占世界经济总量的 90% 以上。从整体信用水平看，本币投资级以上级别（BBB－及以上）的国家占 70%，投机级（BB＋及以下）国家占 30%，外币投资级以上级别国家占 72%，投机级占 28%。从本外币级别一致性看，本外币信用级别相同的国家是 53 个；本币级别低于外币级别的国家有 3 个；本币级别高于外币级别的国家有 11 个。

（大公国际资信评估有限公司）

## 诚信评价

**【参与全国行业信用评价试点工作】** 年内，中国出口信用保险公司、北京中贸远大信用管理有限公司和北京国富泰企业征信有限公司等机构继续参与了由商务部和国务院国有资产监督管理委员会组织开展的全国行业信用评价试点工作。其中，中国出口信用保险公司为 10 个行业协会出局了 150 份信用评价报告；北京中贸远大信用管理有限公司为 9 个行业协会提供了 174 份信用评价报告。

（北京中贸远大信用管理公司）

---

① 数据来源：《北京征信》杂志。

**【北京企业评价协会组织开展诚信评价工作】** 年内，北京企业评价协会为贯彻落实《国务院办公厅关于社会信用体系建设的若干意见》和商务部、国务院国有资产监督管理委员会《关于加强行业信用评价试点管理工作的通知》，在2009年工作基础上，继续开展"信用企业"资质认定试点工作，并加大工作力度，专门成立了信用评价部。通过与相关行业协会合作，全年先后认定公示了4批共267家"信用企业"。截至2010年底，北京企业评价协会已相继组织认定公示了369家"信用企业"。（北京企业评价协会）

# 在京开展业务的部分信用评级机构[①]

**【中诚信国际信用评级有限责任公司】** 1992年10月8日，经中国人民银行批准的国内第一家全国性信用评级机构—中国诚信证券评估有限公司成立。1999年5月28日，国家对外贸易经济合作部批准设立中国诚信证券评估有限公司与惠誉国际合资设立中诚信国际信用评级有限责任公司（以下简称"中诚信国际公司"）。2004年7月，中诚信国际公司回购惠誉所持有的公司股份。2006年9月，美国穆迪投资者服务公司入股，持有中诚信国际公司49%的股份。目前，中诚信国际公司是中国银行间市场交易商协会的理事、亚洲信用评级协会（ACRAA）会员和中国资产证券化论坛常务理事。自1992年开展首单企业债券评级以来，中诚信国际公司已累计为11000多家企业（公司）提供信用评级服务，各类型债务融资工具累计评级规模超过13000亿元，且受评发债主体中国内特大型、大型央企比例较高。根据企业债券、短期融资券、中期票据发行的公开数据，截至2008年底，无论按发行规模、发行家数，还是发行支数来统计，中诚信国际的市场占有率均处于市场前列。全国银行间同业拆借中心于2006、2007年组织的对五家评级机构的评比中，中诚信国际连续两年均名列第一名。（纪敬）

**【大公国际资信评估有限公司】** 1994年3月10日成立。是中国人民银行、证监会、国家发改委、保监会等部门认定的信用评级机构，现为中国银行间市场交易商协会会员、监事，中国证券业协会会员。总部设在北京，在国内设有6个区域总部、34个分支机构。公司成立以来，先后为10000余家企业、总额度逾10000亿元的各类债券进行了信用评级。1999年，与美国穆迪投资者服务公司签署了为期三年的技术合作协议。2000年，开发出了拥有自主知识产权、与国际接轨并适合中国国情的《大公信用评级方法》，形成了由评级方法、评级操作系统和信息数据库构成的揭示信用风险技术体系。2003年，建立了我国评级业第一个博士后科研工作站，开展了一系列资本市场前沿风险评价技术研究服务。2004年，加入亚洲信用评级协会。从2004年起，主动为中国银行业进行信用评级，并定期发布风险指引。2007年，与天津财经大学联合创建了一所培养信用评级和风险管理高端专业人才的高等院校—大公信用管理学院。2009年，发布了国家主权评级方法。（纪敬）

① 按成立日期排序。

**【联合资信评估有限公司】** 2000 年 7 月 17 日成立,由联合信用管理有限公司和惠誉国际合资设立,注册资本 3000 万元。主要业务领域包括资本市场信用评级,信用风险咨询。公司是中国人民银行、国家发改委、保监会等管理部门认可的信用评级机构,是中国银行间市场交易商协会常务理事单位。2007 年和 2008 年,公司在银行间评级市场(含中期票据和短期融资券)公告的评级业务领域、企业债券发行市场、金融债券评级市场、结构融资产品评级市场中,均处于领先地位。　(纪敬)

**【东方金诚国际信用评估有限公司】** 2001 年 9 月,金诚国际信用管理有限公司成立,2005 年 10 月,该公司将信用评级业务整体剥离转让出来后设立专业信用评级公司“金诚国际信用评估有限公司”。2008 年 3 月,财政部批准中国东方资产管理公司入股,2008 年 5 月,公司更名为东方金诚国际信用评估有限公司。2009 年 4 月,公司完成增资,注册资本达到 1.25 亿元人民币,中国东方资产管理公司为东方金诚公司第一大股东。

公司在全国设立了 25 家分支机构,经营范围包括:主体及债项评级;企业及金融机构综合财务实力评估;企业资信及履约能力评估;企业信用数据管理;信用风险管理培训和咨询;企业信用征集、评定;信用风险管理;提供信用解决方案;金融信息咨询。

公司以技术优势取胜作为市场竞争策略,开发了一套适合我国金融市场特点和信用环境的信用评估方法体系和相应的评级支持系统。同时,东方金诚公司充分利用控股股东将近 10 年不良资产处置形成的 LGD 数据,定量分析中国企业违约损失规律,以期正确揭示企业、行业和整体经济的信用风险。　(纪敬)

**【北京资信评级有限公司】** 2005 年 8 月 29 日成立。可提供企业资信评级、银行信贷登记企业评级、企业长期债券评级、企业短期融资券评级、商业银行及其债券评级、基金表现评级、上市公司可转换债券评级、资金信托计划评级、证券公司及其债券评级、担保机构评级、资产支持证券评级、建筑施工企业投标评级、特许资质评级和公司治理结构评级等业务。　(安明)

**【北京君维诚信用评估有限公司】** 2006 年 4 月 13 日成立。是被中国人民银行列入统计监管范围的信用评级机构,是中国银行业监督管理委员会北京银监局现场检查协作机构,是中关村科技园区管理委员会认定的参与园区企业信用服务的专业机构,同时是中关村科技园区信用贷款试点商业银行认可的信用评级机构。主要业务包括:主体评级、固定收益类金融产品评级、企业征信、信用管理咨询与培训,以及信用信息服务等。　(安明)

**【中企评协信用评级中心(北京)有限公司】** 2010 年 7 月 6 日成立,是北京企业评价协会理事单位。可提供的服务包括工商企业评级、质量信用评级、企业诚信评级、企业招投标评级、企业信用管理咨询服务和信用技术培训等。该公司已为上百家企业进行了信用评级服务,并参与了北京市地方标准《企业诚信评价规范》的起草工作。10 月 14 日,该公司在中国人民银行营业管理部备案,被中国人民银行营业管理部列入统计监管范围。

(北京企业评价协会)

# 信用担保

## 最新政策

**【北京市融资性担保公司管理暂行办法】**　12月31日，经北京市人民政府批准，北京市金融工作局（以下简称“市金融局”）会同中国银行业监督管理委员会北京监管局、北京市发展和改革委员会、北京市经济和信息化委员会、北京市财政局、北京市商务委员会、中国人民银行营业管理部、北京市工商行政管理局，联合印发了《关于印发〈北京市融资性担保公司管理暂行办法〉和开展融资性担保公司规范工作意见的通知》（京金融〔2010〕94号）。

《北京市融资性担保公司管理暂行办法》（以下简称《办法》）明确了北京地区融资性担保公司的市级监管部门为北京市金融工作局，各区（县）监管部门由各区（县）人民政府指定。融资性担保公司在经营活动中应当遵循诚实守信的原则，遵守合同的约定。《办法》对融资性担保公司及其分支机构的设立、经营范围、经营规则和风险控制，以及监督管理和法律责任等做出了规范性要求，自公布之日起施行。

根据《办法》，北京市建立融资性担保业务监管部门联席会议（以下简称“市融资性担保业务监管联席会议”），在融资性担保业务监管部际联席会议和北京市人民政府领导下，负责研究制订促进本市融资性担保业务发展的政策措施，拟订融资性担保业务监督管理制度，协调相关部门共同解决融资性担保业务监管中的重大问题，指导市监管部门对融资性担保业务进行监管和风险处置，办理融资性担保业务监管部际联席会议和北京市人民政府交办的其他事项。市融资性担保业务监管联席会议由中国银行业监督管理委员会北京监管局、北京市发展和改革委员会、北京市经济和信息化委员会、北京市财政局、北京市商务委员会、中国人民银行营业管理部、北京市工商行政管理局、北京市人民政府法制办公室、北京市金融工作局组成，北京市金融工作局为牵头单位。召集人由北京市金融工作局局长担任，办公室设在北京市金融工作局。

《办法》规定，本办法施行前已经设立的融资性担保公司未达到本办法规定要求的，应于2011年3月31日前达到本办法规定要求。　（市金融局）

**【关于开展北京市融资性担保公司规范工作的意见】**　12月31日，经北京市人民政府批准，北京市金融工作局（以下简称“市金融局”）会同中国银行业监督管理委员会北京监管局、北京市发展和改革委员会、北京市经济和信息化委员会、北京市财政局、北京市商务委员会、中国人民银行营业管理部、北京市工商行政管理局，联合印发了《关于印发〈北京市融资性担保公司管理暂行办法〉和开展融资性担保公司规范工作意见的通知》（京金融〔2010〕94号）。

《关于开展北京市融资性担保公司规范工作的意见》（以下简称《意见》）明确了

规范北京市现有融资性担保公司担保行为、促进本市融资性担保行业健康发展的指导思想、实施步骤和工作流程。《意见》提出,要按照"分步推进,平稳过渡"、"强化服务,促进发展"、"公开透明,公平公正"和"分工负责,协同合作"的指导思想,推进北京市融资性担保公司规范工作。规范工作分为政策发布和宣传培训、受理和规范、督促整改和整改验收四个阶段。对于经整改达到监管要求的融资性担保公司,换发经营许可证;对于经整改仍未达到监管要求的,暂停新业务的开展,继续进行整改。待达到整改要求后,发放经营许可证。经整改后,确实无法达到监管要求的,实施融资性担保业务的退出,撤销其经营许可证。

(市金融局)

## 行业概况

**【机构状况】** 截至 2010 年底,北京地区正常运营的各类信用担保机构(不含再担保机构)共计 127 家。这 127 家担保机构注册资金共计 357.95 亿元,比 2009 年净增 116.66 亿元,增长了 46.10%。

(北京信用担保业协会 王胤鑫)

**【业务状况】** 年内,127 家信用担保机构新增担保额 936.96 亿元,同比增长了 5.72%。其中,融资性担保新增 602.97 亿元,占 64.35%;非融资性担保新增 317.28 亿元,占 33.86%,比 2009 年的 164.38 亿元,增长了 93.02%;债券发行担保 16.71 亿元,占 1.78%。

在融资性担保新增担保额中,贷款担保(含个人贷款担保)新增 497.33 亿元,同比增长了 8.18%;其他各类融资性担保[①]新增 122.35 亿元,同比减少了 53.33%。贷款担保占全部新增担保额 936.96 亿元的 53.08%。在贷款担保中,中小企业贷款担保约占贷款担保的 80%,约占全部新增担保额的 40%。

在非融资性担保新增担保额中,新增工程保证担保 156.33 亿元,同比增长了 24.45%,占全部新增担保额 936.96 亿元的 16.68%。其中,北京市房地产开发项目[②]新增工程保证担保 148.37 亿元,占全部新增担保额 936.96 亿元的 15.84%,房地产开发项目担保合同价款总计 1440.30 亿元。

年内,127 家信用担保机构中有 15 家年新增担保额超过 15 亿元,其中中国投资担保公司、首创担保公司、中关村担保公司、长安保证担保公司、厚泽担保公司新增担保额超过 50 亿元。

年内,商业性担保机构新增担保额 702.11 亿元,占全市新增担保额的 74.93%,同比增长 2.73%,政策性担保机构新增担保额 234.85 亿元,占全部新增担保额的 25.07%,同比增长 14.53%。国有及国有控股的担保机构 2010 年新增担保额 425.46 亿元,同比下降了 4.13%,民营

---

① 其中债券发行担保新增 16.71 亿元,票据承兑担保新增 69.90 亿元,信用证担保新增 5.82 亿元,其他新增 29.92 亿元。

② 从事北京市房地产开发项目工程保证担保业务的担保机构共有 17 家。

担保机构2010年新增担保额511.50亿元,同比增长15.59%。

截至2010年底,127家信用担保机构在保余额1328.37亿元,同比增长19.55%。其中,融资性担保在保余额697.06亿元,占52.47%;非融资性担保在保余额424.48亿元,占31.95%;债券发行担保在保余额206.83亿元,占15.57%。

(北京信用担保业协会　王胤鑫)

**【经营状况】** 年内,127家信用担保机构担保业务收入共计18.21亿元,同比增长了5.26%[①];投资收益5.57亿元,同比下降了3.80%;税后净利润8.28亿元,同比增长了103.44%[②]。

年内,127家信用担保机构共计发生代偿1.60亿元,全部为融资性担保代偿,担保代偿率为0.22%,融资性担保代偿率为0.35%,低于历年平均代偿率1%左右的水平;代偿损失共计3341万元,代偿损失率为0.01%。

截至2010年底,127家信用担保机构担保准备金余额共计27.12亿元,其中未到期责任准备8.70亿元,担保赔偿准备14.99亿元,一般风险准备3.43亿元,拨备覆盖率为286.43%。

在担保业务多元化的同时,各担保机构也适应市场需求,开展了中介业务、投资业务等来增强盈利能力。其中,投资收益5.57亿元,是担保业务收入的30.60%。

(北京信用担保业协会　王胤鑫)

**【机构评级】** 年内,共有73家信用担保机构接受了信用评级,比2009年净增20家。73家被评机构中,中国投资担保有限公司等14家机构被评为AA级(含AA+、AA-和按资本市场要求评级的担保机构);评为A级(含A+、A-)的有44家;评为BBB级(含BBB+、BBB-)的有15家。

根据中国人民银行营业管理部发布的《北京市信用担保机构信用评级主干指标体系》(以下简称《指标体系》),北京信用担保业协会组织研究制定了行业自律性评级规范《担保机构信用评级规范标准》,对评级工作的操作程序、工作要求和各个级别的具体要求进行了明确规定,将每个等级细化为37项指标,既有定性指标也有定量指标。《担保机构信用评级规范标准》是每个等级的下限标准,各评级机构可以自主定级,但不能突破各等级的底线。

(北京信用担保业协会　安燕玲)

# 政策性信用担保

**【机构状况】** 截至2010年底,北京地区的政策性担保机构共计16家[③],其中再担保机构1家,即北京中小企业信用再担保有限公司。其余15家政策性担保机构中,市属政策性担保机构3家,分别是北京首创投资担保有限公司、北京中关村科技担

① 业务收入增长百分比与担保额增长百分比基本匹配。

② 税后净利润的高增长率主要是由于受到国际金融危机影响,2009年的基数较低。

③ 不含部分北京首创投资担保公司的合作机构。

保有限公司和北京市农业担保有限责任公司;区县政策性担保机构 12 家,分别是:北京晨光昌盛投资担保有限公司、北京鑫顺投资担保有限公司、北京燕鸿投资担保有限公司、北京海淀科技企业风险担保有限责任公司、北京光彩担保有限公司、北京兴展融达投资担保有限公司、北京诚信佳担保有限公司、北京金正光彩担保有限公司、北京信利源担保服务有限公司、云创担保中心、北京市昊融担保有限公司、北京立飞担保服务有限公司。

15 家政策性担保机构注册资金 29.25 亿元,占全市各类担保机构注册资金总额的 7.91%。其中,首创担保公司、中关村担保公司注册资金分别达到了 3.065 亿元和 6.03 亿元。(北京信用担保业协会　张欢)

【业务状况】 政策性担保机构以为中小企业融资服务为主,中小企业贷款担保业务的比重高于全市担保行业 53.06% 的平均水平。

年内,15 家①政策性担保机构的新增担保额 234.85 亿元,同比增长 14.53%,占全市新增担保额 936.96 亿元的 25.07%。其中,新增贷款担保 155.39 亿元,占比 66.17%。北京首创投资担保有限公司和北京中关村科技担保有限公司的业务增长规模较大,新增担保额分别达到了 90.50 亿元和 102.08 亿元,其中新增贷款担保额分别是 61.95 亿元、55.55 亿元。

截至 2010 年底,15 家政策性担保机构的在保余额 281.85 亿元,占全市担保行业在保总余额 1328.36 亿元的 21.22%;担保资金的平均放大倍数 7.88 倍,远高于全市担保行业 3.30 倍的平均放大倍数。北京首创投资担保有限公司和北京中关村科技担保有限公司的在保余额规模较大,分别 115.79 亿元和 82.58 亿元,放大倍数分别为 6.82 倍和 11.27 倍。

年内,15 家政策性担保机构提取各项准备金 8.81 亿元,拨备覆盖率达到了 545%。其中,北京首创投资担保有限公司和北京中关村科技担保有限公司提取各项准备金均超过 3 亿元,拨备覆盖率均超过 800%。

(北京信用担保业协会　张欢)

## 商业性信用担保

【机构状况】 截至 2010 年底,北京地区正常运营的商业性担保机构 112 家,比 2009 年的 76 家增长了 49%,注册资金总额 340.46 亿元,比 2009 年的 232.73 亿元增长了 46.30%,占北京各类信用担保机构注册资金总额的 92.09%。

(北京信用担保业协会　张欢)

【业务状况】 年内,商业性担保机构新增担保额 702.11 亿元,占全市新增担保额 936.96 亿元的 74.93%,同比增长了 2.73%。其中,新增贷款担保额 339.35 亿元,占全市担保行业新增贷款担保总额 497.33 亿元的 68.23%;新增非融资担保额 281.38 亿元,占全市担保行业新增非

① 不含北京中小企业信用再担保有限公司。

融资担保总额 317.28 亿元的 88.69%。在新增非融资担保额中，工程保证担保额 156.11 亿元，占全市担保行业新增工程保证担保总额 156.33 亿元的 99.86%。

截至 2010 年底，112 家商业性担保机构在保余额 1043.93 亿元，占全市担保行业在保总余额 1328.36 亿元的 78.59%。

（北京信用担保业协会　张欢）

## 再担保

**【机构状况】** 北京地区只有一家从事再担保业务的机构，即北京中小企业信用再担保有限公司。北京中小企业信用再担保有限公司是北京信用担保业协会副会长单位，2010 年被大公国际资信评估有限公司评定资信等级为 AA＋级企业。

（北京信用担保业协会　王胤鑫）

**【业务状况】** 北京中小企业信用再担保有限公司以为中小企业提供贷款再担保业务为主，服务对象 90% 以上是中小企业。

年内，北京中小企业信用再担保有限公司新增再担保额 243.11 亿元，同比增长 71.97%；再担保业务的在保余额达到 310.56 亿元。同时，新增担保额 12.01 亿元，年末担保在保余额 13.25 亿元。

截至 2010 年底，北京中小企业信用再担保有限公司与 39 家担保机构建立了合作关系，对担保机构的覆盖率达到 30%；同时，与 21 家银行和 4 家非银行金融机构建立了业务合作关系。

（北京信用担保业协会　王胤鑫）

## 在京开展业务的部分信用担保机构①

**【中国投资担保有限公司】** 中国投资担保有限公司（以下简称“中投保公司”）成立于 1993 年 11 月，注册资本金 35.2146 亿元，前身是 1993 年由财政部和原国家经济与贸易委员会共同发起成立的“中国经济技术投资担保公司”，于 2006 年整体并入国家开发投资公司。

中投保公司是商业性担保机构，按照集团化发展的思路，先后设立了 4 家分公司、5 家子公司，投资参股了中国国际金融有限公司等机构，初步形成了以担保、投资为主导，涵盖资产管理、咨询、投资顾问、风险投资、基金管理、证券、环保、软件等多个领域的集约经营模式，主要业务包括担保、投资、评审咨询、投资顾问等。此外，中投保公司在全国范围内开展为小企业服务的政策性担保业务。

中投保公司是北京信用担保业协会副会长单位，是泛美担保协会、美国保险监督官协会（NAIC）、美国保证和忠诚保证协会会员。2010 年，经中诚信国际信用评级有限责任公司资本市场评定，资信等级为AA＋级企业。

截至 2010 年底，中投保公司资产总额为 629407 万元，净资产 499381 万元。

年内，中投保公司新增担保额 1839298

① 排序不分先后。

万元，其中新增贷款担保额 407665 万元，新增其他融资担保额 39250 万元；截至 2010 年底，在保余额 3341862 万元。

（北京信用担保业协会　安燕玲）

【北京首创投资担保有限责任公司】

北京首创投资担保有限责任公司（以下简称“首创担保公司”）成立于 1997 年 12 月，注册资本金 30650 万元，股东包括首创集团公司、北京市崇信担保中心、北京西拓中小企业担保有限公司、北京市平谷区平信投资担保中心、中国投资担保有限公司、北京昌鑫国有资产投资经营公司。其中，首创集团公司持般比例为 89.72%。

首创担保公司是政策性担保机构，业务范围包括：为北京市中小企业提供贷款、融资、租赁及其他经济合同的担保、担保信息咨询等。

首创担保公司是北京信用担保业协会副会长单位，被北京信用担保业协会评为五星级担保企业，被北京市工商行政管理局评为北京市“守信企业”。2010 年，经大公国际资信评估有限公司资本市场评定，资信等级为 AA 级企业。

截至 2010 年底，首创担保公司资产总额为 295006 万元，净资产 169666 万元。

年内，首创担保公司新增担保额 905006 万元，其中新增贷款担保额 619458 万元，新增其他融资担保额 8428 万元；截至 2010 年底，在保余额 1157933 万元。

（北京信用担保业协会　安燕玲）

【北京中关村科技担保有限公司】

北京中关村科技担保有限公司（以下简称“中关村担保公司”）成立于 1999 年 12 月，注册资本金 6.0333 亿元，股东包括中关村高科技产业促进中心、北京市国有资产经营有限责任公司、北京中海投资管理公司、北京丰台科技园建设发展有限公司、北京兴昌高科技发展总公司、北京经济技术投资开发总公司、北京电子城有限责任公司、首创集团公司、中国投资担保有限公司、北京市西城区生产力促进中心等。

中关村担保公司是政策性担保机构，业务范围包括贷款担保、票据担保、集合信托计划担保、集合企业债券担保、集合票据担保、履约担保、诉讼保全担保、委托贷款、典类融资等，主要服务对象为高新技术企业和其他各类中小企业。

中关村担保公司是北京信用担保业协会副会长单位，是中关村国家自主创新示范区专项融资优惠政策执行机构，是国家工业和信息化部指定的全国担保机构创新孵化培训基地。2010 年，经大公国际资信评估有限公司资本市场评定，资信等级为 AA 级企业。

截至 2010 年底，中关村担保公司的资产总额 109011 万元，净资产 73269 万元。

年内，中关村担保公司新增担保额 1020786 万元，其中新增贷款担保额 555544 万元，新增其他融资担保额 51300 万元；截至 2010 年底，在保余额 825837 万元。　（北京信用担保业协会　安燕玲）

【中投信用担保有限公司】　中投信用担保有限公司（以下简称“中投信保公司”）成立于 2001 年 8 月，注册资本金 10 亿元，股东包括珠海国恒利实业发展有限公司、珠海澳娱投资有限公司、中信国安通信有限公司、北京燕京啤酒股份有限公司、北京天桥北大青鸟科技股份有限公司等。

中投信保公司是商业性担保机构，业务范围包括：信用担保；企业贷款担保；抵押物处置；高新技术企业、民营企业、中小企业投融资担保；企业重组、转让、收购、兼并、托管的策划、咨询；实业项目的投资等。

中投信保公司是北京信用担保业协会副会长单位。

截至2010年底，中投信保公司资产总额为124556万元，净资产94524万元。

年内，中投信保公司新增担保额26800万元；截至2010年底，在保余额805654万元。　（北京信用担保业协会　安燕玲）

**【中鸿联合信用担保有限公司】**　中鸿联合信用担保有限公司（以下简称"中鸿联合担保公司"）成立于2005年5月，注册资本金10亿元，股东包括新航实业投资有限公司、福建省环境工程有限公司、元信投资有限公司、北京天丰泰投资有限公司、北京金奥工贸有限公司、北京潮星投资有限公司。

中鸿联合担保公司是商业性担保机构，业务范围包括：信用担保；企业贷款担保；城市建设债券、可转换债券担保；高新技术企业、民营企业、中小企业投融资担保；个人住房、信贷消费贷款担保；涉外担保；联保和分保；资产受托管理；企业重组、转让、兼并、托管的策划、咨询。

中鸿联合担保公司是北京信用担保业协会常务理事单位。2010年，经联合信用管理有限公司评定，资信等级为AA+级企业。

截至2010年底，中鸿联合担保公司资产总额为145191万元，净资产111138万元。

年内，中鸿联合担保公司新增担保额232550万元，其中新增贷款担保额214500万元；截至2010年底，在保余额486361万元。

（北京信用担保业协会　安燕玲）

**【北京市鑫顺投资担保有限公司】**
北京市鑫顺投资担保有限公司（以下简称"鑫顺担保公司"）成立于2002年5月，注册资本金35000万，股东持股情况为：北京市顺义区国有资产经营中心出资占比97.39%，北京市顺义区顺计投资咨询服务中心出资占比2.61%。

鑫顺担保公司是政策性担保机构，业务范围包括：为中小企业提供贷款、融资租赁及其他经济合同的担保；对被担保企业进行资信的征集、评定；项目投资；担保信息咨询。

鑫顺担保公司是北京信用担保业协会理事单位。2010年，经北京资信评级有限公司评定，资信等级为A-级企业。

截至2010年底，鑫顺担保公司资产总额103289万元，净资产47887万元。

年内，鑫顺担保公司新增担保额153520万元；截至2010年底，在保余额333880万元。

（北京信用担保业协会　王胤鑫）

**【中发投资担保有限公司】**　中发投资担保有限公司（以下简称"中发担保公司"）于2006年11月成立，注册资本金1亿元，股东持股情况为：北京福元顺通投资有限公司出资5000万元，持股50%；建银（北京）经济担保有限公司出资4990万元，持股49.9%；个人股东张洁兰出资10万元，持股0.1%。

中发担保公司是商业性担保机构，业务范围包括：中小企业贷款、融资租赁及其他经济合同的担保；项目担保与投资管理；资产管理等。主要业务是工程保证担保。

中发担保公司是北京信用担保业协会理事单位。2010年，经联合信用管理有限公司评定，资信等级为BBB+级企业。

截至2010年底，中发担保公司资产总额为10635万元，净资产9904万元。

年内，中发担保公司新增担保额122752万元。截至2010年底，中发担保公司在保余额326866万元。

（北京信用担保业协会 王胤鑫）

**【中商财富担保有限公司】** 中商财富信用担保有限公司（以下简称“中商财富担保公司”）成立于2004年，注册资本金5亿元人民币，股东持股情况为：光大国际建设工程总公司出资26000万元，持股52%；中稷事业投资有限公司出资15000万元，持股30%；华商置业有限公司出资9000万元，持股18%。

中商财富担保公司是商业性担保机构，主要为符合国家产业政策、发展前景良好的中小企业提供融资担保服务以及相应的咨询服务。业务范围包括企业的各类银行贷款、保函、融资租赁及其他经济合同的担保服务；委托贷款；投资咨询、企业管理咨询服务等。

中商财富担保公司是北京信用担保业协会理事单位。2010年，经联合信用管理有限公司评定，资信等级为AA-级企业。

截至2010年底，中商财富担保公司资产总额为64736万元，净资产51139万元。

年内，中商财富担保公司新增担保额277900万元。截至2010年底，中商财富担保公司在保余额308530万元。

（北京信用担保业协会 王胤鑫）

**【北京晨光昌盛投资担保有限公司】** 北京晨光昌盛投资担保有限公司（以下简称“晨光昌盛担保公司”）成立于2003年8月，注册资本金4.5亿元，股东包括北京昌鑫国有资产投资经营公司、北京晨光创业投资有限公司和北京昌盛创业担保服务有限公司。

晨光昌盛担保公司的是政策性担保机构，是昌平区投融资服务平台的组成部分，业务定位于为昌平区高新技术企业和广大中小企业提供投资和融资担保的服务，重点服务领域涉及电子信息、生物制药、新材料、光机电一体化、新能源、环境保护等行业，服务内容包括项目投资、融资担保、工程建设担保和专项担保等。

晨光昌盛担保公司是北京信用担保业协会副会长单位。2010年，经北京资信评级有限公司评定，资信等级为AA级企业。

截至2010年底，晨光昌盛担保公司资产总额为64736万元，净资产51139万元。

年内，晨光昌盛担保公司新增担保额29839万元；截至2010年底，在保余额286434万元。

（北京信用担保业协会 王胤鑫）

**【中元国信信用担保有限公司】** 中元国信信用担保有限公司（以下简称“中元国信担保公司”）于2003年6月成立，注册资本金10亿元人民币，股东持股比例情况为：中国少数民族经济文化开发总公司，持股33%；洋浦国信海洋船务有限公司，持股26%；中国水利投资集团公司，持股24%；北京世纪星源投资有限公司，持股10%；中国昊华化工（集团）总公司，持股5%；中国远东国际贸易总公司，持股2%。

中元国信担保公司是商业性担保机构。是北京信用担保业协会理事单位。2010年，经北京资信评级有限公司评定，资信等级为AA－级企业。

截至2010年底，中元国信担保公司资产总额为129033万元，净资产104032万元。

年内，中元国信担保公司新增担保额123280万元；截至2010年底，在保余额250809万元。

（北京信用担保业协会　王胤鑫）

# 保理

**【商业银行保理业务】** 年内,北京地区共有 17 家商业银行开展了保理业务,全年保理业务总规模为 454.49 亿元。商业银行保理业务的主要客户行业集中于制造业、批发零售业、贸易流通类行业、机械设备租赁业、信息产业、计算机服务和软件业等,客户对象涵盖了大型企业和中小企业。

各商业银行已开展的主要保理业务有国内保理与国际保理、卖方保理与买方保理、单保理与双保理和有追索权与无追索权保理等。业务品种有融资租赁保理、国内保理池融资业务、信用保险项下国内保理业务、出口双保理业务、信用保险保理业务、工程保理和定向保理等。

(北京银监局)

**【商业保理机构】** 截至年底,在北京市工商行政管理局登记注册且处于“开业”状态的商业保理机构共 2 家,分别是北京美臣保理投资管理公司和中安信成保理(天津)有限公司北京办事处。

北京美臣保理投资管理公司成立于 1993 年 1 月,是国内较早成立的商业保理机构之一。目前已开展的业务有商业保理、融资担保、典当与融通仓、商账管理与追收、商业信用管理与风险控制和商业咨询与规划等。

(安明)

# 第六篇　附录

# 第六篇 附录

## 附录一 有关制度文件

### 北京市经济和信息化委员会关于印发2010年北京市推进社会信用体系建设重点任务的通知

京经信委发〔2010〕44号

各有关单位：

为贯彻落实《中共北京市委办公厅、北京市人民政府办公厅关于印发〈2008年—2010年北京市社会信用体系建设重点任务〉的通知》（京办发〔2007〕23号），加快推进我市社会信用体系建设，现就2010年北京市推进社会信用体系建设重点任务通知如下：

**一、强化我市社会信用体系建设统筹协调机制，加快制订信用政策法规和标准**

（一）调整我市社会信用体系建设联席会议成员单位，明确责任及任务分工

充分发挥我市社会信用体系建设联席会议制度作用，协调解决推进社会信用体系建设中的重大问题，指导、督促和检查有关工作的落实。调整我市社会信用体系建设联席会议成员单位，强化社会信用体系建设领导机制，统筹协调我市社会信用体系建设工作。（责任单位：市经济信息化委、人民银行营业管理部、市工商局、市金融局。）

（二）加快制订我市社会信用体系建设规划、法规和标准

研究制订我市“十二五”时期社会信用体系建设规划，发布我市国家机关个人信用信息共享管理办法，研究政府部门在公共管理中使用信用产品办法和促进我市信用服务业发展政策措施，推动建立联合失信惩戒机制。研究修订《北京市行政机关归集和公布企业信用信息管理办法》。研究制订企业、个人信用信息共享交换标准。（责任单位：市经济信息化委、人民银行营业管理部、市工商局、市金融局。配合单位：市质监局、市政府法制办。）

**二、开展首都社会信用体系国家示范区建设**

积极申请首都社会信用体系国家示范区建设试点。建立推进小组,以政府为主导,开展首都社会信用体系国家示范区建设,争取人民银行等国家有关部门在优惠政策、技术的支持。重点在信用信息共享交换、企业信用制度建设、信用服务行业发展、失信惩戒机制建立、行业和区域信用体系建设试点等方面进行示范。(责任单位:市经济信息化委、人民银行营业管理部、市工商局、市金融局、中关村科技园区管委会等。)

**三、加大信用信息基础设施建设**

(一)建设我市统一的信用信息共享交换系统

依托我市政务信息资源共享交换平台,建设我市统一的信用信息共享交换系统,逐步实现我市政府部门间个人信用信息共享。进一步推进企业信用信息系统建设。依法推动整合政府部门及公共服务机构的企业和个人信用信息,重点归集纳税、合同履约、产品质量、工程建设、国土资源管理、环保等部门的信用信息,依托我市政务信息资源共享交换平台,逐步实现与人民银行信用信息的共享。(责任单位:市经济信息化委、人民银行营业管理部、市工商局、市金融局、市质监局。)

(二)推进金融业统一征信平台建设

建设首都金融业统一征信平台,推进相关政府部门纳税、产品质量、合同履约等信用信息与人民银行信用信息的共享。人民银行向我市政府相关部门开放使用金融业统一征信平台专用信用报告,实现政府部门依授权、依职能共享人民银行信用信息,提高政府部门和金融监管部门的公共服务和市场监管水平。(责任单位:人民银行营业管理部。配合单位:市经济信息化委、市工商局、市金融局、市质监局、市人力社保局、市国税局、市地税局、市国土局、市环保局、市高级人民法院、市住房公积金管理中心等。)

(三)推进我市个人信用信息系统建设

研究制订我市个人信用信息系统建设方案,启动个人信用信息基础数据库建设。以个人信用主题应用为突破口,在公安、民政、人力社保、公积金、法院等政府部门间逐步构建个人信用主题应用数据库。完善信用信息资源共享交换目录,推进我市个人信用信息共享交换。依托我市政务信息资源共享交换平台,实现个人主题应用数据的共享交换。(责任单位:市经济信息化委、市发展改革委、人民银行营业管理部。配合单位:市公安局、市民政局、市卫生局、市人口计生委、市人力社保局、市工商局、市质监局、市住房城乡建设委、市财政局、市流管办、市高级人民法院、市住房公积金管理中心等。)

(四)完善企业信用信息系统建设

拓展企业信用信息系统应用功能,推进企业信用信息共享交换标准和目录建设,提高政府有关部门企业信用信息归集的规模、质量及应用能力,实现企业信用信息记录统一披露。完善"北京市企业信用网"建设,加强数据服务和统计分析工作,为全市宏观决策和相关政府部门业务提供数据支撑,提高市场监管水平。(责任单位:市工商局。配合单位:市经济信息化委、人民银行营业管理部等。)

**四、加快中小企业信用体系建设**

贯彻落实国务院《关于进一步促进中小企业发展若干意见》,积极开展中小企业信用体系试验区建设。推进中小企业信用制度建设,建立中小企业信用信息征集机制,完善中小企业信用评价体系和信息披露机制,培育中小企业信用意识,构建“失信惩戒、守信受益”的信用约束机制。加快中小企业信用担保体系建设,组建多层次的中小企业融资担保基金和担保机构,拓宽中小企业融资服务平台。加大财政支持力度,提高担保机构对中小企业的融资担保能力。鼓励保险机构积极开发为中小企业服务的保险产品。(责任单位:市经济信息化委。配合单位:市金融局、人民银行营业管理部等。)

**五、推进重点行业和领域信用体系建设,提高公共服务和市场监管水平**

(一)开展工程建设领域诚信体系建设

贯彻落实《北京市工程建设领域突出问题专项治理工作实施方案》,完善工程建设领域信誉评价、项目考核、合同履约、“黑名单”等市场信用记录,依托我市政务信息资源共享交换平台,建设我市统一的信用信息共享交换系统,加快整合有关部门和行业信用信息资源,实现工程建设领域信用信息共享新突破。以“首都之窗”等政府门户网站为主要平台,及时公布工程建设项目信息。推进建立失信惩戒和守信激励制度。(责任单位:市经济信息化委。配合单位:市委宣传部、市住房城乡建设委、市监察局、市发展改革委、市市政市容委、市规划委、市国土局、市交通委、市水务局、市工商局、市金融局、市商务委、市政府法制办、市检察院、市高级人民法院、人民银行营业管理部等。)

(二)加快食品安全诚信体系建设

贯彻落实工业和信息化部等部委《食品工业企业诚信体系建设工作指导意见》,加快建立企业诚信管理体系、诚信信息征集和披露体系、诚信评价体系,逐步建立面向社会的食品企业诚信信息查询系统和诚信信息公示披露系统,建立失信惩戒公示机制,开展食品工业企业诚信体系建设试点工作。持续提升企业诚信能力和管理水平,规范食品企业生产经营行为和食品市场秩序,提高食品安全水平。(责任单位:市食品安全办、市经济信息化委、市工商局、市发展改革委、市监察局、市农委、市商务委、市卫生局、人民银行营业管理部、市质监局。)

(三)开展安全生产诚信体系建设

研究制订我市生产经营单位安全生产诚信体系建设工作方案。加快建立生产经营单位安全生产征信体系、征信信息披露和公示机制,推进建立安全生产征信信息查询系统和公示披露系统,推进生产经营单位信用信息共享。在全市安全生产危险化学品、矿山等高危行业及机械、冶金、轻纺、建材等行业开展诚信体系建设试点工作,加大对安全生产领域不良信用信息的披露力度,营造依法安全生产的社会环境。(责任单位:市安全监管局。配合单位:市发展改革委、市经济信息化委、市国土局、市工商局、市质监局、市环保局等。)

(四)进一步推进我市金融行业信用体系建设

加强对地方性金融机构的监管力度,推进征信市场规范发展。进一步优化信用消费环境,扩大信用消费,提高信贷消费比重。支持我市商业银行和其他地方性金融机构积极使用外部信用产品和服务。大力开展征信宣传活动,提高北京地区金融行业内部信用建设和管理水平。(责任单位:人民银行营业管理部、市金融局、市发展改革委。)

(五)推进商务领域信用体系建设

贯彻落实《关于推动本市信用销售健康发展的实施意见》,推进我市信用销售健康发展。指导商务领域协会积极开展行业信用建设工作,指导行业协会制订行业自律公约,帮助企业建立信用管理制度,规范协会对会员企业的信用评价试点工作,指导行业协会组织开展会员企业信息服务和信用管理知识培训,营造诚信经商良好环境。(责任单位:市商务委。)

(六)进一步推进税收信用体系建设

建立健全纳税人信用信息记录系统,完善信用评价和公示制度,加强纳税信用等级管理,开展纳税信用等级联合评定工作。加大纳税诚信宣传力度,不断优化纳税服务,营造依法纳税和诚信纳税的社会环境。(责任单位:市国税局、市地税局。)

(七)推进国土资源管理领域信用体系建设

充分利用我市企业信用信息系统,加大对国土资源管理领域中企业不良信用信息披露力度;建立国土资源管理领域信用信息发布专栏,依据相关标准发布警示信息和提示信息,面向社会提供查询服务。(责任单位:市国土局。)

(八)推进科研诚信建设

完善科研项目信用管理系统建设,制订科技项目工作任务所涉及责任主体信用评价指标体系,建立信用指标提示系统,加强政府部门间的信息共享,营造有利于科技事业健康发展的良好环境。(责任单位:市科委。)

(九)探索开展电子商务领域信用体系建设

研究我市电子商务信用体系建设方案,探索开展电子商务领域信用体系建设,开展电子商务企业诚信评价试点和宣传活动,推进电子商务信用环境建设。(责任单位:市经济信息化委、市工商局、市商务委。)

**六、推进农村和区域信用体系建设试点工作,促进区域经济发展**

(一)推进中关村科技园区企业信用体系建设试点工作

全面推进企业内部信用制度建设试点,扩大园区企业内部信用制度建设范围,促进企业建立和完善市场交易主体的信用管理和风险控制机制,完善园区企业信用信息公共服务平台建设,建立企业信用风险预警防范体系。大力发展信用促进会企业会员,逐步建立规范的企业内部信用管理体系。(责任单位:中关村科技园区管委会。配合单位:人民银行营业管理部、市发展改革委、市财政局、市工商局等。)

(二)进一步推进农村“三信”工程建设

大力推进以信用户、信用村、信用镇(乡)为内容的农村“三信”工程,促进农村信用文化建设,增强镇村和农户信用意识,扩大信用等级评定覆盖范围,以良好的信用扩大金融支农力度。加快农户信用档案电子化进程,加大对郊区农户小额信用贷款和联保贷款的投放力度,支持农民自主创业和家庭经营,拓宽农民就业渠道,带动农民增收致富。加大农村诚信宣传力度,培育京郊良好的信用环境,打造京郊诚信品牌, 助推首都社会主义新农村建设。(责任单位:市农委。配合单位:人民银行营业管理部、市金融局等。)

(三)加快信用社区小额担保贷款建设

进一步完善小额担保贷款申请人的信用档案,开展信用调查与评估等工作,帮助金融机构对符合条件的贷款对象提供社区个人小额担保贷款，组织创业培训，帮助我市城镇失业人员、未就业大学毕业生、农村转移劳动力和复员（转业）军人自谋职业和自主创业。（责任单位：市人力社保局。配合单位：人民银行营业管理部、市财政局。）

（四）继续开展区域信用体系建设试点工作

继续开展宣武区大栅栏和马连道区域商业信用体系建设、海淀区中小企业信用体系建设和平谷区农村民俗旅游信用体系建设试点工作。及时总结和推广试点经验，扩大试点范围，支持区县开展有特色的区域信用体系建设试点。（责任单位：市经济信息化委、人民银行营业管理部、宣武区政府、海淀区政府、平谷区政府等。）

**七、倡导信用产品的使用，促进信用服务业发展**

（一）进一步促进信用服务业发展

支持组建信用服务行业协会。充分发挥行业协会的作用，研究制订信用服务业准入、监管和促进政策措施，开展信用服务行业发展状况调研工作，制订行业发展规划、标准和相关制度，促进信用行业自律和建设，进一步促进信用服务行业发展。（责任单位：市经济信息化委、人民银行营业管理部。）

（二）倡导信用产品的使用

研究政府部门在公共管理中使用信用产品办法，制订信用产品在政府投资、市场监管、公共服务等领域应用目录。加大政府的推动和引导力度，逐步扩大信用产品在政府投资项目招标投标、信贷、住房公积金贷款等政府管理和公共服务领域的应用，推进政府部门带头使用信用产品，培育信用服务市场。（责任单位：市经济信息化委、人民银行营业管理部、市金融局。配合单位：市工商局、市发展改革委、市国土局、市国税局、市地税局、市科委、市政府法制办、中关村科技园区管委会、市住房公积金管理中心等。）

**八、大力推进政务公开，加强政务监督，推进政府信用建设工作**

贯彻落实《政府信息公开条例》，深化政府信息公开，继续做好公共企事业单位信息公开工作，拓展公开内容和公开形式，加强监督检查，进一步提高公共服务质量和水平。贯彻落实国务院《关于在治理商业贿赂专项工作中推进市场诚信体系建设的意见》，推进市场诚信体系建设。督促政府部门兑现向群众承诺的拟办重要实事，提高政府部门的诚信意识。（责任单位：市政府办公厅、市监察局、市经济信息化委等分工负责。）

**九、加强诚信宣传教育，增强社会信用意识，营造良好的社会诚信环境**

结合首都群众性精神文明创建活动，持续深入开展多种形式的诚信主题教育实践活动。以诚信优质服务为重点，指导各窗口单位建立服务规范，大力推进首都文明单位创建工作。深入开展“百城万店无假货”等以诚信为主题的创建活动。开展“进企业、进社区、进学校”的“三进”活动。研究“北京信用指数”。进一步扩大诚信建设的覆盖面，强化诚信意识，树立诚信典型，努力营造良好的社会诚信环境。（责任单位：市委宣传部、首都精神文明办、市工商局、市国税局、市地税局、市经济信息化委、市商务委、市发展改革委、市教委、人民银行营业管理部等分工负责。）

二〇一〇年三月十九日

# 北京市经济和信息化委员会关于调整北京市社会信用体系建设联席会议组成人员的通知

京经信委发〔2010〕72号

各有关单位：

根据市政府机构改革、相关部门人员变动情况和工作需要，经市领导同意，现决定对北京市社会信用体系建设联席会议成员单位及组成人员进行调整，调整后的联席会议组成人员如下：

召集人：朱　炎　市经济信息化委主任

成　员：姜毅群　市经济信息化委副巡视员

蒋万进　人民银行营业管理部副主任

张永明　市工商局副局长

傅　华　市委宣传部副部长

马润海　首都精神文明办副主任

赵联文　市文化执法总队巡视员

续　栋　市政府督查室主任

张燕友　市发展改革委副主任

付志峰　市教委副主任

陈力工　市科委委员

于春全　市公安局副局长

刘东波　市监察局副局长

孟　钧　市民政局副局长

李公田　市司法局副局级干部

王　婴　市财政局副局长

桂　生　市人力社保局副局长

谢俊奇　市国土局副局长

李晓华　市环保局副巡视员

孙　乾　市住房城乡建设委副主任

柴文忠　市市政市容委副主任

薛江东　市交通委委员

李海平　市农委副主任

朱建民　市水务局副局长

许　康　市商务委副主任

毛　羽　市卫生局副局长

王　灏　市国资委副主任
张占英　市国税局副局长
吕兴渭　市地税局副局长
张庆华　市质监局副巡视员
陈　清　市安全监管局副局长
侯小维　市统计局总统计师
孙维佳　市旅游局副局长
沈　鸿　市金融局副巡视员
周　砚　市知识产权局副局长
李富莹　市政府法制办副主任
廖国华　中关村科技园区管委会副主任
周继军　市高级人民法院副院长
李持缨　北京住房公积金管理中心总经济师
韩　玮　北京通信管理局副局长
王　永　北京海关副关长
段继宁　北京银监局副局长
杨　琳　北京证监局副巡视员
刘跃林　北京保监局副局长

联席会议办公室设在市经济信息化委，主要负责联席会议的组织、联络和协调工作；根据召集人的提议或成员单位的建议，研究提出联席会议议题；汇总并通报成员单位有关工作情况；协调、督促成员单位履行工作职责和落实联席会议决定事项；承办联席会议交办的其他事项。

二○一○年十二月十日

# 北京市经济和信息化委员会关于开展北京市工程建设领域诚信体系建设相关工作的通知

京经信委发〔2010〕15号

市政府各相关部门、各区县：

为贯彻落实《中共中央办公厅、国务院办公厅印发〈关于开展工程建设领域突出问题专项治理工作的意见〉的通知》（中办发〔2009〕27号）和《中共北京市委办公厅、北京市人民政府办公厅关于印发〈北京市工程建设领域突出问题专项治理工作实施方案〉的通知》（京办发〔2009〕24号）精神，加快推进我市工程建设领域诚信体系建设，根据《工程建设领域项目信息公开和诚信体系建设工作组工作方案》，现就开展我市工程建设领域诚信体系建设相关工作通知如下。

**一、建立健全诚信体系建设工作机制**

根据《北京市工程建设领域突出问题专项治理工作实施方案》,市政府成立了以市经济信息化委为牵头单位的工程建设领域项目信息公开和诚信体系建设工作组(专项工作组第八组)。各相关部门、各区县要建立健全本区县工程建设领域诚信体系建设工作机制,加强组织领导,指导、督促和检查有关工作的落实。请各相关部门、各区县3月1日前将工程建设领域诚信体系建设工作主管业务处室、联系人报送市经济信息化委。

**二、开展信用信息归集和报送工作**

各相关部门、各区县归集和报送以下工程建设领域信用信息,归集和报送相关内容及方式如下:

(一)确认项目基本信用信息

包括项目名称、行业主管部门、立项类型、项目类型、投资类型等19项信息。项目基本信用信息是市专项工作组第八组根据各相关部门在北京市工程建设领域专项治理填报系统中填报导出的数据,不需另行填报,需市各相关部门和区县进行确认(详见附件1)。

(二)填报市场信用记录信息

包括信誉评价、项目考核、合同履约、黑名单等市场信用记录共132项信息。市场信用记录信息由各项目的组织实施单位进行网上填报,按指定用户名和密码登录,进入"北京市工程建设领域信用信息在线填报系统",按规定字段录入各项目涉及的市场信用记录信息(详见附件2-4)。各相关部门、各区县于4月15日前完成填报工作,并同时开展自查工作。

(三)共享部门和行业信用信息

包括工程建设领域相关行业主管部门在公共服务、行政审批、市场监管等环节中形成的企业、个人信用信息。

市各相关部门按照《北京市工程建设领域信用信息共享目录》(详见附件5-6)将相关企业和个人信用信息汇总后,于4月15日前存储到我市政务外网各部门前置库,通过市政务信息资源共享交换平台提供给市经济信息化委,实现我市工程建设领域信用信息共享。

**三、建立健全失信惩戒和守信激励机制**

各相关部门、各区县要建立健全失信惩戒制度和守信激励机制,完善市场准入和退出机制。建设公开、公正、科学的诚信信息征集和披露体系,规范企业诚信信息征集和披露方式及内容,依法采集及披露企业诚信信息,加大对违法行为记录披露和公开曝光力度,形成"一处失信、处处被动"的失信联防机制。

3月31日前,各相关部门、各区县将本行业、区域失信惩戒和守信激励机制建立情况打印两份并加盖单位公章,报送市经济信息化委。

附件①:1. 北京市工程建设项目基本信息
2. 北京市工程建设项目施工单位信用信息

① 因篇幅所限,附件部分略。

3. 北京市工程建设项目设计单位信用信息
4. 北京市工程建设项目监理单位信用信息
5. 北京市工程建设领域企业信用信息共享目录
6. 北京市工程建设领域个人信用信息共享目录

二〇一〇年二月十日

# 北京市治理工程建设突出问题工作领导小组办公室关于印发北京市工程建设领域突出问题专项治理整改工作指导意见的通知(节选)

京治工办发〔2010〕13号

市治理工程建设领域突出问题工作领导小组各成员单位,各区县治理工程建设领域突出问题工作领导小组:

按照中央和本市工程建设领域突出问题专项治理工作整体部署,根据市专项治理办公室下发的《关于转发中央扩大内需和专项治理检查组检查反馈意见进一步做好本市整改工作的通知》(京治工办发〔2010〕11号)要求,各专项工作组就前一阶段全市项目排查中发现的问题,特别是中央检查组在北京检查过程中发现的问题,深刻分析了原因,研究了整改措施,提出了整改意见,并正在进行积极整改过程中。根据中央对专项治理工作的总体安排,从今年5月份起到年底,整改是这一阶段的主要工作。初步了解,10月份中央还将组织检查组对各地区的项目整改情况进行检查。为进一步做好本市整改阶段各项工作,实现各区县、各领域专项治理整改工作的标准统一、尺度一致,防止在不同区县出现整改工作畸轻畸重的情况,确保全市专项治理活动取得实效,同时做好中央检查组的迎检准备工作,特制定本市专项治理整改工作指导意见。

……

**三、对部分突出问题的整改指导意见**

……

(八)推进工程建设领域诚信体系建设方面

这一领域的主要问题是:在工程建设领域信息公开方面,一是缺乏统一的公开标准,各单位对项目公开属性认识不一致,随意性较大;二是未充分利用政府网站进行工程建设领域信息公开,只有少数部门网站建有"工程建设"专栏;三是没有形成以项目为单位的全程全范围公开,不少项目完全没有在政府网站公开,已公开的项目以项目基本信息、简要建设进度、招投标等信息公开为主,项目质量、资金使用等信息公开情况较差。在诚信体系建设领域,主要是工程建设领域市场信用记录信息的在线填报以及部门和行业信用信息的共享交换工作进展较慢。

对上述问题,根据情节轻重,采取如下整改措施:

1. 各单位加强对政府信息公开条例的学习,进一步清理项目及信息公开属性,未反馈《工程建设领域项目信息公开属性审查反馈表》的单位尽快反馈。

2. 加快编制工程建设领域项目信息公开专题目录,并研究制定工程建设领域项目信息网上公开规范指导意见。

3. 对于还未填报或未完成填报的单位,应尽快完成工程建设领域市场信用记录信息的在线填报工作,对确实不能填报的项目,相关单位应出具书面材料,说明原因,报送工程建设领域项目信息公开和诚信体系建设工作组。

4. 对于还未开展信用信息共享交换的单位,应向本专项工作组报送本单位信用信息共享交换计划,并按计划通过北京市政务信息资源共享交换平台,开展信用信息的共享交换工作。

……

二〇一〇年六月十三日

# 北京市治理工程建设突出问题工作领导小组办公室关于进一步扎实做好北京市工程建设领域诚信体系建设工作的通知

京治工办发〔2010〕20 号

市政府各相关部门、各区县人民政府:

《关于开展北京市工程建设领域诚信体系建设相关工作的通知》(京经信委发〔2010〕15 号)印发以来,各相关部门、各区县严格落实责任制,精心组织实施,我市工程建设领域诚信体系建设工作全面展开,取得了初步成效,但与市治理工程建设领域突出问题工作领导小组的要求还存在较大差距。为深入贯彻落实市委、市政府关于工程建设领域诚信体系建设工作的要求,结合第一阶段工作实际,现就进一步扎实做好工程建设领域诚信体系建设工作通知如下:

**一、加快建立工程建设领域诚信体系建设工作机制**

各相关部门、各区县要加快建立工程建设领域诚信体系建设工作机制,加强对各项工作的组织、落实和监督。尚未建立工程建设领域诚信体系建设工作机制的单位,请于 8 月 20 日前将本单位主管业务处室和联系人报送市经济信息化委。

**二、大力推进项目信用信息填报和共享工作**

按照《关于开展北京市工程建设领域诚信体系建设相关工作的通知》要求,尚未完成第一阶段项目信用信息填报和共享工作的单位,要严格落实责任制,精心组织实施,于 9 月 15 日前完成项目信用信息填报和共享工作。

第二阶段项目信用信息填报继续采用网上(网址:http://172.24.120.13)填报的方式,各单位仍按照《关于开展北京市工程建设领域诚信体系建设相关工作的通知》要求开展,请于9月15日完成填报工作。9月20日前将开展第二阶段项目信用信息填报和共享情况总结报告报送市经济信息化委。

**三、建立健全工程建设领域失信惩戒和守信激励机制**

各相关部门、各区县要建立健全工程建设领域失信惩戒和守信激励机制,完善市场准入和退出机制。建立公开、公正、科学的诚信信息征集和披露体系,规范企业诚信信息征集和披露方式及内容,依法采集和披露企业诚信信息,加大对违法行为记录披露和公开曝光力度,形成"一处失信、处处被动"的失信联防机制。

**四、工作要求**

(一)提高认识,加强组织领导

推进工程建设领域诚信体系建设是工程建设领域突出问题专项治理工作的重要部分。各单位要高度重视,把这项工作纳入工程建设领域突出问题专项治理的重要内容,建立健全工作机制,指导、督促和检查有关工作落实。

(二)大力推进项目信用信息的填报和共享工作

填报和共享项目信用信息是开展工程建设领域诚信体系建设工作的基础。各单位要总结第一阶段填报和共享工作的经验教训,严格落实责任制,精心组织实施,确保项目信用信息填报和共享工作按时、按质、按量圆满完成。

(三)加强监督检查,确保各项任务圆满完成

工程建设领域诚信体系建设工作是一项复杂的系统工程。各单位要对工程建设领域诚信体系建设工作,有部署、有检查、认真落实。对填报和共享项目信用信息工作迟缓或者走过场、走形式的单位,市工程建设领域项目信息公开和诚信体系建设专项工作组将定期在全市进行通报批评;对仍不落实的单位,将责令其限期整改。

二〇一〇年八月六日

## 北京市治理工程建设突出问题工作领导小组办公室关于进一步做好工程建设领域项目审批信息公开工作的指导意见

京治工办发〔2010〕26号

市发展改革委、市国土局、市环保局、市规划委、市住房城乡建设委、市交通委、市园林绿化局、各区县工程建设领域专项治理领导小组办公室:

为贯彻落实《中共中央办公厅、国务院办公厅印发〈关于开展工程建设领域突出问题

专项治理工作的意见〉的通知》(中办发〔2009〕27 号)、《关于印发〈推进工程建设领域项目信息公开和诚信体系建设工作指导意见〉的通知》(中治工发〔2009〕9 号)和《中共北京市委办公厅、北京市人民政府办公厅关于印发〈北京市工程建设领域突出问题专项治理工作实施方案〉的通知》(京办发〔2009〕24 号)等文件要求,经市政府办公厅同意,现就进一步做好本市工程建设领域项目审批信息公开工作提出如下意见:

**一、充分认识做好工程建设领域项目审批信息公开工作的重要意义**

当前,本市工程建设领域突出问题专项治理工作全面开展,排查工作进入关键时期,依法、全面公开工程项目审批信息工作是工程建设领域行政权力透明运行的重要保证。做好工程建设领域项目审批信息公开是展示专项治理工作成果的重要内容,有助于建设高效廉洁政府,提高政府办事效率。各部门要高度重视,充分认识当前推进工程项目审批信息公开工作的重要意义,认真做好工程项目审批信息公开工作。

**二、积极做好工程建设领域项目审批信息公开工作**

目前,已向社会主动公开工程建设领域项目审批信息的部门和区县,要继续按照《中华人民共和国政府信息公开条例》(以下简称《条例》)规定,进一步做好工程项目审批信息主动公开工作;还没有向社会主动公开工程项目审批信息的部门和区县,要抓紧落实和公开。在此基础上,同时做好如下四方面工作:

(一)在 2011 年 1 月底前,开展工程建设领域项目审批信息公开清理及目录编制工作

开展工程建设领域项目审批信息公开清理和目录编制工作,是全面、正确、有效施行《条例》和中央、北京有关工程建设领域专项治理工作的重要保证。各部门要按照"全面清理、统一规范"的原则,编制工程建设领域项目审批信息公开目录。

信息公开清理和目录编制工作需要把握以下三点:

1. 编制原则:目录编制工作要按照《条例》规定和本市政府信息公开工作有关要求,由各单位政府信息公开工作机构组织实施;工程建设领域项目信息公开目录作为本单位政府信息公开专题目录纳入总的政府信息公开目录进行统一管理和维护。

2. 编制范围:主要清理自 2008 年 1 月 1 日以来本单位所有审批过的工程建设领域项目。

3. 编制说明:目录编制应符合《北京市政府信息公开目录编制规范(试行)》要求,逐项确定所属类别、核心元数据。

(二)在 2011 年 1 月底前,开展第一、第二阶段已填报项目有关审批信息公开属性审查

对已在"市工程建设领域专项治理信息系统"填报的第一、二阶段项目信息,各项目审批主管单位要按照职责范围开展项目审批信息公开属性审查。

市发展改革委负责发改委批复情况、项目建议书、可行性研究、核准(或备案)、初步设计概算等审批信息公开属性审查工作。

市国土局负责土地预审意见、征地许可、出让(或划拨)许可等审批信息公开属性审查工作。

市环保局负责环评审查审批信息公开属性审查工作。

市规划委负责规划及用地批复情况、规划意见书、用地规划许可证、工程规划许可证、

规划调整许可文件等审批信息公开属性审查工作。

市住房城乡建设委负责登记备案（中央、军队项目）、拆迁许可、施工许可等审批信息公开属性审查工作。

市交通委负责交评审查审批信息公开属性审查工作。

市园林绿化局负责征占用林地许可、古树移植、树木伐移许可等审批信息公开属性审查工作。

由区县相关部门负责审批的项目，由各区县工程建设领域专项治理领导小组办公室信息公开和诚信体系建设领域工作小组组织区县内审批主管部门开展项目审批信息公开属性审查工作。

（三）在2011年1月底前，建立“工程建设领域项目审批信息专题公开专栏”

各单位在编目的基础上，通过北京市“政府信息公开工作管理系统”和“政府信息公开专栏”，主动公开项目审批信息，建立网上“工程建设领域项目审批信息专题公开专栏”，方便公众查询。

（四）做好首都之窗门户网站“工程建设领域项目信息公开专栏”内容保障工作

首都之窗门户网站“工程建设领域项目信息公开专栏”是集中反映本市落实工程建设领域专项治理工作进展、成果和公开工程建设领域项目信息、工程建设领域诚信信息的统一窗口，各单位要积极做好专栏内容保障工作。

**三、工作要求**

各单位要结合部门、区县实际情况，按照《条例》和相关文件要求，积极主动做好项目信息公开工作。

（一）加强组织领导，各单位政府信息公开领导机构要加强统筹协调，认真研究制定整体工作方案，完善工作机制，明确工作责任。各单位政府信息公开工作机构牵头负责本单位工程建设领域项目审批信息公开工作，相关业务处室要积极配合，充分发挥本单位合力作用

（二）各单位要把握好工程建设领域项目审批信息公开的关键环节

一是要严格对相关信息开展保密审查工作，防止失密泄密；二是要统筹考虑工程建设领域项目审批信息在本单位网站的展示渠道，做到方便看、看得懂，便于公众监督。

（三）按照全市统一的时间要求，及时开展工作，按时反馈工作成果

各区县工程建设领域专项治理领导小组办公室信息公开和诚信体系建设工作小组参照市级安排开展相应治理工作。

二〇一〇年十二月十五日

北京市金融工作局
北京市商务委员会
北京市财政局
北京市经济和信息化委员会
中国人民银行营业管理部
北京银监局
北京保监局

京金融〔2010〕26号

# 关于印发《推动本市信用销售健康发展实施意见》的通知

各有关单位：

经市政府同意，现将《关于推动本市信用销售健康发展的实施意见》印发给你们，请遵照执行。

北京市金融工作局
北京市商务委员会
北京市财政局
北京市经济和信息化委员会
中国人民银行营业管理部
北京银监局
北京保监局
二〇一〇年一月二十九日

## 关于推动本市信用销售健康发展的实施意见

为贯彻落实商务部、财政部、中国人民银行、银监会、保监会《关于推动信用销售健康发展的意见》(商秩发〔2009〕88号)，和中国人民银行、银监会《关于进一步加强信贷结构调整促进国民经济平稳较快发展的指导意见》(银发〔2009〕92号)中积极发展消费信贷的意见，推动本市信用销售健康发展，结合本市实际，提出以下实施意见：

**一、充分认识推动信用销售健康发展的重要意义**

(一)信用销售是企业通过分期付款、延期付款等方式向单位或个人销售商品或服务的交易方式。通过信用销售，卖方企业可以提前锁定目标市场，扩大销售规模；买方企业可以以较少的资金投入和较长的支付周期，扩大采购规模，提高资金利用效率；消费者可以扩大即期消费，提高生活质量。发展信用销售，是本市落实中央扩大内需要求的重要抓手，有助于刺激消费增长，扩大消费规模；有助于加快资金周转，提高经济运行效率。

（二）信用销售的持续健康发展，需要金融机构的积极参与。通过鼓励商业银行针对信用销售创新融资方式，丰富融资工具，可以帮助企业解决信用销售中的融资困难；通过依法推进企业和个人专用信用报告在非金融领域的使用，促进信用信息的社会共享，优化社会信用环境；通过引导保险机构发展国内贸易信用保险，可以帮助企业分担信用销售风险；通过鼓励信用服务机构开发信用服务产品，可以满足企业信用管理需求。本市鼓励引导金融机构与企业合作开展信用销售业务，积极创新业务品种，向企业提供融资、保险、担保、结算等服务，完善社会信用体系，实现本市信用销售的健康发展。

**二、推进信用销售模式创新**

（一）鼓励金融机构与商业服务业企业合作开展信用销售。鼓励商业银行、担保公司等金融机构加强与商业服务业企业合作，充分发挥商业银行在提供资金，担保公司在信用增级方面的作用，积极进行业务创新，开发各种类型的信用销售业务。

（二）积极发展信用卡消费信贷。探索开发适合中小商户的结算账户管理模式，推进建立灵活科学的手续费率定价机制，支持商业银行通过公平竞争不断扩大信用卡合作商户的覆盖面。鼓励商业银行加大产品创新力度，开发针对不同客户群体的信用卡。在风险可控前提下，对资信良好的信用卡申请者和使用者合理增加信用额度。扩大持卡人规模。引导商业银行与商户加强合作，增加分期付款商品种类，并不断改善刷卡环境，扩大信用卡消费总量。

（三）积极发展商业服务业企业的信用销售。鼓励大型零售企业直接开展或与信用机构联合开展信用销售业务，试点推出赊账卡及其他信用销售产品。鼓励中小商业服务业企业与信用担保机构合作推出以便利消费和小额短期为特点的签账式信用销售产品。鼓励各类服务业企业直接或与商业银行、信用担保机构合作，开发家装、综合家政服务、旅游等专项联合信用产品。

**三、积极发展信用销售融资**

（一）积极发展信用销售信贷。鼓励商业银行创新信贷模式，积极充分利用应收账款质押登记公示系统，发展动产、仓单、应收账款等质押贷款方式，为商业服务业企业提供多种融资渠道。鼓励商业银行开办商业承兑汇票贴现业务，积极推动商业信用发挥作用，解决生产型企业货款占压问题。

（二）发展信用保险项下的贸易融资。建立信用销售、信用保险和银行信贷衔接机制，鼓励保险机构进行产品创新，积极开展信用保险保单融资等业务，发展信用保险项下的贸易融资，解决信用销售中的融资困难。

（三）发展信用担保项下的贸易融资。鼓励担保公司对企业授信，以担保为手段促进商业承兑汇票签发、背书、贴现，加强商业承兑汇票的流转。

（四）积极推进消费金融机构的健康发展。积极推进消费金融公司试点，鼓励符合条件的出资人发起设立消费金融公司，推进消费金融公司与商业服务业企业开展合作，办理个人耐用消费品贷款及一般用途个人消费贷款。积极支持汽车生产企业在京设立汽车金融公司。积极引导小额贷款公司创新业务品种，开发适合农村市场信用销售发展的信贷产品,促进农村地区的消费增长。

**四、建立完善风险防范、分担和处置机制**

(一)推进信用信息共享交换工作。完善信贷征信系统建设,逐步建立金融业统一征信平台。推进金融机构与工商、税务、海关、公安、审计、环保、法院、公积金管理、公共事业等机构间信用信息的共享交换,扩大非银行信息的采集范围,依照有关法律法规为金融机构、政府部门、企业和个人提供方便、快捷、高效的征信服务。探索建立商业服务企业信用交易数据交换共享信息平台。

(二)促进国内贸易信用保险的发展。引导保险公司通过规模经营、科学管理降低承保风险和成本,减轻企业保费负担。鼓励保险机构为企业提供国内贸易应收账款信用保险服务,承担企业开拓市场中面临的信用风险。研究建立财政扶持机制,鼓励企业购买信用保险。

(三)积极发展信用销售再担保。积极研究再担保机制推进信用销售发展的具体方式,不断拓展再担保机制的业务范围,鼓励再担保机构扩展业务。

(四)加快应收账款流转。鼓励商业银行或信用担保公司推出"结算快车"等应收账款流转产品,加快商业零售企业与供应商结算速度。积极推进商业保理业务试点,通过企业之间的资金合作,促进应收账款流转。鼓励银行为信用销售商业服务业企业和担保公司建立专项账户,开展专项托收,解决分期还款困难。

**五、促进和规范信用销售相关服务业的发展**

(一)积极发展信用服务业。支持引导信用服务机构的健康发展,拓展信用服务领域,积极开发信用征信、信用评估、信用担保、信用保理、信用咨询等信用产品和服务。支持本市信用服务机构加快信用产品和服务创新,满足政府和社会的需求。积极培育信用市场,鼓励政府部门、金融机构和企业应用信用产品和服务,支持本市信用服务机构做大做强。

(二)规范发展商账追收服务业。加强对商账追收服务业的行业管理,明确准入标准和经营范围,制定行业行为规范和从业人员执业规则,促进应收账款追收、管理的规范化和专业化。

(三)积极发展资产处置服务业。发展拍卖、估价、居间服务等资产处置服务业,探索建立抵债资产流转平台,促进抵债资产流转,加速资产变现,提高资金周转效率。

**六、加强统筹协调,稳步推进落实**

(一)市金融局协调金融机构与商业服务业企业合作开展信用销售模式创新,为信用销售发展提供融资支持服务,推进本市金融信用体系建设,推进本市融资性担保机构的规范健康发展。市商务委积极引导商业服务业企业创新信用销售模式,扩大信用销售规模,推进商业服务业企业信用交易数据交换共享。市财政局研究建立促进信用销售发展的财政扶持机制。市经济信息化委会同人民银行营业管理部、市工商局推进建立全市企业和个人信用信息共享交换机制。

(二)人民银行营业管理部加强信贷征信系统建设,扩大信息采集范围。北京银监局、北京保监局积极鼓励商业银行和保险机构拓展信用销售业务,发展信用销售融资,发展信用保险。

(三)各区(县)金融、商务、财政、经济信息化等部门,要高度重视信用销售工作,依据地区和行业特点，稳步推进，确保各项工作措施落实到位。

（四）建立推动信用销售工作的协调配合机制。市金融局牵头，会同市商务委、市财政局、市经济信息化委等有关部门与人民银行营业管理部、北京银监局、北京证监局、北京保监局等相关部门，建立联席会议制度，定期通报信用销售发展情况，分析研究工作中需要协调解决的有关问题。

**北京市金融工作局**
**中国银行业监督管理委员会北京监管局**
**北京市发展和改革委员会**
**北京市经济和信息化委员会**
**北京市财政局**
**北京市商务委员会**
**中国人民银行营业管理部**
**北京市工商行政管理局**

京金融〔2010〕94号

# 关于印发《北京市融资性担保公司管理暂行办法》和开展融资性担保公司规范工作意见的通知

各区（县）人民政府、各在京融资性担保机构：

为加强对在京融资性担保公司监督管理，规范融资性担保行为，促进融资性担保行业健康发展，经北京市人民政府批准，现将《北京市融资性担保公司管理暂行办法》和《关于开展融资性担保公司规范工作的意见》印发你们，请遵照执行。

特此通知。

北京市金融工作局
中国银行业监督管理委员会北京监管局
北京市发展和改革委员会
北京市经济和信息化委员会
北京市财政局
北京市商务委员会
中国人民银行营业管理部
北京市工商行政管理局
二〇一〇年十二月三十一日

# 北京市融资性担保公司管理暂行办法

## 第一章　总则

第一条　为加强对在京融资性担保公司的监督管理,规范融资性担保行为,促进融资性担保行业健康发展,根据《中华人民共和国公司法》、《中华人民共和国担保法》、《中华人民共和国合同法》、《融资性担保公司管理暂行办法》等规定,制定本办法。

第二条　本办法所称融资性担保是指担保人与银行业金融机构等债权人约定,当被担保人不履行对债权人负有的融资性债务时,由担保人依法承担合同约定担保责任的行为。

本办法所称融资性担保公司是指依法设立,经营融资性担保业务的有限责任公司、股份有限公司。

本办法所称再担保公司是指依法设立,为融资性担保公司所承担担保责任提供担保的有限责任公司、股份有限公司。

本办法所称市监管部门是指北京市金融工作局,本办法所称区(县)监管部门是指各区(县)人民政府指定的管理部门。

第三条　融资性担保公司应当以安全性、流动性、收益性为经营原则,建立市场化运作的可持续审慎经营模式。

融资性担保公司与企业、银行业金融机构等客户的业务往来,应当遵循诚实守信的原则,遵守合同的约定。

第四条　融资性担保公司与再担保公司共同构成北京市融资性担保体系的主体。融资性担保公司、再担保公司依法开展业务,不受任何机关、单位和个人的干涉。

第五条　融资性担保公司开展业务,应当遵守法律、法规和本办法的规定,不得损害国家利益和社会公共利益。

融资性担保公司应当为客户保密,不得利用客户提供的信息从事任何与担保业务无关或有损客户利益的活动。

第六条　融资性担保公司开展业务应当遵守公平竞争的原则,不得从事不正当竞争。

第七条　建立北京市融资性担保业务监管部门联席会议制度。北京市融资性担保业务监管部门联席会议在融资性担保业务监管部际联席会议和北京市人民政府领导下,负责研究制订促进本市融资性担保业务发展的政策措施,拟订融资性担保业务监督管理制度,协调相关部门共同解决融资性担保业务监管中的重大问题,指导市监管部门对融资性担保业务进行监管和风险处置,办理融资性担保业务监管部际联席会议和北京市人民政府交办的其他事项。

北京市融资性担保业务监管部门联席会议由中国银行业监督管理委员会北京监管局、北京市发展和改革委员会、北京市经济和信息化委员会、北京市财政局、北京市商务委员会、中国人民银行营业管理部、北京市工商行政管理局、北京市人民政府法制办公室、北京市金融工作局组成,北京市金融工作局为牵头单位。

北京市融资性担保业务监管部门联席会议召集人由北京市金融工作局局长担任,成员为各成员单位负责同志。联席会议办公室设在北京市金融工作局,承担联席会议日常工作。联席会议设联络员,由联席会议成员单位有关处室的负责同志担任。各成员单位按照职责分工开展工作,主动研究融资性担保业务监管工作的有关问题,积极参加联席会议,认真落实联席会议布置的工作任务。

北京市融资性担保业务监管部门联席会议向融资性担保业务监管部际联席会议和北京市人民政府报告工作,重大事项须报请北京市人民政府批准。

**第二章　设立、变更和终止**

第八条　在北京市辖区内设立融资性担保公司及其分支机构,应当经市监管部门审查批准。

区(县)监管部门负责融资性担保公司及其分支机构设立申请的受理,并在受理后将全部申请材料报送市监管部门审查批准。

经批准设立的融资性担保公司及其分支机构,由市监管部门颁发经营许可证,并凭经营许可证向工商行政管理部门申请注册登记。融资性担保公司在完成工商登记后30日内,应按照《金融企业财务规则》向同级财政部门备案。

任何单位和个人未经市监管部门批准,不得经营融资性担保业务,不得在名称中使用"融资性担保"字样,法律、行政法规另有规定的除外。

第九条　设立融资性担保公司,应当具备下列条件:

(一)有符合《中华人民共和国公司法》规定的章程。

(二)有具备持续出资能力的股东。

(三)有符合本办法规定的注册资本。

(四)有符合任职资格的董事、监事、高级管理人员和合格的从业人员。

(五)有健全的组织机构、内部控制及风险管理制度。

(六)有符合要求的营业场所。

(七)市监管部门规定的其他条件。

董事、监事、高级管理人员和从业人员的资格管理办法遵照融资性担保业务监管部际联席会议制定的相关办法执行。

第十条　在京设立融资性担保公司,注册资本最低限额为人民币5000万元。

在京设立再担保公司,注册资本最低限额为人民币8亿元。

注册资本为实缴货币资本。

已在其他省市注册的融资性担保公司在北京市辖区内设立分支机构的,应当向拟设立的分支机构拨付不低于5000万元人民币的营运资金,并满足本市的相关监管要求。

在京融资性担保公司拨付给北京市辖区以外的各分支机构营运资金的总和,不得超过公司资本金总额的60%;剩余资本金应满足本市相关要求。

第十一条　设立融资性担保公司,应向所在区(县)监管部门提交下列文件:

(一)申请书。应当载明拟设立的融资性担保公司的名称、住所、注册地、注册资本和业务范围等事项。

(二)可行性研究报告。

(三)章程草案。

(四)股东名册及其出资额、股权结构。

(五)股东出资的验资证明以及持有注册资本 5% 以上股东的资信证明和有关资料。

(六)拟任董事、监事、高级管理人员的资格证明。

(七)经营发展战略和规划。

(八)营业场所证明材料。

(九)符合监管部门规范的中介机构出具的法律意见书。

(十)申请人出具的遵守本办法的承诺书。

(十一)市监管部门要求提交的其他材料。

区(县)监管部门负责申请的受理工作。受理后将全套申请材料报送至市监管部门。

市监管部门应在收到区(县)监管部门报送的全套材料后 20 日内,完成对拟设立融资性担保公司的审查,做出批准或不予批准的决定。市监管部门批准后,颁发经营许可证。

市监管部门依法需要聘请中介机构和专家进行评审的,所需时间不在本期限约束内,监管部门应将具体所需时间告知申请人。

第十二条　融资性担保公司有下列变更事项之一的,应当经市监管部门批准。

(一)变更名称。

(二)变更组织形式。

(三)变更注册资本。

(四)变更公司住所。

(五)调整业务范围。

(六)变更董事、监事、高级管理人员。

(七)变更持有 5% 以上股权的股东。

(八)分立或者合并。

(九)修改章程。

(十)市监管部门规定的其他变更事项。

融资性担保公司变更申请由区(县)监管部门负责受理,并将全套材料报市监管部门审查;再担保公司变更申请由市监管部门负责受理。

市监管部门应在收到全套变更申请材料后 20 日内,完成对拟变更融资性担保公司、再担保公司的审查,做出批准或不予批准的决定。

融资性担保公司变更事项涉及公司登记事项的,凭市监管部门批准文件向工商行政管理部门申请变更登记。

第十三条　在京依法设立的融资性担保公司拟在其他省(区、市)设立分支机构的,应满足以下条件:

(一)公司经营正常,符合各项监管指标要求。

(二)公司近两年内未发生担保诈骗、重大担保代偿损失或投资损失。

(三)公司董事、监事、高级管理人员近两年内未涉及严重违法、违规等重大事件。

(四)公司已设立两名以上的独立董事,以及首席风险官和首席合规官。

(五)市监管部门规定的其他条件。

在京依法设立的融资性担保公司拟在其他省(区、市)设立分支机构的,应向所在区(县)监管部门提交申请材料。区(县)监管部门受理后将全套申请材料报送市监管部门。

市监管部门应在收到全套申请材料后20日内,做出批准或不予批准的决定。

在其他省(区、市)依法设立的融资性担保公司拟在京设立分支机构的,除提交第十一条中所规定的材料外,须同时提交当地监管部门的批准文件。

第十四条 融资性担保公司因分立、合并或出现公司章程规定的解散事由需要解散的,应当向所在区(县)监管部门报送申请材料并经市监管部门审查批准,凭批准文件及时向工商行政管理部门申请注销登记。

第十五条 融资性担保公司有重大违法经营行为,严重危害市场秩序、损害公众利益的,经北京市融资性担保业务监管部门联席会议同意,由市监管部门撤销其经营许可证。法律、行政法规另有规定的除外。

第十六条 融资性担保公司解散或被撤销经营许可证的,应当依法成立清算组或融资性担保在保业务处置组,按照债务清偿计划及时偿还有关债务。区(县)和市监管部门在北京市融资性担保业务监管部门联席会议指导下督促其清算或处置过程。

融资性担保责任解除前,公司股东不得分配公司财产或从公司取得任何利益。

第十七条 融资性担保公司不能清偿到期债务,且资产不足以清偿全部债务的,经北京市融资性担保业务监管部门联席会议同意,应当依法实施破产。

融资性担保责任解除前,公司股东不得分配公司财产或从公司取得任何利益。

**第三章 业务范围**

第十八条 融资性担保公司经市监管部门批准,可以经营下列部分或全部融资性担保业务:

(一)贷款担保

(二)票据承兑担保。

(三)贸易融资担保。

(四)项目融资担保。

(五)信用证担保。

(六)其他融资性担保业务。

第十九条 融资性担保公司不得从事下列活动:

(一)吸收存款。

(二)发放贷款。

(三)受托发放贷款。

(四)受托投资。

(五)监管部门规定不得从事的其他活动。

融资性担保公司从事非法集资活动的,由市、区(县)监管部门依法予以查处。

第二十条 融资性担保公司经市监管部门批准,可以兼营下列部分或全部业务:

(一)诉讼保全担保。

(二)投标担保、预付款担保、工程履约担保、尾付款如约偿付担保等履约担保业务。

(三)与担保业务有关的融资咨询、财务顾问等中介服务。

(四)以自有资金进行投资。

(五)监管部门批准的其他业务。

第二十一条　融资性担保公司经监管部门批准,可以开展再担保业务。开展再担保业务应符合以下条件:

(一)公司经营正常,符合各项监管指标要求。

(二)公司近两年无违法、违规不良记录,未发生担保诈骗、重大担保代偿损失或投资损失。

(三)公司董事、监事、高级管理人员近两年内未涉及严重违法、违规等重大事件。

(四)注册资本不低于人民币 8 亿元。

(五)监管部门规定的其他审慎性条件。

**第四章　经营规则和风险控制**

第二十二条　融资性担保公司应当依法建立健全公司治理结构,完善议事规则、决策程序和内审制度,保持公司治理的有效性。

有条件的融资性担保公司应当设立独立董事、首席风险官、首席合规官等。首席合规官、首席风险官应当由取得符合市监管部门要求的相应资质,并具有融资性担保或金融从业技能与经验的人员担任。

第二十三条　融资性担保公司应当建立符合审慎经营原则的担保评估制度、决策程序、事后追偿和处置制度、风险预警机制和突发事件应急机制,并制定严格规范的业务操作规程,加强对担保项目的风险评估和管理。

第二十四条　融资性担保公司应当配备或聘请在经济、金融、法律、技术等方面具有相关资格的专业人才。

第二十五条　融资性担保公司应当按照金融企业财务规则、企业会计准则等要求,建立健全财务会计制度,真实记录和反映企业的财务状况、经营成果和现金流量。

第二十六条　融资性担保公司收取的担保费,可根据担保项目的风险程度,由融资性担保公司与被担保人自主协商确定,但不得违反国家有关规定。

第二十七条　融资性担保公司对单个被担保人提供的融资性担保责任余额不得超过其净资产的 10%,对单个被担保人及其关联方提供的融资性担保责任余额不得超过其净资产的 15%,对单个被担保人债券发行提供的担保责任余额不得超过其净资产的 30%。

第二十八条　融资性担保公司的融资性担保责任余额不得超过其净资产的 10 倍。

对于引入再担保的融资性担保业务,担保责任余额按再担保承保比例核减后的担保责任余额计算。

第二十九条　融资性担保公司可以自有资金进行投资,仅限于国债、金融债券及大型企业债务融资工具等信用等级较高的固定收益类金融产品,以及不存在利益冲突且总额不高于其净资产 20% 的其他投资。

第三十条　融资性担保公司不得为其母公司或子公司提供融资性担保。

第三十一条　融资性担保公司应当按照当年担保费收入的50%提取未到期责任准备金，并按不低于当年年末担保责任余额1%的比例提取担保赔偿准备金。

对于引入再担保的融资性担保业务，担保赔偿准备金的提取应按比例核减再担保承保的担保责任余额后计算。

担保赔偿准备金累计达到当年担保责任余额10%的，实行差额提取。

市监管部门可以根据融资性担保公司责任风险状况和审慎监管的需要，经北京市融资性担保业务监管部门联席会议同意后，要求融资性担保公司调整担保赔偿准备金比例。

融资性担保公司应当对担保责任实行风险分类管理，准确计量担保责任风险。

第三十二条　融资性担保公司与债权人应当按照协商一致的原则建立业务关系，并在合同中明确约定承担担保责任的方式。

第三十三条　融资性担保公司办理融资性担保业务，应当与被担保人约定在担保期间可持续获得相关信息并有权对相关情况进行核实。

第三十四条　融资性担保公司与债权人应当建立担保期间被担保人相关信息的交换机制，加强对被担保人的信用辅导和监督，共同维护双方的合法权益。

第三十五条　融资性担保公司应当按照规定，将公司治理情况、财务会计报告、风险管理状况、资本金构成及运用情况、担保业务总体情况等信息告知相关债权人。

**第五章　监督管理**

第三十六条　市监管部门应当建立健全融资性担保公司信息资料收集、整理、统计分析制度和监管记分制度。区(县)监管部门对辖区内融资性担保公司经营及风险状况进行持续监测，于每年5月底前完成所监管融资性担保公司上一年度机构概览报告，并报送市监管部门。市监管部门于每年6月底前完成全市融资性担保公司上一年度机构概览报告，并报送融资性担保业务监管部际联席会议。

第三十七条　融资性担保公司应当主动接受市、区(县)监管部门的监督管理，按照规定向市、区(县)监管部门报送经营报告、财务会计报告、合法合规报告等文件和信息。

融资性担保公司向监管部门提交的各类文件和信息，应当真实、准确、完整，并依法承担责任。

第三十八条　融资性担保公司应当按季度向市、区(县)监管部门报告资本金运用情况。

市监管部门根据审慎监管的需要，经北京市融资性担保业务监管部门联席会议同意，可以要求融资性担保公司提高资本质量和资本充足率。

第三十九条　融资性担保公司应按照监管部门要求提供专项资料。

监管部门可根据监管需要与融资性担保公司董事、监事和高级管理人员进行监管谈话，要求就有关情况进行说明或进行必要的整改。

区(县)监管部门在监管谈话后，应向市监管部门报送谈话记录。市监管部门认为必要时可向债权人通报有关融资性担保公司的违规或风险情况。

第四十条　监管部门根据监管需要，可以对融资性担保公司进行现场检查。融资性担保公司应当予以配合，并按照监管部门的要求提供有关文件、信息。

现场检查时,检查人员不得少于 2 人,并向融资性担保公司出示现场检查通知书和检查证件。

第四十一条　融资性担保公司发生担保诈骗、担保代偿或投资损失金额可能达到其净资产 5% 以上的,以及董事、监事、高级管理人员涉及严重违法、违规等重大事件时,应当立即采取应急措施并向市、区(县)监管部门报告。

第四十二条　融资性担保公司应当及时向监管部门报告股东大会或股东会、董事会等会议的重要决议。

第四十三条　融资性担保公司应当聘请符合市监管部门规定的社会中介机构进行年度审计,并将审计报告及时报送区(县)监管部门。

第四十四条　市监管部门应当会同有关部门建立融资性担保行业突发事件的发现、报告和处置制度,制定融资性担保行业突发事件处置预案,明确处置机构及其职责、处置措施和处置程序,及时、有效地处置融资性担保行业突发事件。

第四十五条　市监管部门应当于每年年末全面分析评估本辖区融资性担保行业年度发展和监管情况,经北京市融资性担保业务监管部门联席会议同意后,于每年 2 月底前向融资性担保业务监管部际联席会议和北京市人民政府报告本辖区上一年度融资性担保行业发展情况和监管情况。

市监管部门应当及时向融资性担保业务监管部际联席会议和北京市人民政府报告本辖区融资性担保行业的重大风险事件和处置情况。

第四十六条　融资性担保行业应建立行业自律组织,履行自律、维权、服务等职责。

本市融资性担保行业自律组织在市监管部门的指导下开展工作。

第四十七条　征信管理部门将融资性担保公司的有关信息纳入征信管理体系,并为融资性担保公司查询相关信息提供服务。

**第六章　法律责任**

第四十八条　市、区(县)监管部门从事监督管理工作的人员有下列情形之一的,依法予以处理;构成犯罪的,依法移送司法机关:

(一)违反规定审批融资性担保公司的设立、变更、终止以及业务范围的。

(二)违反规定对融资性担保公司进行现场检查的。

(三)未依照规定报告重大风险事件和处置情况的。

(四)其他违反法律法规及本办法规定的行为。

第四十九条　融资性担保公司违反法律、法规及本办法规定,有关法律、法规有处罚规定的,依照规定给予处罚;构成犯罪的,依法移送司法机关。

第五十条　未经市监管部门审查批准,擅自经营融资性担保业务的,由有关部门依法予以取缔并处罚;擅自在名称中使用“融资性担保”字样的,由市监管部门责令改正,拒不改正的,依法予以取缔并处罚。

**第七章　附则**

第五十一条　外商投资的融资性担保公司适用本办法,法律、行政法规另有规定的,依照其规定。

公司制以外的融资性担保机构从事融资性担保业务，参照本办法有关规定执行。

再担保公司的内部控制、风险管理、公司治理、董事、监事、高管人员的资格管理等参照本办法执行。

第五十二条　本办法施行前已经设立的融资性担保公司未达到本办法规定要求的，应于2011年3月31日前达到本办法规定要求。

第五十三条　本办法自公布之日起施行。

## 关于开展北京市融资性担保公司规范工作的意见

为贯彻落实中国银行业监督管理委员会等七部门发布的《融资性担保公司管理暂行办法》(2010年第3号令)和《北京市融资性担保公司管理暂行办法》(以下简称《暂行办法》)，规范本市现有融资性担保公司担保行为，促进本市融资性担保行业健康发展，现提出如下意见：

**一、指导思想**

(一)分步推进，平稳过渡。在规范过程中，与在京金融管理部门、市相关部门密切配合，充分发挥担保业协会、在京银行业机构、中介机构的作用，规范和服务并重，争取担保公司的理解和配合，保持本市融资性担保行业的稳定，防范系统性风险。

(二)强化服务，促进发展。为融资性担保行业更好地发展，在坚持监管要求的同时，积极协调有关部门解决各担保公司在规范过程中面临的困难，支持和帮助融资性担保公司尽早达到监管要求。加强对问题突出、风险较大的融资性担保机构的监管和督促，支持信誉好、资本实力强、经营管理规范、风险管控水平高的融资性担保机构做强做优，逐步提高行业竞争力和服务中小企业的能力，促进行业的健康持续发展。

(三)公开透明，公平公正。公开审批流程、监管指标和审批结果，确保规范和监管工作的透明度。对各种所有制的融资性担保公司一视同仁，确保规范和监管工作的公平公正。

(四)分工负责，协同合作。充分发挥北京市融资性担保业务监管部门联席会议(以下简称联席会议)的作用，重大事项、重点问题等提交联席会议审议；整合各区(县)监管部门的力量，市、区两级分工负责、密切配合；发挥北京信用担保业协会的桥梁纽带作用，借助中介机构的专业能力，确保规范工作的高水平和高效率。

**二、实施步骤**

第一阶段：政策发布和宣传培训阶段。

经市政府批准同意并报融资性担保业务监管部际联席会议备案后，印发实施《暂行办法》。

针对区(县)监管部门和融资性担保公司，开展实施《暂行办法》的宣传和相关培训工作。

第二阶段：受理和规范阶段。

根据《暂行办法》规定,区(县)监管部门正式受理融资性担保公司申领经营许可证的申请。

市监管部门组织专业机构进行评估和审查:对运作规范、符合监管要求的融资性担保公司颁发经营许可证;对暂不符合监管要求的融资性担保公司提出整改要求,待融资性担保公司制定整改计划并承诺按计划整改后,颁发有效期较短的经营许可证。

第三阶段:督促整改阶段。

区(县)监管部门根据整改要求及融资性担保公司的整改计划,督促其整改工作。

第四阶段:整改验收阶段。

对于经整改达到监管要求的,换发经营许可证;对于经整改仍未达到监管要求的,暂停新业务的开展,继续进行整改。待达到整改要求后,发放经营许可证。经整改后,确实无法达到监管要求的,实施融资性担保业务的退出,引导和督促担保公司妥善处理未到期担保责任。

**三、规范工作流程**

(一)融资性担保机构提交申请

拟开展融资性担保业务的担保公司应向所在区(县)的监管部门提交以下申请材料:

1. 经营许可证申请(原件,加盖公章)。

2. 经登记管理部门年检或年审合格的营业执照(或事业法人登记证书)(原件、复印件)。

3. 其他部门的相关批准文件(复印件)。

4. 近两年财务审计报告(原件,须经中介机构出具意见书)。

5. 公司章程。

6. 人民银行企业信用信息基础数据库中的信用记录报告。

7. 机构经营情况统计表(加盖公章)。

8. 自查报告。

9. 相关人员任职资格的申请。

10. 北京市融资性担保机构拟任董事、监事、高级管理人员情况表。

11. 确认所提供材料均属实的律师函(由律师事务所出具)。

申报材料及表格一律采用 A4 纸张,统一左侧装订,一式两份,并加盖公章。

(二)区(县)监管部门受理

区(县)监管部门应在收到符合要求的全套申请材料后向申请人出具受理通知书。

(三)中介机构和专家组审核

在收到区(县)监管部门报送的审批材料后,市监管部门聘请会计师事务所、律师事务所等专业中介机构和专家组对担保公司提供的材料进行评估,开展尽职调查,形成评估意见书。

(四)市监管部门审批

市监管部门根据中介机构的审核意见书进行审批。

对于审查合格的担保公司,由市监管部门发放经营许可证;对于尚未达到监管要求的担保公司，出具整改意见书，抄送其所在区（县）监管部门，并要求其出具在规定时间内达到监管要求的承诺书。担保公司拟定整改计划并签署整改承诺书后，发放有效期为1年的经营许可证。

（五）区（县）监管部门督促整改和日常监管

区（县）监管部门在日常监管中，定期专项检查尚未达到监管要求的担保公司整改情况。

整改后达到监管要求的，换发有效期为5年的经营许可证；经整改后仍未达到监管要求的，暂停其融资性担保新业务的开展，并向金融机构提示风险。

（六）对确实难以达到监管要求的担保公司实行融资性担保业务退出

经整改后确实无法达到监管要求的融资性担保机构，坚决实施融资性担保业务退出，撤销其经营许可证。

# 北京市科学技术委员会关于印发《北京市科技计划管理相关责任主体信用管理办法（试行）》的通知

京科发〔2010〕458号

各有关单位：

为提高政府科技资源分配的公正性、有效性和北京市科技计划管理相关责任主体的信用意识与信用水平，加强北京市科技诚信建设，经市科委领导同意，我们制定了《北京市科技计划管理相关责任主体信用管理办法（试行）》，现予印发，本办法将于2010年10月1日起正式执行。

特此通知。

二〇一〇年九月十二日

## 北京市科技计划管理相关责任主体信用管理办法（试行）》

**第一章　总则**

第一条　为提高政府科技资源分配的公正性、有效性和北京市科技计划管理相关责任主体的信用意识与信用水平，加强北京市科技诚信建设，依据国家科技部《关于在国家科技计划管理中建立信用管理制度的决定》和北京市科学技术委员会（以下简称“市科委”）发布的《北京市科技计划项目（课题）管理办法》，制定本办法。

第二条　本办法适用于参与由市科委列入北京市科技计划，并由北京市财政科技经费拨款支持的项目、课题及专项（以下简称“科技计划任务”）的相关责任主体，包括项目主持单位、课题承担单位、专项受托管理及承担单位、项目负责人、课题负责人、咨询专家等。

第三条　科技信用是对个人或机构在参与科技计划相关任务时履行约定义务、遵守科技界公认行为准则的一种评价。

信用管理是指市科委在项目(课题)和专项管理过程中,对相关责任主体从立项、实施到验收(结题)全过程的科技信用状况进行客观记录和评价,并据此进行相关管理和决策的工作。

第四条　信用管理工作应遵循保护科技创新积极性和相关责任主体合法权益的原则,以事实为基本依据,做到客观记录和公正评价,并与项目(课题)及专项管理、科技经费管理等有机结合,协调一致。

**第二章　信用记录内容与评价标准**

第五条　市科委对相关责任主体的信用记录内容包括基本信息、良好信用和不良信用。

第六条　基本信息指相关责任主体的身份和与科技计划任务相关的信息,如所参与科技计划任务的类型、名称、主要职责和工作内容、参与方式等。

第七条　良好信用的记录内容包括:

(一)守信行为,指相关责任主体从科技计划任务立项、实施到验收(结题)的全过程遵守有关规定,奉行科技界公认的科研行为准则和科技管理工作准则,如期圆满完成其正式承诺内容的行为。

(二)突出贡献,指相关责任主体在其参与科技计划任务的正式承诺内容之外积极开拓创新,并形成对科技界和科技计划管理有益的经验、典范,如创新科技计划组织管理机制、科技研发机制,对本市经济社会发展做出突出贡献等客观事实。

第八条　不良信用记录的内容包括:

(一)失信行为,指相关责任主体主观故意的违反职业道德、违法违纪违规的行为,可分为科研失信行为和管理失信行为。

1. 科研失信行为指违反科技界公认的科研行为准则的行为,如在有关人员职称、简历以及研究基础等方面提供虚假信息,抄袭、剽窃他人科研成果,捏造或篡改科研数据、伪造或不按规定移交相关档案等。

2. 管理失信行为指违反科技管理工作准则的行为,如瞒报或谎报重大事件、恶意串通、行贿、索贿受贿,截留、挤占、挪用、转移科技经费,未经批准擅自调整科技计划任务且造成严重后果,以及违反国家相关法律法规和财经纪律等。

(二)组织实施过失,指由于科技计划任务的承担单位及其相关人员的预测失误、风险估计不足、管理不力、监管不严、措施不当、不尽责等,而造成科技计划任务没有顺利实施,情节严重者导致科技计划任务被撤销、验收未通过的行为。

第九条　市科委依据不同责任主体参与科技计划任务活动的特点,针对各责任主体确定其良好信用和不良信用的记录与评价标准(以下简称"信用评价标准",附件 1)。

**第三章　信用管理的实施**

第十条　市科委依据相关责任主体的正式承诺、北京市科技计划相关管理办法及科技界公认的行为准则，在科技计划管理的立项、实施、验收（结题）、绩效考评等各个阶段，利用立项过程中的方案论证和财政评审、实施过程中的调度评议和监督检查、验收（结题）过程中的专家验收评议与验收确认，以及随时受理举报信息等管理手段，及时发现、调查、确认和客观记录项目主持单位、课题承担单位、项目负责人、课题负责人的科技信用状况，填写《北京市科技计划管理相关责任主体信用记录表》（以下简称《信用记录表》，附件2）。

第十一条　市科委在科技计划任务完成验收（结题）后，对项目主持单位、课题承担单位、项目负责人、课题负责人的《信用记录表》内容进行汇总，并依据信用评价标准，按照信用优秀、信用良好、信用一般、信用不良和信用差五个级别对其参与本次科技计划任务的科技信用进行累计评价，分别用AA、A、B、C、D表示。

第十二条　市科委依据咨询专家在科技计划任务立项、年度评议和验收阶段提供咨询的表现，以及咨询专家独立形成的论证、验收评议个人意见，如实记录咨询专家的科技信用状况，并依据信用评价标准，按照信用良好、信用一般、信用不良三个级别对其本次咨询的科技信用进行评价，分别用A、B、C表示。

第十三条　科技计划管理的参与者均有权监督和报告相关责任主体的信用状况。相关责任主体应协助市科委进行信用调查、记录及维护管理工作。

第十四条　市科委建立“北京市科技计划相关责任主体信用数据库”，对相关责任主体的信用记录和信用评级进行信息化管理，并根据需要进行相关责任主体信用信息查询。

第十五条　相关责任主体信用管理方式如下：

（一）信用评级为AA，市科委在凝练重大科技项目时优先采纳其意见建议。

（二）信用评级为A，责任主体为机构的，市科委在同等条件下优先选择其承担科技计划任务。

（三）信用评级为B，给予其承担及参与市科委科技计划任务的资格。

（四）信用评级为C，责任主体为机构的，市科委取消其相关资格三年，并在其恢复资格后，对其再次参与科技计划任务进行科技信用重点监督；责任主体为个人的，自信用评级生效起三年内不得参与科技计划任务相关工作，市科委对其三年后再次参与科技计划任务相关工作进行科技信用重点监督。

（五）信用评级为D，责任主体为机构的，市科委取消其相关资格五年，并在其恢复资格后，连续三年对其参与科技计划任务进行科技信用重点监督；责任主体为个人的，自信用评级生效起终身不得参与科技计划任务相关工作。

第十六条　相关责任主体信用一旦记录即长期有效，市科委对相关责任主体的信用评级按年度进行更新管理。

第十七条　相关责任主体在信用调查和确认阶段对其信用记录具有申辩权，对已确认的信用记录内容有异议的，可根据国家有关规定按相关程序进行申诉。

**第四章　附则**

第十八条　本办法将于2010年10月1日起执行。

# 附录二　文选

## 实现高层次纳税服务　提升北京城市软实力(节选)[①]

北京市人民政府常务副市长　吉　林

**诚信的纳税服务增强北京纳税人诚信纳税意识**

诚信是城市发展的重要基础。在市场经济高速发展的今天,诚信已经成为区域经济发展的灵魂和生命线,成为城市形象含金量最高的一张名片。北京要想从根本上赢得世界的尊重,必须在诚信建设上狠下功夫,丝毫不能松懈。

诚信纳税是现代税收本质的必然要求,同时也是一个社会诚信程度高低的重要标志。倡导和实现诚信纳税有非常重要的现实意义。北京是中国国际经济交往的中心,纳税人是否诚信纳税直接影响城市在国际上的诚信声誉,税务机关因此肩负着提升北京信誉度的重要使命,任重道远。

税收征纳双方建立风险共识是增强纳税人诚信意识的重要途径。在市场经济价值观念的作用下,纳税人总是力求追逐自身利益的最大化。一方面,从直接利益角度,纳税人对是否诚信纳税存在成本与收益的心理预期;另一方面,从法律风险角度,纳税人又对诚信纳税有一定的遵从意识。这就要求我们税务机关理性现实地审视和理解纳税人的纳税心理,通过征纳双方在风险控制这个层面的相互理解,构建诚信服务与诚信纳税之间的信任纽带。这是引领纳税人逐步走向诚信纳税健康轨道,开创征纳双方合作双赢局面的重要一环。

诚信的纳税服务也包含道德和法律两个基本层面。道德层面的诚信纳税服务要求税务机关必须诚心诚意为纳税人服务。这就要求税务机关下大力气改进工作作风,在依法治税的前提下,把纳税人的满意作为服务的出发点和落脚点。法律层面的诚信纳税服务要求税务机关必须维护法律的严肃和公正。税务机关在优化纳税服务的进程中,应始终把维护法律的严肃和公正作为服务的前提,充分听取纳税人的意见和诉求,公正合理使用自由裁量权,做到程序合法,证据确凿,适用法律准确,依法保障纳税人的合法权益。同时,要保持廉洁,杜绝吃、拿、卡、要、报等以权谋私的违法违纪行为。

① 本文全文发表于 2010 年 4 月 19 日《人民日报》,此处为该文节选。

# 大力推进北京市社会信用体系建设①

北京市人民政府副市长　苟仲文

同志们：

刚才，我们听取了市经济信息化委关于2009年我市社会信用体系建设工作进展情况和2010年我市推进社会信用体系建设重点任务及分工的汇报，听取了人民银行营业管理部关于首都社会信用体系国家示范区建设方案的汇报，各单位就今年重点任务和建设方案进行了研究讨论。关于推进我市社会信用体系建设工作，我讲几点意见。

**一、充分认识加快推进社会信用体系建设的重要性**

市场经济是信用经济。党中央、国务院高度重视社会信用体系建设工作。党的十七大报告指出“以增强诚信意识为重点，加强社会公德、职业道德、家庭美德、个人品德建设，发挥道德模范榜样作用”，明确了我国社会信用体系建设的方向和目标。2007年，国务院办公厅印发了《关于社会信用体系建设若干意见》，明确了今后一段时期我国社会信用体系建设的指导思想、工作目标和任务。

市委、市政府高度重视我市社会信用体系建设工作。2001年市政府召开专题会，研究我市社会信用体系建设工作。2005年，市政府办公厅印发了《北京市社会信用体系建设方案》，提出了建设“信用北京”的战略构想。2007年，市委办公厅和市政府办公厅联合印发了《2008—2010年北京市社会信用体系建设重点任务》，明确了今后三年我市社会信用体系建设重点任务。2008年建立了我市社会信用体系建设联席会议制度，统筹推进我市社会信用体系建设。

几年来，在各方面的积极参与和共同努力下，我市社会信用体系建设取得了一定的成绩，为开展首都社会信用体系国家示范区建设奠定了基础。但总体上看，我市社会信用建设还处于起步阶段，全市的信用意识还亟待增强，信用法规制度体系还不够健全，信用数据还缺乏有效整合和利用等。这些问题的存在，不仅影响了首都的形象，而且还成为制约首都经济社会发展的一大“瓶颈”。因此，我们要从全面贯彻落实科学发展观的高度，从建设“人文北京、科技北京、绿色北京”战略构想的高度，充分认识加快推进我市社会信用体系建设的重要性和紧迫性，以开展首都社会信用体系国家示范区建设为突破口，加快推进我市社会信用体系建设。

**二、突出重点、强化措施，大力推进我市社会信用体系建设**

2010年我市社会信用体系建设重点任务内容较为全面，分工明确，如果各单位没有原则性意见，会后由市经济信息化委印发实施。下面，我就开展首都社会信用体系国家示范区建设和今年的工作任务我强调几点：

---

① 此文系2010年3月4日在2010年北京市社会信用体系建设联席会议上的讲话。标题为编者加。

(一)大力开展首都社会信用体系国家示范区建设。抓住人民银行建设金融业统一征信平台的机遇,积极申请开展首都社会信用体系国家示范区建设试点。建立推进小组,以政府为主导,大力开展示范区建设。争取人民银行等国家有关部门在优惠政策、技术等方面的支持。力争用3~4年的时间,使首都社会信用体系国家示范区建设有新的突破。

(二)大力推进企业和个人信用信息共享。由市经济信息化委和市工商局牵头,大力推进我市企业和个人信用信息的共享,力争今年在信用信息共享和服务上有新的突破,逐步实现政府部门间及其与人民银行信用信息共享。由人民银行营业管理部牵头,申请为我市政府部门开放使用金融业统一征信平台专用信用报告。

(三)大力推进重点行业和领域信用体系建设。要加快推进与经济建设、社会民生相关的重点行业和领域信用体系建设,以推进工程建设领域和食品安全领域诚信体系建设为重点,大力推进信贷、纳税、工程建设、食品安全、招投标等行业和领域的信用体系建设,提高政府公共服务和市场监管水平。

(四)进一步促进信用服务业发展。支持组建北京信用协会,充分发挥协会的作用,研究制订信用行业发展规划、行业标准和相关制度,促进信用服务业发展。加大政府的推动和引导力度,逐步扩大信用产品在政府管理和公共服务领域的应用,倡导政府部门带头使用信用产品。

(五)推进信用政策法规和标准工作。社会信用体系建设健康顺利的推进,需要相应的法规制度作保障。要研究修订我市行政机关归集和公布企业信用信息管理办法,制订“十二五”时期社会信用体系建设规划,研究促进信用行业发展相关政策,研究建立失信惩戒机制。研究制订我市政府部门间及其与人民银行信用信息共享交换相关标准规范。

**三、加强领导,明确责任,认真落实我市社会信用体系建设的各项任务**

社会信用体系建设涉及范围广、工作难度大。要结合申请开展首都社会信用体系国家示范区建设,强化领导机制,调整联席会议成员单位,统筹推进我市社会信用体系建设。各相关部门要加强领导、精心组织、周密部署、密切配合、稳步推进,扎扎实实做好各项工作。

同志们,我市社会信用体系建设还处于起步阶段,要做的工作很多,可以讲任重而道远,还需要付出艰苦的努力。各级各部门要深入贯彻落实科学发展观,解放思想、增强信心、知难而上、扎实工作,大力开展首都社会信用体系国家示范区建设,为加快建设“人文北京、科技北京、绿色北京”,为实现繁荣、文明、和谐、宜居的首善之区目标做出新的更大的贡献。

# 附录三　北京市主要信用信息查询系统

**【首都之窗】**　首都之窗是北京市政务门户网站，由北京市人民政府主办，已覆盖市政府所有部门与本市18个区县，是本市政府信息公开的主要渠道。网址：www. beijing. gov. cn。

**【北京市企业信用网】**　归集49个市政府委办局、群众团体和中央驻京单位，以及各区县提供的企业身份信息、良好信息、提示信息和警示信息，供社会查询。网址：http://qyxy. baic. gov. cn。

**【北京市招标投标违法行为记录系统】**　记载有关行政监督部门对招标投标活动当事人违反招标投标法律、法规、规章的行为做出的行政处罚决定；违反招标投标法律、法规、规章，受到行政处罚的企事业单位和自然人基本信息。网址：www. bjztb. gov. cn。

**【北京市建设行业信用信息系统】**　采集建设、施工、监理等8类企业，以及注册监理工程师等3类专业技术人员的信用信息，在北京建设网上集中公示，向社会提供查询服务。网址：www. bjjs. gov. cn。

**【北京市纳税人信用信息记录系统】**　向社会提供纳税信用A级企业、纳税千强企业等良好信息，披露欠税及税务登记违法企业等警示信息，并提供发票查询等服务。网址：www. tax861. gov. cn。

**【北京市产品质量信用记录系统】**　记录了体系认证企业、中国名牌产品、北京名牌产品、地理标志产品保护等良好信息，对获得工业产品生产许可证、食品生产许可证、食品相关产品生产许可证及强制性认证等5721家重点企业建立了企业质量档案，并发布缺陷产品主动召回等提示信息。网址：www. bjtsb. gov. cn。

**【北京市房地产交易管理网】**　提供房地产开发企业资质证书、房地产经纪机构信用档案、估价机构信用档案、房地产销售机构及从业人员信用档案，以及房地产开发企业和房地产经纪机构违法违规行为公示等信用信息。网址：www. bjfdc. gov. cn。

**【北京市住房公积金个人信用信息数据库】**　本市已申领住房公积金查询卡或住房公积金联名卡的缴存职工，可登录查询个人住房公积金相关信息。网址：www. bjgjj. gov. cn。

**【北京市交通运输信用信息系统】**　记录本市从事旅客运输服务、汽车修理、汽配销售的企业及从业人员，以及经营外省市至本市道路旅客运输服务的企业良好信息和警示信息。网址：www. bjysj. gov. cn。

**【北京市药品监督网】**　提供药品类、保健食品类、化妆品类、医疗器械类，以及执业药师等信息查询服务。网址：www. bjda. gov. cn。

**【北京卫生监督网】**　提供全市范围餐饮业等级、食品卫生信息的查询服务。网址：www. bjhi. gov. cn。

**【中关村科技园区企业信用信息动态数据库】**　记录中关村科技园区企业的基本信息和信用报告数据，建立了区外各类企业的信用报告目录数据库。网址：www. ecpa. org. cn。

# 附录四 2011—2012 年度纳税信用 A 级企业[①]

## 东城区(345 户)

1. 艾默生(北京)仪表有限公司
2. 艾旺特投资有限责任公司
3. 爱马仕(上海)商贸有限公司北京第一分公司
4. 爱普生(中国)有限公司
5. 安利(中国)日用品有限公司北京分公司
6. 奥吉斯贸易(北京)有限公司
7. 奥林巴斯(北京)销售服务有限公司
8. 百荣世贸商城管理有限公司
9. 百荣投资控股集团有限公司
10. 柏诚工程技术(北京)有限公司
11. 保利财务有限公司
12. 北京《瑞丽》杂志社
13. 北京阿桑娜商贸有限公司
14. 北京安化楼综合服务大厦
15. 北京奥的斯电梯有限公司
16. 北京白菊电器有限公司
17. 北京保利国际拍卖有限公司
18. 北京北方佳苑饭店有限责任公司
19. 北京便宜坊烤鸭集团有限公司
20. 北京博达新大陆广告有限公司
21. 北京博士伦眼睛护理产品有限公司
22. 北京布逸昊服装服饰有限公司
23. 北京长安俱乐部有限公司
24. 北京场道市政工程集团有限公司
25. 北京晨报社
26. 北京崇文·新世界房地产发展有限公司
27. 北京崇裕房产开发有限公司
28. 北京大北服务有限责任公司
29. 北京大董烤鸭店有限责任公司南新仓店
30. 北京当当网信息技术有限公司
31. 北京稻香村食品有限责任公司
32. 北京德卓贸易有限公司
33. 北京地下铁道通成广告有限公司
34. 北京电通广告有限公司
35. 北京东方广场有限公司
36. 北京东方华太工程咨询有限公司
37. 北京东环置业有限公司
38. 北京东来顺集团有限责任公司
39. 北京东南得利卡汽车贸易有限公司
40. 北京动向体育发展有限公司
41. 北京房地集团有限公司
42. 北京房修一建筑工程有限公司
43. 北京富华金宝中心有限公司
44. 北京工美集团有限责任公司
45. 北京工美集团有限责任公司王府井工美大厦
46. 北京公交广告有限责任公司
47. 北京光线传媒股份有限公司
48. 北京广易通广告有限公司
49. 北京国华京都置业有限公司
50. 北京国际招标有限公司
51. 北京国瑞兴业地产有限公司
52. 北京国研柏利贸易有限公司
53. 北京国药天元物业管理有限公司
54. 北京海石花实业开发公司
55. 北京汉华国际饭店有限公司
56. 北京红桥市场有限责任公司

① 本名单源自首都之窗网站。

57. 北京宏源南门涮肉城有限责任公司
58. 北京鸿运置业股份有限公司
59. 北京华达燕捷圣电气安装有限公司
60. 北京华江文化发展有限公司
61. 北京华祺洋消防安全有限公司
62. 北京华油陶然商贸中心
63. 北京嘉安国际酒店物业管理有限公司
64. 北京嘉华世达国际教育交流有限公司
65. 北京建工四建工程建设有限公司
66. 北京金宝街净雅餐饮有限公司
67. 北京金隅股份有限公司
68. 北京京城天福茶庄有限公司
69. 北京京港地铁有限公司
70. 北京京烟卷烟零售连锁有限公司
71. 北京凯恒房地产有限公司
72. 北京科技咨询中心
73. 北京肯德基有限公司
74. 北京乐友达康科技有限公司
75. 北京李宁体育用品销售有限公司
76. 北京联合置业有限公司
77. 北京麦当劳食品有限公司
78. 北京美缇商贸有限公司
79. 北京能源房地产开发有限责任公司
80. 北京培新宾馆
81. 北京起重运输机械设计研究院
82. 北京青春万岁广告有限公司
83. 北京日报社
84. 北京三峡大厦房地产有限公司
85. 北京山石房地产有限责任公司
86. 北京时尚方向广告有限公司
87. 北京市北京饭店
88. 北京市电信工程局有限公司
89. 北京市东城烟草公司
90. 北京市珐琅厂有限责任公司
91. 北京市房地产交易所
92. 北京市亨得利瑞士钟表有限责任公司
93. 北京市京电变电工程处
94. 北京市君合律师事务所
95. 北京市丽水嘉园房地产开发有限公司
96. 北京市强信安保物业管理服务中心
97. 北京市三露厂
98. 北京市上品商业发展有限责任公司
99. 北京市市政一建设工程有限责任公司
100. 北京市糖业烟酒公司
101. 北京市文化用品公司
102. 北京市新华书店王府井书店
103. 北京市永外城文化用品市场有限公司
104. 北京市自来水集团京兆水表有限责任公司
105. 北京首都开发股份有限公司
106. 北京首都旅游集团有限责任公司
107. 北京首华建设经营有限公司
108. 北京首开天鸿集团有限公司
109. 北京思创服饰有限公司
110. 北京思创亿川进出口有限公司
111. 北京天鸿房地产开发有限责任公司
112. 北京天坛股份有限公司
113. 北京铁道物资公司
114. 北京通利达汽车租赁有限责任公司
115. 北京同力达通信服务有限公司
116. 北京同仁堂崇文门药店有限责任公司
117. 北京同仁堂股份有限公司
118. 北京同仁堂股份有限公司经营分公司
119. 北京同仁堂股份有限公司同仁堂制药厂
120. 北京同仁堂连锁药店有限责任公司
121. 北京同仁验光配镜中心
122. 北京外交人员房屋服务公司
123. 北京外交人员服务总公司
124. 北京万龙洲饮食有限责任公司
125. 北京王府井百货(集团)股份有限公司
126. 北京王府井百货(集团)股份有限公司东安市场
127. 北京王府井国际商业发展有限公司
128. 北京沃美科贸有限公司

129. 北京吴裕泰茶业股份有限公司
130. 北京新康房地产发展有限公司
131. 北京新联酒店有限公司
132. 北京新世界商场
133. 北京新徐房地产开发有限公司
134. 北京新影联影业有限责任公司
135. 北京鑫企旺物业管理中心
136. 北京鑫阳房地产开发有限公司
137. 北京信立强劳务服务有限责任公司
138. 北京信远置业有限公司
139. 北京兴隆置业有限公司
140. 北京一商美洁商业有限公司
141. 北京医药股份有限公司
142. 北京易喜新世界百货有限公司
143. 北京银达物业管理有限责任公司
144. 北京银行股份有限公司光明支行
145. 北京英德诺曼过滤器有限公司
146. 北京远东罗斯蒙特仪表有限公司
147. 北京正阳恒瑞置业公司
148. 北京中鼎泰克冶金设备有限公司
149. 北京中国网球公开赛体育推广有限公司
150. 北京中煤中装机械物资有限公司
151. 北京中青旅风采科技有限公司
152. 北京中兴佳联商贸有限责任公司
153. 北京中旭三利百货公司
154. 北京中亚富利国际贸易有限公司
155. 北京中油瑞飞信息技术有限责任公司
156. 北京子苞米时装有限公司
157. 兵器财务有限责任公司
158. 博思软件(中国)有限公司
159. 长安保证担保有限公司
160. 长江商学院
161. 大金(中国)投资有限公司
162. 当代节能置业股份有限公司
163. 德勤华永会计师事务所有限公司北京分所
164. 电众数码(北京)广告有限公司
165. 福布罗投资有限责任公司
166. 高等教育出版社
167. 工人日报社
168. 工银瑞信基金管理有限公司
169. 广东发展银行股份有限公司北京分行
170. 广利投资有限责任公司
171. 国都证券有限责任公司
172. 国家体育总局篮球运动管理中心
173. 国兴汽车服务中心
174. 国药集团药业股份有限公司
175. 国药控股北京华鸿有限公司
176. 国药控股北京有限公司
177. 浩勒投资有限责任公司
178. 华纺房地产开发公司
179. 华联财务有限责任公司
180. 华润雪花啤酒(中国)有限公司
181. 华业地学科技公司
182. 化学工业出版社
183. 佳能(中国)有限公司
184. 佳能(中国)有限公司北京分公司
185. 交通运输部规划研究院
186. 捷成(中国)贸易有限公司
187. 捷成(中国)贸易有限公司北京汽车销售分公司
188. 科医人医疗激光设备贸易(北京)有限公司
189. 李宁(北京)体育用品商业有限公司
190. 利安达会计师事务所有限责任公司
191. 联通华盛通信有限公司
192. 路易威登(中国)商业销售有限公司北京王府井店
193. 曼秀雷敦(中国)药业有限公司北京分公司
194. 茂发国际旅行社
195. 民航数据通信有限责任公司
196. 诺基亚西门子通信技术(北京)有限公司

197. 苹果电子产品商贸(北京)有限公司
198. 求是杂志社
199. 人民出版社
200. 人民法院报社
201. 人民公安报社
202. 人民交通出版社
203. 人民教育出版社
204. 人民卫生出版社
205. 人民文学出版社
206. 人民邮电出版社
207. 日立数据系统(中国)有限公司
208. 瑞吉投资有限责任公司
209. 三菱商事(中国)商业有限公司
210. 商务印书馆有限公司
211. 上海浦东发展银行股份有限公司北京分行
212. 上海三菱电梯有限公司北京分公司
213. 上海西门子数字程控通信系统有限公司北京分公司
214. 上海颐盛商贸有限公司北京分公司
215. 社会科学文献出版社
216. 神华财务有限公司
217. 神华国际贸易有限责任公司
218. 神华集团物资贸易有限责任公司
219. 神华集团有限责任公司
220. 生活、读书、新知三联书店
221. 史赛克(北京)医疗器械有限公司
222. 世界时装(中国)有限公司
223. 思创投资有限责任公司
224. 思科系统(中国)信息技术服务有限公司
225. 太平财产保险有限公司北京分公司
226. 太平人寿保险有限公司北京分公司
227. 天翼电信终端有限公司
228. 通用美康医药有限公司
229. 童趣出版有限公司
230. 外交部机关及驻外机构服务中心
231. 完美(中国)日用品有限公司北京分公司
232. 王府饭店有限公司
233. 喜利得(中国)商贸有限公司北京分公司
234. 信诚人寿保险有限公司北京分公司
235. 信远控股集团有限公司
236. 兴业银行股份有限公司北京东单支行
237. 兴业银行股份有限公司北京中轴路支行
238. 冶金工业出版社
239. 尤妮佳生活用品(中国)有限公司北京分公司
240. 语文出版社
241. 约克(中国)商贸有限公司北京分公司
242. 中兵导航控制科技集团有限公司
243. 中诚信托有限责任公司
244. 中纺棉花进出口公司
245. 中国保利集团公司
246. 中国北京同仁堂(集团)有限责任公司
247. 中国财政经济出版社
248. 中国船级社
249. 中国大地财产保险股份有限公司北京分公司第一营销服务部
250. 中国电能成套设备有限公司
251. 中国东方通信卫星有限责任公司
252. 中国纺织出版社
253. 中国纺织机械和技术进出口有限公司
254. 中国工商银行股份有限公司北京东城支行
255. 中国工商银行股份有限公司北京和平里支行
256. 中国工商银行股份有限公司北京王府井支行
257. 中国国际旅行社总社有限公司
258. 中国国际贸易促进委员会纺织行业分会
259. 中国海关出版社
260. 中国航空工业供销有限公司

261. 中国航空技术北京有限公司
262. 中国航空技术国际控股有限公司
263. 中国航空结算有限责任公司
264. 中国航空器材进出口有限责任公司
265. 中国机床销售与技术服务公司
266. 中国集邮总公司
267. 中国纪检监察报社
268. 中国建设银行股份有限公司北京东四支行
269. 中国建设银行股份有限公司北京前门支行
270. 中国科学器材公司
271. 中国联合网络通信有限公司
272. 中国林业物资总公司
273. 中国路桥工程有限责任公司
274. 中国旅行社总社有限公司
275. 中国煤矿机械装备有限责任公司
276. 中国民航信息集团公司
277. 中国民生银行股份有限公司
278. 中国民生银行股份有限公司北京崇文门支行
279. 中国民用航空局
280. 中国民用航空总局空中交通管理局
281. 中国农业发展银行
282. 中国农业银行股份有限公司北京崇文支行
283. 中国农业银行股份有限公司总行营业部
284. 中国青年报社
285. 中国青年出版社
286. 中国全聚德(集团)股份有限公司北京全聚德前门店
287. 中国全聚德(集团)股份有限公司北京全聚德王府井店
288. 中国人民财产保险股份有限公司北京市崇文支公司
289. 中国人民财产保险股份有限公司北京市分公司
290. 中国人民财产保险股份有限公司北京市分公司营业部
291. 中国人民财产保险股份有限公司北京市直属支公司
292. 中国人寿保险股份有限公司北京市分公司
293. 中国人寿财产保险股份有限公司北京市崇文支公司
294. 中国少年儿童新闻出版总社
295. 中国社会出版社
296. 中国神华能源股份有限公司
297. 中国石化国际事业有限公司
298. 中国石油化工股份有限公司催化剂分公司
299. 中国丝绸进出口总公司
300. 中国体育报业总社
301. 中国铁道出版社
302. 中国投资有限责任公司
303. 中国外贸金融租赁有限公司
304. 中国外运北京公司
305. 中国物品编码中心
306. 中国新世界电子有限公司
307. 中国药品生物制品检定所
308. 中国医疗器械技术服务公司
309. 中国移动通信集团北京有限公司
310. 中国银河证券股份有限公司北京广渠门大街证券营业部
311. 中国银行股份有限公司北京崇文支行
312. 中国银行股份有限公司北京东城支行
313. 中国银行股份有限公司北京市分行
314. 中国邮政航空有限责任公司
315. 中国远洋物流有限公司
316. 中国远洋运输(集团)总公司
317. 中国纸张纸浆进出口公司
318. 中国中纺集团公司
319. 中国中元国际工程公司
320. 中国珠宝首饰进出口公司

321. 中海石油炼化有限责任公司
322. 中海油能源发展股份有限公司
323. 中华联合财产保险股份有限公司北京分公司
324. 中华书局有限公司
325. 中华医学会
326. 中化建国际招标有限责任公司
327. 中化物产股份有限公司
328. 中建一局集团第三建筑有限公司
329. 中交第四公路工程局有限公司
330. 中交公路规划设计院有限公司
331. 中交水运规划设计院有限公司
332. 中交隧道工程局有限公司
333. 中贸圣佳国际拍卖有限公司
334. 中煤招标有限责任公司
335. 中青旅控股股份有限公司
336. 中轻阳光进出口有限公司
337. 中土畜三利香精香料有限公司
338. 中土畜雪莲股份有限公司
339. 中信建投证券有限责任公司北京东直门南大街证券营业部
340. 中盐北京市盐业公司
341. 中冶置业集团有限公司
342. 中英人寿保险有限公司北京分公司
343. 中元国际工程设计研究院
344. 中远国际货运有限公司
345. 资生堂丽源化妆品有限公司北京分公司

# 西城区(383 户)

1.《国家电网报社》有限公司
2. BHG(北京)百货有限公司
3. 百盛商业发展有限公司
4. 北方工业公司
5. 北方装备有限责任公司
6. 北京艾德惠研市场调查有限公司
7. 北京爱义行汽车服务有限责任公司
8. 北京百灵天地环保科技有限公司
9. 北京百万庄图书大厦有限公司
10. 北京北汽出租汽车集团有限责任公司
11. 北京兵工物资有限公司
12. 北京菜市口百货股份有限公司
13. 北京城建设计研究总院有限责任公司
14. 北京城建顺捷电子图文设计制作有限责任公司
15. 北京城建信捷轨道交通工程咨询有限公司
16. 北京城中园宾馆
17. 北京出版集团有限责任公司
18. 北京达博有色金属焊料有限责任公司
19. 北京大三元酒家有限公司
20. 北京大唐燃料有限公司
21. 北京第二机床厂有限公司
22. 北京电信实业集团公司
23. 北京东方中原数码科技有限公司
24. 北京都市创易园林喷泉喷灌技术有限公司
25. 北京高视远望科技有限责任公司
26. 北京工美集团有限责任公司白孔雀艺术世界
27. 北京公共交通控股(集团)有限公司
28. 北京广惠富源珠宝首饰有限公司
29. 北京国宏宾馆有限公司
30. 北京国际科技服务中心
31. 北京国药中康医疗器械有限公司
32. 北京国有资本经营管理中心
33. 北京恒创佳益医药有限公司
34. 北京红科国际贸易有限公司

35. 北京华方投资有限公司
36. 北京华康欣和建筑工程有限责任公司
37. 北京华利佳合实业有限公司
38. 北京华联综合超市股份有限公司
39. 北京华南大厦有限公司
40. 北京华瑞无线通信设备安装有限公司
41. 北京华天延吉餐厅有限责任公司
42. 北京华威大厦有限公司
43. 北京华油通宝国际旅行社
44. 北京华油通宝会议服务有限公司
45. 北京华源瑞成贸易有限责任公司
46. 北京环科环保技术公司
47. 北京机械工业自动化研究所
48. 北京吉野家快餐有限公司
49. 北京吉元盛宝国际贸易有限公司
50. 北京家乐福商业有限公司马连道店
51. 北京建工建筑设计研究院
52. 北京建工京精大房工程建设监理公司
53. 北京健峰生物技术有限公司
54. 北京江铜营销有限公司
55. 北京金泰集团有限公司
56. 北京金象复星医药股份有限公司
57. 北京金鑫然医药有限责任公司
58. 北京金隅物业管理有限责任公司
59. 北京京城工业物流有限公司
60. 北京京城水系旅游开发有限公司
61. 北京京电电气工程总公司
62. 北京京汉新港汽车销售服务有限公司
63. 北京京华虎彩印刷有限公司
64. 北京京盛工程建设监理有限公司
65. 北京京铁经贸发展中心
66. 北京京铁运输有限公司
67. 北京京仪敬业电工科技有限公司
68. 北京经纶全讯科技有限公司
69. 北京敬业机械设备有限公司
70. 北京开元中国金币经销中心
71. 北京凯晨置业有限公司
72. 北京康银阁钱币有限责任公司
73. 北京科拉斯化工技术有限公司
74. 北京科学技术出版社有限公司
75. 北京矿冶研究总院
76. 北京兰德陆华汽车销售有限公司
77. 北京老板电器销售有限公司
78. 北京美康永正医药有限公司
79. 北京内联升鞋业有限公司
80. 北京农村商业银行股份有限公司
81. 北京平高电气有限责任公司
82. 北京普天德胜科技孵化器有限公司
83. 北京七彩云南商贸有限公司
84. 北京齐鲁饭店有限公司
85. 北京其欣然广告艺术有限责任公司
86. 北京青年宫
87. 北京瑞蚨祥绸布店有限责任公司
88. 北京三元食品股份有限公司
89. 北京山水宾馆
90. 北京什刹海体育发展有限责任公司
91. 北京实验工厂
92. 北京市长途汽车有限公司
93. 北京市电力公司
94. 北京市丰泽园饭店有限责任公司
95. 北京市服装进出口股份有限公司
96. 北京市复兴商业城有限公司
97. 北京市华远集团有限公司
98. 北京市华远置业有限公司
99. 北京市环境保护科学研究院
100. 北京市建设工程发包承包交易中心
101. 北京市建设工程质量第三检测所
102. 北京市京滨饭店
103. 北京市京联设计事务所
104. 北京市科通电子继电器总厂
105. 北京市南区邮电局
106. 北京市燃气集团有限责任公司
107. 北京市圣雅诗进出口有限责任公司
108. 北京市市政工程科学技术设计研究院

109. 北京市市政工程研究院
110. 北京市塑料研究所
111. 北京市体育彩票管理中心
112. 北京市天成出租汽车公司
113. 北京市天创兴旺物业管理有限公司
114. 北京市西单商场股份有限公司
115. 北京市邮政器材公司
116. 北京市远东医药发展公司
117. 北京市再生资源利用开发有限责任公司
118. 北京市政建设集团有限责任公司
119. 北京市中宣市政工程有限公司
120. 北京市自来水集团有限责任公司
121. 北京首都旅游股份有限公司北京市民族饭店
122. 北京首荣货运代理有限公司
123. 北京四方工程建设监理有限责任公司
124. 北京探针生物技术有限公司
125. 北京特洁天热力服务有限公司
126. 北京腾龙时代通信技术有限责任公司
127. 北京天府俱乐部有限公司
128. 北京天虹商业管理有限公司
129. 北京天健兴业资产评估有限公司
130. 北京天元康医药有限公司
131. 北京同仁堂股份有限公司同仁堂药店
132. 北京图书大厦有限责任公司
133. 北京万慧达知识产权代理有限公司
134. 北京王府井百货集团长安商场有限责任公司
135. 北京味多美食品有限责任公司
136. 北京物资协作贸易公司
137. 北京协和药厂
138. 北京欣燕都酒店连锁有限公司
139. 北京新文时代金币文化传播有限公司
140. 北京新月联合汽车有限公司
141. 北京馨亭家居用品有限公司
142. 北京信达环宇安全网络技术有限公司
143. 北京衣念阳光商贸有限公司
144. 北京银行股份有限公司
145. 北京印钞有限公司
146. 北京永福瑞茶叶商贸有限责任公司
147. 北京邮票厂
148. 北京有色金属研究总院
149. 北京裕兴软件有限公司
150. 北京远洋大厦有限公司
151. 北京展览馆宾馆有限公司
152. 北京张一元茶叶有限责任公司
153. 北京正中堂医药药材有限责任公司
154. 北京中工资产经营管理有限公司
155. 北京中融安全印务公司油墨号码机制作分公司
156. 北京中铁瑞德技术开发中心
157. 北京中物振华贸易有限公司
158. 北京中油宾馆
159. 北京中友百货有限责任公司
160. 北京庄胜崇光百货商场
161. 北京紫华康泰医药有限公司
162. 长安保险经纪有限公司
163. 长城国际展览有限责任公司
164. 长城人寿保险股份有限公司
165. 长江三峡技术经济发展有限公司
166. 达信（北京）保险经纪有限公司
167. 大唐国际发电股份有限公司
168. 东方基金管理有限责任公司
169. 高等教育电子音像出版社
170. 工业和信息化部电信传输研究所
171. 国储物资调节中心
172. 国电保险经纪（北京）有限公司
173. 国电财务有限公司
174. 国华能源有限公司
175. 国家电网公司
176. 国家发展和改革委员会国家物资储备局
177. 国家核电技术有限公司
178. 国家开发投资公司

179. 国家开发银行股份有限公司
180. 国家开发银行股份有限公司北京市分行
181. 国家图书馆出版社
182. 国家无线电监测中心检测中心
183. 国开金融有限责任公司
184. 国投信托有限公司
185. 国网能源研究院
186. 航天科工财务有限责任公司
187. 华北电网有限公司
188. 华电(北京)热电有限公司
189. 华凌涂料有限公司
190. 华能国际电力燃料有限责任公司
191. 华能资本服务有限公司
192. 华融证券股份有限公司
193. 华商基金管理有限公司
194. 华泰财产保险股份有限公司
195. 华泰财产保险股份有限公司北京分公司
196. 华夏银行股份有限公司
197. 华夏银行股份有限公司北京分行
198. 华油实业开发总公司
199. 建信基金管理有限责任公司
200. 建信金融租赁股份有限公司
201. 健康报社
202. 交通银行股份有限公司北京分行
203. 今日信息报社
204. 金城出版社
205. 金鹏期货经纪有限公司
206. 金融街控股股份有限公司
207. 经济日报社
208. 经易期货经纪有限公司
209. 开利空调销售服务(上海)有限公司北区分公司
210. 联动优势科技有限公司
211. 纽内姆(北京)种子有限公司
212. 人民网股份有限公司
213. 荣宝斋
214. 瑞银证券有限责任公司
215. 上海浦东发展银行股份有限公司北京分行
216. 上海依视路光学有限公司北京分公司
217. 申银万国证券股份有限公司北京安定路证券营业部
218. 深圳发展银行股份有限公司北京分行(简称:深圳发展银行北京分行)
219. 太阳计算机系统(中国)有限公司
220. 泰康人寿保险股份有限公司
221. 泰康资产管理有限责任公司
222. 文化部恭王府管理中心
223. 新华书店总店
224. 新华通讯社
225. 新华通讯社参考新闻编辑部
226. 新华通讯社印刷厂
227. 新世界出版社有限责任公司
228. 信达投资有限公司
229. 信达证券股份有限公司
230. 央广传媒发展总公司
231. 永诚财产保险股份有限公司北京分公司
232. 有研稀土新材料股份有限公司
233. 招商银行股份有限公司北京分行
234. 浙商银行股份有限公司北京分行
235. 中版教材有限公司
236. 中钞实业有限公司
237. 中储粮结算中心
238. 中储粮油脂有限公司
239. 中船重工财务有限责任公司
240. 中船重工物资贸易集团有限公司
241. 中电传媒股份有限公司
242. 中电技国际招标有限责任公司
243. 中电投财务有限公司
244. 中国北方工业公司
245. 中国兵工物资总公司
246. 中国财产再保险股份有限公司
247. 中国诚通金属(集团)公司
248. 中国出口信用保险公司

249. 中国储备棉管理总公司
250. 中国船舶工业贸易公司
251. 中国大唐集团财务有限公司
252. 中国地图出版社
253. 中国电力财务有限公司
254. 中国电力财务有限公司华北分公司
255. 中国电力工程顾问集团公司
256. 中国电力建设工程咨询公司
257. 中国电力投资集团公司
258. 中国电信股份有限公司
259. 中国电信股份有限公司北京分公司
260. 中国方正出版社
261. 中国工商银行股份有限公司
262. 中国工商银行股份有限公司北京市分行
263. 中国工商银行股份有限公司北京宣武支行
264. 中国工艺美术(集团)公司
265. 中国光大银行股份有限公司
266. 中国国际经济技术交流中心
267. 中国国际人才开发中心
268. 中国国旅贸易有限责任公司
269. 中国海外经济合作总公司
270. 中国航空规划建设发展有限公司
271. 中国航空集团旅业有限公司北京民航营业大厦
272. 中国航空集团资产管理公司
273. 中国华电集团财务有限公司
274. 中国华油集团公司
275. 中国化工报社
276. 中国机械进出口(集团)有限公司
277. 中国机械设备工程股份有限公司
278. 中国建设银行股份有限公司
279. 中国建设银行股份有限公司北京市分行
280. 中国建银投资有限责任公司
281. 中国建筑设计研究院
282. 中国教学仪器设备总公司
283. 中国教育报刊社
284. 中国金币总公司
285. 中国金融电子化公司
286. 中国进出口银行北京分行
287. 中国联合石油有限责任公司
288. 中国联合网络通信有限公司北京市分公司
289. 中国联合装备集团公司
290. 中国粮食贸易公司
291. 中国农业发展银行
292. 中国农业发展银行北京市分行
293. 中国汽车报社
294. 中国轻工建设工程有限公司
295. 中国全聚德(集团)股份有限公司
296. 中国全聚德(集团)股份有限公司北京全聚德仿膳食品生产基地
297. 中国全聚德(集团)股份有限公司北京全聚德和平门店
298. 中国人民财产保险股份有限公司
299. 中国人寿保险(集团)公司
300. 中国人寿保险股份有限公司
301. 中国人寿财产保险股份有限公司
302. 中国人寿再保险股份有限公司
303. 中国人寿资产管理有限公司
304. 中国商标专利事务所有限公司
305. 中国石化销售有限公司
306. 中国石油工程建设公司
307. 中国石油国际事业有限公司
308. 中国石油化工股份有限公司化工销售华北分公司
309. 中国石油天然气股份有限公司
310. 中国石油天然气股份有限公司华北化工销售分公司
311. 中国石油天然气股份有限公司华北天然气销售分公司
312. 中国石油天然气股份有限公司润滑油分公司

313. 中国石油天然气集团公司咨询中心
314. 中国石油天然气运输公司北京石油化工分公司
315. 中国石油物资公司
316. 中国市场出版社
317. 中国双维投资公司
318. 中国水产总公司
319. 中国水电建设集团国际工程有限公司
320. 中国水电建设集团租赁控股有限公司
321. 中国水利电力物资有限公司
322. 中国水利水电出版社
323. 中国水利水电第二工程局有限公司
324. 中国水利水电建设工程咨询公司
325. 中国税务报社
326. 中国税务出版社
327. 中国太平洋财产保险股份有限公司北京分公司
328. 中国通信建设集团有限公司
329. 中国通用机械工程总公司
330. 中国同位素有限公司
331. 中国万宝工程公司
332. 中国物资储运总公司
333. 中国烟草国际有限公司
334. 中国烟草机械集团有限责任公司
335. 中国烟草投资管理公司
336. 中国烟叶公司
337. 中国盐业总公司
338. 中国药材公司
339. 中国医学论坛报社
340. 中国医药对外贸易公司销售分公司
341. 中国仪器进出口(集团)公司
342. 中国移动通信集团设计院有限公司
343. 中国银行股份有限公司
344. 中国印钞造币总公司
345. 中国印刷总公司
346. 中国邮电器材集团公司
347. 中国邮政储蓄银行有限责任公司
348. 中国有色金属工业再生资源有限公司
349. 中国原子能工业有限公司
350. 中国再生资源开发有限公司
351. 中国证券报社
352. 中国中化集团公司
353. 中核财务有限责任公司
354. 中化国际招标有限责任公司
355. 中化化肥有限公司
356. 中化集团财务有限责任公司
357. 中化石油有限公司
358. 中化塑料有限公司
359. 中交投资项目管理有限公司
360. 中交投资有限公司
361. 中铝国际贸易有限公司
362. 中汽对外经济技术合作公司
363. 中燃油品有限责任公司
364. 中瑞岳华会计师事务所有限公司
365. 中设工程机械进出口有限责任公司
366. 中设国际商务运输代理有限责任公司
367. 中设国际招标有限责任公司
368. 中糖世纪股份有限公司
369. 中铁物总进出口有限公司
370. 中烟电子商务有限责任公司
371. 中央编译出版社
372. 中央广播电视大学出版社
373. 中印物资贸易有限公司
374. 中邮国际展览广告有限公司
375. 中邮普泰通信服务股份有限公司
376. 中邮人寿保险股份有限公司
377. 中邮物业管理有限公司
378. 中油财务有限公司
379. 中宇汽车服务中心
380. 中远财务有限责任公司
381. 中债信用增进投资股份有限公司
382. 中招国际招标有限公司
383. 中咨工程建设监理公司

## 朝阳区（360户）

1. 北京兴大豪科技开发有限公司
2. 煤炭科学研究总院
3. 中国建筑科学研究院
4. 中国寰球工程公司
5. 北京凤凰航空实业公司
6. 华北光电技术研究所（中国电子科技集团公司第十一研究所）
7. 法制日报社
8. 北京恒乐工程咨询有限公司
9. 北京市热力集团有限责任公司
10. 北京市朝阳商业大楼有限责任公司
11. 中国国际展览中心集团公司
12. 北京宝瑞通典当行有限责任公司
13. 北京首都旅游国际酒店集团有限公司
14. 科瑞天诚投资控股有限公司
15. 北京正东电子动力集团有限公司
16. 北京机床电器有限责任公司
17. 北京电旗益讯技术开发有限公司
18. 中国电子科技集团公司第十二研究所
19. 北京通成达水务建设有限公司
20. 北京首创股份有限公司
21. 北京京城大厦
22. 京华文化传播有限公司
23.《京华时报》社
24. 北京外企服务集团有限责任公司
25. 北京京供塔园电力工程有限公司
26. 北京市电力电缆维护修试中心
27. 北京外交人员人事服务公司
28. 北京外交人员房屋服务公司
29. 北青传媒股份有限公司
30. 北京青年报社
31. 北京市丰苑物业管理有限责任公司
32. 中信银行股份有限公司
33. 中铁工程设计咨询集团有限公司
34. 中信建投证券有限责任公司
35. 中国建设银行股份有限公司北京朝阳支行
36. 北京谊星商业投资发展有限公司
37. 北京大董烤鸭店有限责任公司
38. 北京高校联合房地产开发有限公司
39. 中国人民财产保险股份有限公司北京市朝阳支公司
40. 中国中轻国际工程有限公司
41. 中国海外工程有限责任公司
42. 北京住总集团有限责任公司
43. 中国石油化工股份有限公司北京石油分公司
44. 北京方胜理信劳务服务有限公司
45. 北京炼焦化学厂
46. 北人集团公司
47. 北京红星美凯龙世博家具广场有限公司
48. 北人印刷机械股份有限公司
49. 北京协成房地产经纪有限责任公司
50. 北京和众运输集团
51. 北京城外诚家居广场
52. 美国友邦保险有限公司北京分公司
53. 中国国际贸易中心股份有限公司
54. 北京市京伦饭店有限责任公司
55. 埃森哲（中国）有限公司北京分公司
56. 北京亮马河大厦有限公司
57. 葛兰素史克（中国）投资有限公司
58. 索尼（中国）有限公司
59. 三星（中国）投资有限公司
60. 北京首都高速公路发展有限公司
61. 毕马威华振会计师事务所
62. 北京嘉里中心饭店有限公司

63. 北京北汽九龙出租汽车股份有限公司
64. 北京昆仑饭店有限公司
65. 丽都饭店有限公司
66. 国际商业机器中国有限公司
67. 北京燕莎中心有限公司
68. 东陶(中国)有限公司
69. 北京京广中心有限公司京广大厦物业管理分公司
70. 北京京广中心有限公司京广中心商务管理分公司
71. 北京外企人才网络技术服务有限公司
72. 神华国华国际电力股份有限公司北京热电分公司
73. 北京发展大厦有限公司
74. 北京天海工业有限公司
75. 华杰工程咨询有限公司
76. 北京燕莎友谊商城有限公司
77. 中粮国际(北京)有限公司
78. 北京.松下彩色显象管有限公司
79. 北京西门子通信网络股份有限公司
80. 德信无线通讯科技(北京)有限公司
81. 神华国华国际电力股份有限公司
82. 北京三里屯酒店管理有限公司
83. 北京三里屯南区物业管理有限公司
84. 中粮酒业有限公司
85. 北京捷孚凯市场调查有限公司
86. 北京环洋经典建筑发展有限责任公司
87. 北京三里屯北区物业管理有限公司
88. 金一明展示工程(北京)有限公司
89. 首创朝阳房地产发展有限公司
90. 北京昆泰房地产开发集团
91. 北京祥业房地产有限公司
92. 北京京港物业发展有限公司
93. 北京国兴嘉业房地产开发有限责任公司
94. 北京财富时代置业有限公司
95. 北京华汇房地产开发中心
96. 北京润泽庄苑房地产开发有限公司
97. 北京市新地房地产开发有限责任公司
98. 北京龙泽源置业有限公司
99. 北京搜候房地产有限责任公司
100. 北京市朝阳城市建设综合开发公司
101. 北京嘉奥房地产开发有限公司
102. 北京源海房地产开发有限公司
103. 北京今典鸿运房地产开发有限公司
104. 北京首开天成房地产开发有限公司
105. 北京中关村电子城建设有限公司
106. 北京春光置地房地产开发有限公司
107. 北京香江花园别墅房地产开发有限公司
108. 北京城市开发集团有限责任公司望京新城分公司
109. 北京北化房地产开发有限公司
110. 招商局航华科贸中心有限公司
111. 北京奥中基业房地产开发有限公司
112. 人民日报社
113. 安邦财产保险股份有限公司
114. 民生人寿保险股份有限公司
115. 北京国际贸易公司
116. 京能集团财务有限公司
117. 新华资产管理股份有限公司
118. 中国人寿财产保险股份有限公司北京市分公司
119. 北京人民广播电台
120. 中国国际技术智力合作公司
121. 北京无限立通通讯技术有限责任公司
122. 京都天华会计师事务所有限公司
123. 芬雷选煤工程技术(北京)有限公司
124. 北京金吉列出国留学咨询服务有限公司
125. 北京国际珠宝交易中心有限责任公司
126. 红星美凯龙环球(北京)家具建材广场有限公司
127. 北京太和四元桥汽车配件市场有限公司

128. 中国中煤能源集团有限公司
129. 北京市柳沈律师事务所
130. 中国石化工程建设公司
131. 中粮财务有限责任公司
132. 中国中煤能源股份有限公司
133. 北京捷通机房设备工程有限公司
134. 中粮集团有限公司
135. 中国建设银行股份有限公司北京安华支行
136. 中国光大银行股份有限公司北京分行
137. 北京居然之家投资控股集团有限公司
138. 五矿钢铁有限责任公司
139. 中国石化财务有限责任公司
140. 中国船舶燃料有限责任公司
141. 中煤焦化控股有限责任公司
142. 北京市华清地热开发有限责任公司
143. 中国国际石油化工联合有限责任公司
144. 中石油北京天然气管道有限公司
145. 中国劳动社会保障出版社
146. 中国出国人员服务总公司
147. 中国乡镇企业总公司
148. 中信金属有限公司
149. 中国农业出版社
150. 中煤科技集团公司
151. 中粮期货经纪有限公司
152. 中钢期货有限公司
153. 北京三五零一服装厂
154. 中国建筑材料检验认证中心有限公司
155. 中航技国际工贸有限公司
156. 北京市汽车贸易公司(第二名称:北京市汽车配件公司)
157. 北京外交人员免税商店
158. 中粮粮油有限公司
159. 中国煤炭进出口公司
160. 寰球工程项目管理(北京)有限公司
161. 中铁十六局集团有限公司
162. 北京国际信托有限公司
163. 北京市汽车修理公司一厂
164. 北京北贸天然药物经营有限责任公司
165. 北京嘉林药业股份有限公司
166. 中国中信集团公司
167. 中国公路车辆机械有限公司
168. 北京朝批商贸股份有限公司
169. 中国检验认证(集团)有限公司
170. 中国泛海控股集团有限公司
171. 中建一局集团建设发展有限公司
172. 北京怡成生物电子技术有限公司
173. 中信出版股份有限公司
174. 中信信托有限责任公司
175. 中建国际建设有限公司
176. 北京西门子技术开发有限公司
177. 北京赛科昌盛医药有限责任公司
178. 北京爱慕内衣有限公司
179. 红惠医药有限公司
180. 中国石油天然气股份有限公司北京销售分公司
181. 新华都特种电气股份有限公司
182. 北京孚意奥仪器发展有限责任公司
183. 北京东方石油化工有限公司助剂二厂
184. 中国建筑材料科学研究总院
185. 中国航空工业集团公司北京航空制造工程研究所
186. 北京中冶设备研究设计总院有限公司
187. 北京光明饭店有限公司
188. 北京普莱克斯实用气体有限公司
189. 欧瑞康纺织技术(北京)有限公司
190. 西门子工厂自动化工程有限公司
191. 萌蒂(中国)制药有限公司
192. 北京 ABB 电气传动系统有限公司
193. 泰科流体控制(北京)有限公司
194. 北京费森尤斯卡比医药有限公司
195. 北京仲量联行物业管理服务有限公司
196. 北京合生绿洲房地产开发有限公司
197. 中远国际贸易有限公司

198. 中国国际贸易中心有限公司
199. 松下电器(中国)有限公司
200. 西门子(中国)有限公司
201. 中国国际金融有限公司
202. 伊藤忠(中国)集团有限公司
203. 施耐德电气(中国)投资有限公司
204. 乐金电子(中国)有限公司
205. 卡特彼勒(中国)投资有限公司
206. 雪佛龙(中国)投资有限公司
207. 华糖洋华堂商业有限公司
208. 五洲大气社工程有限公司
209. 中粮食品营销有限公司
210. 北京市卷烟食品连锁配送有限责任公司
211. 北京北辰实业股份有限公司
212. 北京市朝阳烟草公司
213. 北京万邦达环保技术股份有限公司
214. 梅赛德斯—奔驰汽车金融有限公司
215. 沃尔沃汽车金融(中国)有限公司
216. 北京英华五方汽车销售服务有限公司
217. 通用磨坊贸易(上海)有限公司北京分公司
218. 北京天鸿置业有限公司
219. 康宝莱(中国)保健品有限公司北京分公司
220. 北京攀承钒业贸易有限公司
221. 北京新世界利莹百货有限公司
222. 中信锦绣资本管理有限责任公司
223. 英维利斯医疗器械(北京)有限公司
224. 北京波士通达汽车销售服务有限公司
225. 北京燕钢恒兴钢铁有限公司
226. 凯伦广告传媒(北京)有限公司
227. 戴姆勒东北亚零部件贸易服务有限公司
228. 茅台国酒(北京)商务会所有限公司
229. NORDEX(北京)风力发电工程技术有限公司
230. 安富利(中国)科技有限公司
231. 北京赛特奥特莱斯商贸有限公司
232. 北京酷人通讯科技有限公司
233. 安捷伦科技(中国)有限公司
234. 北京北齿有限公司
235. 北京燃气用户服务有限公司
236. 北京班纳发迅时装有限公司
237. 北京国华电力有限责任公司
238. 神华国华(北京)电力研究院有限公司
239. 北京北开电气股份有限公司
240. 西门子财务服务有限责任公司
241. 首创证券有限责任公司
242. 天地科技股份有限公司
243. 索尼爱立信移动通信产品(中国)有限公司
244. 中信资产管理有限公司
245. 中国港湾工程有限责任公司
246. 中航万科有限公司
247. 中航工业集团财务有限责任公司
248. 电装(中国)投资有限公司
249. 赢创德固赛(中国)投资有限公司
250. 丰田汽车(中国)投资有限公司
251. 三星数据系统(中国)有限公司
252. 中国质量认证中心
253. 中国民用航空总局清算中心
254. 本田技研工业(中国)投资有限公司
255. 日产(中国)投资有限公司
256. 卡特彼勒(中国)融资租赁有限公司
257. 大众汽车金融(中国)有限公司
258. 国药集团联合医疗器械有限公司
259. 现代汽车(中国)投资有限公司
260. 西门子财务租赁有限公司
261. 丰田汽车金融(中国)有限公司
262. 鼎桥通信技术有限公司
263. 约翰芬雷工程技术(北京)有限公司
264. 梅赛德斯—奔驰(中国)汽车销售有限公司

265. 宝马(中国)汽车贸易有限公司
266. 北京屈臣氏个人用品连锁商店有限公司
267. 迪卡侬(北京)体育用品有限公司
268. 北京智恒思贸易有限公司
269. 斯巴鲁汽车(中国)有限公司
270. 标致雪铁龙(中国)汽车贸易有限公司
271. 灏信达商业(北京)有限公司
272. 奥齿泰(北京)商贸有限公司
273. 华联新光百货(北京)有限公司
274. 瓦卢瑞克曼内斯曼无缝钢管销售(北京)有限责任公司
275. 北京玛克桦榭广告有限公司
276. 亚马逊卓越有限公司
277. 中德证券有限责任公司
278. 北京德奥达汽车销售有限公司
279. 北京北方文华汽车贸易有限公司
280. 北京惠通陆华汽车销售有限公司
281. 北京七星华创电子股份有限公司
282. 北京世纪博爱医学研究所
283. 北京中电华大电子设计有限责任公司
284. 如家和美酒店管理(北京)有限公司
285. 北京合生愉景房地产开发有限公司
286. 北京东方鸿铭中央商务区体育中心有限公司
287. 北京三元桥丰田汽车销售服务中心
288. 北京市朝批双隆酒业销售有限责任公司
289. 北京嘉里华远房地产开发有限公司
290. 北京中强认产品标志技术服务中心
291. 北京盈之宝汽车销售服务有限公司
292. 北京基伊埃能源技术有限公司
293. 昭仪新天地(北京)珠宝有限公司
294. 北京森华佳运汽车贸易有限公司
295. 瑞钢联集团有限公司
296. 东芝医疗系统(中国)有限公司
297. 北京浙金都房地产开发有限公司
298. 北京汉斯物业管理有限公司
299. 北京高安屯垃圾焚烧有限公司
300. 北京宜家家居有限公司
301. 北京京城水务有限责任公司
302. 北京红太阳药业有限公司
303. 北京经纬恒润科技有限公司
304. 北京道林建筑规划设计咨询有限公司
305. 北京奥吉通汽车销售有限公司
306. 中色地科矿产勘查股份有限公司
307. 北京中旭阳光能源科技股份有限公司
308. 北京潘家园旧货市场有限公司
309. 中冀斯巴鲁(北京)汽车销售有限公司
310. 威斯特(北京)机械设备有限公司
311. 北京达世行华威汽车销售有限公司
312. 天立环保工程股份有限公司
313. 招商局地产(北京)有限公司
314. 北京友兴纸源再生资源回收有限公司
315. 北京京泰同成置业有限公司
316. 北京华大智宝电子系统有限公司
317. 北京惠通陆华汽车服务有限公司
318. 北京福恒投资有限责任公司
319. 北京嘉茂安贞商用房地产有限公司
320. 中国神华能源股份有限公司国华电力分公司
321. 北京瑞斯科管理咨询有限公司
322. 北京汉博时服装有限公司
323. 北京泛旅商贸有限责任公司
324. 北京居然之家十里河家居建材市场有限公司
325. 北京太阳宫燃气热电有限公司
326. 北京祈德丰商贸有限公司
327. 北京五方中冀汽车销售有限公司
328. 日冲商业(北京)有限公司
329. 北京长江新世纪文化传媒有限公司
330. 北京华瑞兴贸房地产咨询有限公司

331. 徕卡测量系统贸易(北京)有限公司
332. 北京新世界彩旋百货有限公司
333. 北京红牛饮料销售有限公司
334. 亿吉埃冷却系统贸易(北京)有限公司
335. 北京万达国际电影城有限公司
336. 北京智美传媒股份有限公司
337. 北京朝批中得商贸有限公司
338. 北京中纺精业机电设备有限公司
339. 北京广丰通田汽车贸易有限公司
340. 北京普仁鸿医药销售有限公司
341. 北京市京新龙医药销售有限公司
342. 北京恒通华泰汽车销售有限公司
343. 北京欧蒙生物技术有限公司
344. 北京博瑞祥云汽车销售中心
345. 北京博瑞祥驰汽车销售服务中心
346. 中国石油天然气股份有限公司华北润滑油销售分公司
347. 内蒙古伊利实业集团股份有限公司北京分公司
348. 路易达孚(北京)贸易有限责任公司
349. 北京必胜客比萨饼有限公司
350. 阿尔派电子(中国)有限公司
351. 友利银行(中国)有限公司
352. 央视—索福瑞媒介研究有限公司
353. ABB(中国)有限公司
354. 中国石油化工股份有限公司化工销售分公司
355. 华能北京热电有限责任公司
356. 中国免税品(集团)有限责任公司
357. 北京利德曼生化股份有限公司
358. 北京 ABB 贝利工程有限公司
359. 新兴际华集团有限公司(原名新兴铸管集团有限公司)
360. 北京赛特百货有限公司

## 海淀区(579 户)

1.《精品购物指南》报社
2. POLYCOM 通讯技术(北京)有限公司
3. 阿尔特(中国)汽车技术有限公司
4. 爱国者电子科技有限公司
5. 爱国者数码科技有限公司
6. 爱伦迪克(北京)通信设备有限公司
7. 安力博发集团有限公司
8. 百度时代网络技术(北京)有限公司
9. 百度在线网络技术(北京)有限公司
10. 北车进出口有限公司
11. 北大方正集团有限公司
12. 北京阿博泰克北大青鸟信息技术有限公司
13. 北京埃比瑞斯科技有限责任公司
14. 北京爱德发科技有限公司
15. 北京爱心伟业医药有限公司
16. 北京爱信诺航天科技有限公司
17. 北京安地房地产开发有限责任公司
18. 北京奥得赛化学股份有限公司
19. 北京奥瑞安能源技术开发有限公司
20. 北京澳林房地产有限公司
21. 北京巴士股份有限公司
22. 北京百得利汽车销售有限公司
23. 北京百慕航材高科技股份有限公司
24. 北京佰能电气技术有限公司
25. 北京宝洁技术有限公司
26. 北京北车物流发展有限责任公司
27. 北京北大方正电子有限公司
28. 北京北大维信生物科技有限公司
29. 北京北大先锋科技有限公司
30. 北京北斗星通导航技术股份有限公司
31. 北京北控电信通信息技术有限公司

32. 北京北星行汽车销售有限公司
33. 北京北冶功能材料有限公司
34. 北京碧水源科技股份有限公司
35. 北京超市发连锁股份有限公司
36. 北京超思电子技术有限责任公司
37. 北京朝歌数码科技股份有限公司
38. 北京城建集团有限责任公司
39. 北京城建兴华地产有限公司
40. 北京城乡华懋商厦有限公司
41. 北京城乡贸易中心股份有限公司
42. 北京创景置业有限责任公司
43. 北京创维海通数字技术有限公司
44. 北京翠微大厦股份有限公司
45. 北京翠微家园超市连锁经营有限责任公司
46. 北京大唐高鸿数据网络技术有限公司
47. 北京大学出版社有限公司
48. 北京大学第三医院
49. 北京当代商城有限责任公司
50. 北京德农种业有限公司
51. 北京迪信通电子通信技术有限公司
52. 北京迪信通商贸股份有限公司
53. 北京电视台
54. 北京电信规划设计院有限公司
55. 北京钓鱼台酒业有限公司
56. 北京鼎固房地产开发有限公司
57. 北京鼎事兴教育咨询有限公司
58. 北京东方博杰广告有限公司
59. 北京东方中科集成科技股份有限公司
60. 北京东南悦达医疗器械有限公司
61. 北京东陶有限公司
62. 北京恩菲环保股份有限公司
63. 北京二商王致和食品有限公司
64. 北京发那科机电有限公司
65. 北京方正奥德计算机系统有限公司
66. 北京方正科技信息产品有限公司
67. 北京方正世纪信息系统有限公司
68. 北京福星晓程电子科技股份有限公司
69. 北京富通东方科技有限公司
70. 北京甘家口大厦有限责任公司
71. 北京高能时代环境技术股份有限公司
72. 北京高伟达软件技术有限公司
73. 北京高阳圣思园信息技术有限公司
74. 北京歌华有线电视网络股份有限公司
75. 北京格林威尔科技发展有限公司
76. 北京公科飞达交通工程发展有限公司
77. 北京光宇华夏科技有限责任公司
78. 北京广利核系统工程有限公司
79. 北京国电华北电力工程有限公司
80. 北京国电龙源环保工程有限公司
81. 北京国电水利电力工程有限公司
82. 北京国机隆盛汽车有限公司
83. 北京国晶辉红外光学科技有限公司
84. 北京国信国际贸易有限公司
85. 北京海蓝科技开发有限责任公司
86. 北京氦普北分气体工业有限公司
87. 北京航天金税技术有限公司
88. 北京航天控制仪器研究所
89. 北京和利时系统工程有限公司
90. 北京和协航电科技有限公司
91. 北京华风气象影视技术中心
92. 北京华峰测控技术有限公司
93. 北京华虹集成电路设计有限责任公司
94. 北京华环电子股份有限公司
95. 北京华润新镇置业有限责任公司
96. 北京华胜天成科技股份有限公司
97. 北京华图汉语文化服务中心
98. 北京华宇时尚购物中心有限公司
99. 北京环球天下教育科技有限公司
100. 北京环亚时代信息技术有限公司
101. 北京寰宇恒通汽车有限公司
102. 北京机电院高技术股份有限公司
103. 北京加维通讯电子技术有限公司
104. 北京佳讯飞鸿电气股份有限公司

105. 北京家乐福商业有限公司中关村广场店
106. 北京键鑫实华科技发展有限公司
107. 北京江山美好能源科技有限公司
108. 北京姜杰威尔谛琴城有限公司
109. 北京交科公路勘察设计研究院有限公司
110. 北京金山软件有限公司
111. 北京京东世纪贸易有限公司
112. 北京京江国际工程咨询有限公司
113. 北京京现汽车维修服务有限公司
114. 北京九恒星科技股份有限公司
115. 北京九强生物技术有限公司
116. 北京久其软件股份有限公司
117. 北京巨龙东方国际信息技术有限责任公司
118. 北京君道科技发展有限公司
119. 北京君正集成电路股份有限公司
120. 北京砍石高科技有限公司
121. 北京康吉森自动化设备技术有限责任公司
122. 北京康牧兽医药械中心
123. 北京康拓红外技术有限公司
124. 北京康拓科技有限公司
125. 北京科锐配电自动化股份有限公司
126. 北京科兴生物制品有限公司
127. 北京空中信使信息技术有限公司
128. 北京朗新信息系统有限公司
129. 北京乐语世纪科技集团有限公司
130. 北京理贝尔生物工程研究所有限公司
131. 北京理工大学
132. 北京联想软件有限公司
133. 北京联信永益科技股份有限公司
134. 北京联信永益信息技术有限公司
135. 北京龙徽酿酒有限公司
136. 北京绿色金可生物技术股份有限公司
137. 北京茅台神舟商贸有限公司
138. 北京美特斯邦威服饰有限公司
139. 北京奈亚信息技术有限公司
140. 北京南天软件有限公司
141. 北京派利斯科技有限公司
142. 北京普天太力通信科技有限公司
143. 北京普源精电科技有限公司
144. 北京青鸟信息技术教育发展有限公司
145. 北京青鸟信息系统有限公司
146. 北京荣之联科技股份有限公司
147. 北京锐安科技有限公司
148. 北京润天祥冶金科贸有限公司
149. 北京三聚环保新材料股份有限公司
150. 北京三联虹普新合纤技术服务股份有限公司
151. 北京商服通网络科技有限公司
152. 北京上汽安吉汽车销售服务有限公司
153. 北京神州绿盟信息安全科技股份有限公司
154. 北京神州数码供应链服务有限公司
155. 北京神州数码思特奇信息技术股份有限公司
156. 北京神州数码有限公司
157. 北京神州泰岳软件股份有限公司
158. 北京师范大学出版社发行部
159. 北京石油机械厂
160. 北京时代科技股份有限公司
161. 北京时代之峰科技有限公司
162. 北京实创环保发展有限公司
163. 北京实创科技园开发建设股份有限公司
164. 北京世纪聚合风电技术有限公司
165. 北京世纪颐和物业管理有限责任公司
166. 北京市安达房地产开发公司
167. 北京市定慧桥集美家具城市场有限公司
168. 北京市海淀区邮电局
169. 北京市海淀区玉渊潭农工商总公司

170. 北京市海淀烟草公司
171. 北京市华风声像技术中心
172. 北京市华铁信息技术开发总公司
173. 北京市龙泰工程设计咨询有限公司
174. 北京市普利门机电高技术公司
175. 北京市市政工程设计研究总院
176. 北京市太阳能研究所有限公司
177. 北京市天元网络技术股份有限公司
178. 北京市西苑饭店
179. 北京市御水苑房地产开发有限责任公司
180. 北京市云建房地产开发有限责任公司
181. 北京视宝卫星图像有限公司
182. 北京视博数字电视科技有限公司
183. 北京首钢华夏国际贸易有限公司
184. 北京首汽汽车修理有限公司
185. 北京首汽腾迪汽车销售服务有限公司
186. 北京数码视讯科技股份有限公司
187. 北京双杰电气股份有限公司
188. 北京双鹭药业股份有限公司
189. 北京四达时代软件技术股份有限公司
190. 北京四方继保工程技术有限公司
191. 北京四方继保自动化股份有限公司
192. 北京四通新技术产业有限公司
193. 北京四维图新科技股份有限公司
194. 北京搜房科技发展有限公司
195. 北京搜狐新媒体信息技术有限公司
196. 北京搜狐新时代信息技术有限公司
197. 北京太富力传动机器有限责任公司
198. 北京唐智科技发展有限公司
199. 北京天融信网络安全技术有限公司
200. 北京天坛生物制品股份有限公司
201. 北京铁路局
202. 北京铁路物资总公司
203. 北京铁总物通国际贸易有限公司
204. 北京通和实益电信科学技术研究所有限公司
205. 北京同方吉兆科技有限公司
206. 北京同方微电子有限公司
207. 北京同仁堂健康药业股份有限公司
208. 北京同有飞骥科技股份有限公司
209. 北京托毕西药业有限公司
210. 北京拓尔思信息技术股份有限公司
211. 北京蛙视通信技术有限责任公司
212. 北京外语音像出版社有限公司
213. 北京万集科技有限责任公司
214. 北京王府井百货集团双安商场有限责任公司
215. 北京威凯房地产开发经营公司
216. 北京维盛网域科技有限公司
217. 北京未来广告有限公司
218. 北京无线电测量研究所(中国航天科工集团第二研究院二十三所)
219. 北京五龙电信技术公司
220. 北京西三旗高新建材城经营开发有限公司
221. 北京先进数通信息技术有限公司
222. 北京香格里拉饭店有限公司
223. 北京橡果经贸有限公司
224. 北京骁天时代文化发展有限公司
225. 北京晓通网络科技有限公司
226. 北京新城时代房地产开发有限公司
227. 北京新东方教育科技(集团)有限公司
228. 北京新风机械厂
229. 北京新聚思信息技术有限公司
230. 北京新浪互联信息服务有限公司
231. 北京新立机械有限责任公司
232. 北京新媒传信科技有限公司
233. 北京新世纪饭店有限公司
234. 北京新燕莎商业有限公司
235. 北京新宇心愿房地产开发有限公司
236. 北京鑫陆源运输发展有限公司
237. 北京信息基础设施建设股份有限公司

238. 北京讯宜创新电子有限公司
239. 北京亚邦伟业技术有限公司
240. 北京亚之杰汽车贸易有限责任公司
241. 北京研华兴业电子科技有限公司
242. 北京燕波工程管理有限公司
243. 北京燕莎友谊商城有限公司燕莎金源店
244. 北京一起玩网络科技有限公司
245. 北京易讯无限信息技术股份有限公司
246. 北京益生康健电子商务有限公司
247. 北京银信长远科技股份有限公司
248. 北京英博电气股份有限公司
249. 北京英克必成科技有限公司
250. 北京颖泰嘉和科技股份有限公司
251. 北京颖新泰康国际贸易有限公司
252. 北京永泰亿成科技发展有限公司
253. 北京永新视博数字电视技术有限公司
254. 北京宇信易诚科技有限公司
255. 北京语言大学出版社有限公司
256. 北京泽华化学工程有限公司
257. 北京志诚华海投资有限公司
258. 北京智讯天成技术有限公司
259. 北京置安日盛信息技术有限公司
260. 北京中安信邦资产管理有限公司
261. 北京中标方圆防伪技术有限公司
262. 北京中创信测科技股份有限公司
263. 北京中电高科技电视发展公司
264. 北京中电广通科技有限公司
265. 北京中关村科技担保有限公司
266. 北京中进百旺汽车销售服务有限公司
267. 北京中进通旺汽车销售服务有限公司
268. 北京中进众旺汽车销售服务有限公司
269. 北京中科大洋科技发展股份有限公司
270. 北京中科科仪技术发展有限责任公司
271. 北京中科三环高技术股份有限公司
272. 北京中科通用能源环保有限责任公司
273. 北京中矿环保科技股份有限公司
274. 北京中棉机械成套设备有限公司
275. 北京中能华源科技发展有限公司
276. 北京中青旅创格科技有限公司
277. 北京中燃伟业燃气有限公司
278. 北京中软国际信息技术有限公司
279. 北京中顺超科房地产开发有限公司
280. 北京中献电子技术开发中心
281. 北京中新图锐科技有限公司
282. 北京中兴通科技股份有限公司
283. 北京中原合聚经贸有限公司
284. 北京周林频谱科技有限公司
285. 北京紫光测控有限公司
286. 北京紫光华宇软件股份有限公司
287. 北京紫竹医药经营有限公司
288. 北京纵横机电技术开发公司
289. 北新集团建材股份有限公司
290. 比业电子(北京)有限公司
291. 必联(北京)电子商务科技有限公司
292. 兵器装备集团财务有限责任公司
293. 博雅软件股份有限公司
294. 财富软件(北京)有限公司
295. 彩虹集团公司
296. 长城计算机软件与系统有限公司
297. 超威半导体产品(中国)有限公司
298. 达科信息科技(北京)有限公司
299. 大恒新纪元科技股份有限公司
300. 大唐电信科技产业控股有限公司
301. 大唐微电子技术有限公司
302. 大唐移动通信设备有限公司
303. 党建读物出版社
304. 得利满水处理系统(北京)有限公司
305. 地质出版社
306. 电信科学技术研究院
307. 电讯盈科(北京)有限公司
308. 电子工业出版社
309. 东华软件股份公司
310. 东陶机器(北京)有限公司

311. 法律出版社
312. 方圆标志认证集团有限公司
313. 工业和信息化部通信计量中心
314. 公安部第一研究所
315. 谷歌信息技术(中国)有限公司
316. 广联达软件股份有限公司
317. 国电联合动力技术有限公司
318. 国电龙源电力技术工程有限责任公司
319. 国机财务有限责任公司
320. 国家广播电影电视总局电影卫星频道节目制作中心
321. 国家图书馆
322. 国寿投资控股有限公司
323. 国投电力有限公司
324. 国投煤炭运销有限公司
325. 国药药材股份有限公司
326. 海航集团财务有限公司
327. 汉王科技股份有限公司
328. 翰林汇信息产业股份有限公司
329. 航天东方红卫星有限公司
330. 航天科技财务有限责任公司
331. 航天信息股份有限公司
332. 航天信息系统工程(北京)有限公司
333. 好讯通(北京)科技有限公司
334. 恒泰艾普石油天然气技术服务股份有限公司
335. 宏源证券股份有限公司北京紫竹院路证券营业部
336. 华车(北京)交通装备有限公司
337. 华诚电影电视数字节目有限公司
338. 华电招标有限公司
339. 华能国际电力股份有限公司
340. 华能国际电力开发公司
341. 华能能源交通产业控股有限公司
342. 华锐风电科技(集团)股份有限公司
343. 华瑞科力恒(北京)科技有限公司
344. 华为数字技术有限公司
345. 华西证券有限责任公司北京紫竹院路证券营业部
346. 华夏电影发行有限责任公司
347. 华夏认证中心有限公司
348. 嘉事堂药业股份有限公司
349. 甲骨文(中国)软件系统有限公司
350. 教育部考试中心
351. 教育部留学服务中心
352. 教育科学出版社
353. 金卓恒邦科技(北京)有限公司
354. 九创互动信息技术(北京)有限公司
355. 康辰医药股份有限公司
356. 利亚德光电股份有限公司
357. 联强国际贸易(中国)有限公司北京分公司
358. 联通进出口有限公司
359. 联通兴业科贸有限公司
360. 联想(北京)有限公司
361. 联想控股有限公司
362. 默克雪兰诺(北京)医药研发有限公司
363. 南车投资租赁有限公司
364. 诺托·弗朗克建筑五金(北京)有限公司
365. 启迪控股股份有限公司
366. 乾元浩生物股份有限公司
367. 清华大学出版社有限公司
368. 全美测评软件系统(北京)有限公司
369. 人民教育出版社印刷厂
370. 人民教育电子音像出版社
371. 人民铁道报社
372. 人民音乐出版社有限公司
373. 瑞萨半导体(北京)有限公司
374. 瑞斯康达科技发展股份有限公司
375. 赛贝斯软件(中国)有限公司
376. 赛尔网络有限公司
377. 赛门铁克软件(北京)有限公司

378. 赛仕软件(北京)有限公司
379. 三星(中国)投资有限公司北京分公司
380. 神华煤炭运销公司
381. 神州数码(中国)有限公司
382. 神州数码软件有限公司
383. 神州数码网络(北京)有限公司
384. 神州数码系统集成服务有限公司
385. 神州数码信息系统有限公司
386. 世纪丽康(北京)科技有限公司
387. 首都信息发展股份有限公司
388. 曙光信息产业(北京)有限公司
389. 瞬联软件科技(北京)有限公司
390. 朔黄铁路发展有限责任公司
391. 思爱普(北京)软件系统有限公司
392. 思科系统(中国)网络技术有限公司
393. 太极计算机股份有限公司
394. 泰阿尔教育科技(北京)有限公司
395. 腾讯科技(北京)有限公司
396. 中华人民共和国铁道部
397. 通标标准技术服务有限公司
398. 同方股份有限公司
399. 同方光盘股份有限公司
400. 同方环境股份有限公司
401. 同方人工环境有限公司
402. 同方威视技术股份有限公司
403. 外语教学与研究出版社有限责任公司
404. 完美世界(北京)软件有限公司
405. 完美世界(北京)网络技术有限公司
406. 网之易信息技术(北京)有限公司
407. 微软(中国)有限公司
408. 五矿东方贸易进出口有限责任公司
409. 五矿发展股份有限公司
410. 五矿工程技术有限责任公司
411. 五矿集团财务有限责任公司
412. 五矿铝业有限公司
413. 五矿投资发展有限责任公司
414. 五矿有色金属股份有限公司
415. 五洲传播出版社
416. 西克麦哈克(北京)仪器有限公司
417. 西瑞克斯(北京)通信设备有限公司
418. 新浪网技术(中国)有限公司
419. 新荣国际商贸有限责任公司
420. 新时代证券有限责任公司
421. 信元公众信息发展有限责任公司
422. 兴唐通信科技有限公司
423. 兴业银行股份有限公司北京分行
424. 亚信联创科技(中国)有限公司
425. 阳光雨露信息技术服务(北京)有限公司
426. 一汽丰田汽车销售有限公司
427. 易程科技股份有限公司
428. 银通投资咨询有限公司
429. 用友软件股份有限公司
430. 有研半导体材料股份有限公司
431. 原子高科股份有限公司
432. 中安防伪技术有限公司
433. 中钞信用卡产业发展有限公司
434. 中电科技国际贸易有限公司
435. 中钢钢铁有限公司
436. 中钢国际货运有限公司
437. 中钢炉料有限公司
438. 中钢贸易有限公司
439. 中钢设备有限公司
440. 中钢投资有限公司
441. 中广影视卫星有限责任公司
442. 中国北方化学工业(集团)有限责任公司
443. 中国长城工业总公司
444. 中国长江三峡集团公司
445. 中国船舶工业集团公司船舶系统工程部
446. 中国船舶工业综合技术经济研究院
447. 中国大恒(集团)有限公司

448. 中国电力工程有限公司
449. 中国电力科学研究院
450. 中国电信集团系统集成有限责任公司
451. 中国电影集团公司
452. 中国电子财务有限责任公司
453. 中国电子进出口总公司
454. 中国电子科技开发有限公司
455. 中国电子器材总公司
456. 中国电子器件工业有限公司
457. 中国电子信息产业集团有限公司
458. 中国外运长航集团有限公司
459. 中国恩菲工程技术有限公司
460. 中国房地产开发集团公司
461. 中国纺织工业设计院
462. 中国工商银行股份有限公司北京翠微路支行
463. 中国工商银行股份有限公司北京海淀西区支行
464. 中国工商银行股份有限公司北京海淀支行
465. 中国国际电视总公司
466. 中国国际工程咨询公司
467. 中国航空工业集团公司北京航空材料研究院
468. 中国航天时代电子公司
469. 中国核电工程有限公司
470. 中国华电集团财务有限公司
471. 中国华电集团资本控股有限公司
472. 中国华能财务有限责任公司
473. 中国华能集团公司
474. 中国华云技术开发公司
475. 中国惠普有限公司
476. 中国机电出口产品投资有限公司
477. 中国技术进出口总公司
478. 中国监察杂志社
479. 中国检验认证集团检验有限公司
480. 中国建材装备有限公司
481. 中国建筑标准设计研究院
482. 中国建筑工程总公司
483. 中国建筑工业出版社
484. 中国建筑股份有限公司
485. 中国教育电视台
486. 中国教育图书进出口公司
487. 中国进口汽车贸易有限公司
488. 中国京冶建设工程承包公司
489. 中国精密机械进出口总公司
490. 中国科学院电子学研究所
491. 中国科学院国有资产经营有限责任公司
492. 中国空间技术研究院
493. 中国矿产有限责任公司
494. 中国昆仑工程公司
495. 中国铝业公司
496. 中国铝业股份有限公司
497. 中国民航信息网络股份有限公司
498. 中国民生银行股份有限公司总行营业部
499. 中国农业银行股份有限公司
500. 中国农业银行股份有限公司北京海淀支行
501. 中国人民财产保险股份有限公司北京市海淀支公司
502. 中国人民大学出版社有限公司
503. 中国人民银行清算总中心
504. 中国软件与技术服务股份有限公司
505. 中国神华能源股份有限公司铁路货车运输分公司
506. 中国石化集团新星石油有限责任公司
507. 中国石油化工股份有限公司长城润滑油分公司
508. 中国石油化工股份有限公司润滑油分公司
509. 中国水电建设集团房地产有限公司
510. 中国税务杂志社
511. 中国铁道科学研究院

512. 中国铁道科学研究院机车车辆研究所
513. 中国铁道科学研究院金属及化学研究所
514. 中国铁道科学研究院通信信号研究所
515. 中国铁建股份有限公司
516. 中国铁路物资总公司
517. 中国投资担保有限公司
518. 中国投资咨询公司
519. 中国土木工程集团有限公司
520. 中国卫星通信集团有限公司
521. 中国五矿集团公司
522. 中国稀有稀土公司
523. 中国医药保健品股份有限公司
524. 中国银河证券股份有限公司北京阜成路证券营业部
525. 中国银行股份有限公司北京海淀支行
526. 中国有色工程有限公司
527. 中国直播卫星有限公司
528. 中国中钢股份有限公司
529. 中国中钢集团公司
530. 中国重型机械总公司
531. 中国专利信息中心
532. 中国租船有限公司
533. 中华通信系统有限责任公司
534. 中建材集团进出口公司
535. 中建铁路建设有限公司
536. 中节能可再生能源投资有限公司
537. 中科软科技股份有限公司
538. 中科实业集团(控股)有限公司
539. 中蓝国际化工有限公司
540. 中粮饲料有限公司
541. 中铝国际工程有限责任公司
542. 中煤国际工程集团北京华宇工程有限公司
543. 中汽凯瑞贸易有限公司
544. 中生北控生物科技股份有限公司
545. 中石化中化成品油销售有限公司
546. 中石化中铁油品销售有限公司
547. 中石油中铁油品销售有限公司
548. 中视体育娱乐有限公司
549. 中铁六局集团北京铁路建设有限公司
550. 中铁六局集团有限公司
551. 中铁物产控股发展有限公司
552. 中铁物资集团有限公司
553. 中铁资源集团有限公司
554. 中外运空运发展股份有限公司
555. 中外运物流投资控股有限公司
556. 中信国安信息产业股份有限公司
557. 中信国华国际工程承包有限责任公司
558. 中信建投证券有限责任公司北京三里河路证券营业
559. 中讯计算机系统(北京)有限公司
560. 中讯邮电咨询设计院有限公司
561. 中央电视台
562. 中盈优创资讯科技有限公司
563. 中邮创业基金管理有限公司
564. 中油油气勘探软件国家工程研究中心有限公司
565. 中咨泰克交通工程有限公司
566. 紫光股份有限公司
567. 紫光集团有限公司
568. 紫光数码有限公司
569. 中国化纤总公司
570. 中国进出口银行
571. 中建材国际贸易有限公司
572. 中国平安人寿保险股份有限公司北京分公司
573. 中经东源进出口有限责任公司
574. 北京三元食品股份有限公司
575. 北京五星青岛啤酒有限公司
576. 中国机械工业集团有限公司
577. 中国再保险(集团)股份有限公司
578. 中凯国际工程有限责任公司
579. 五矿钢铁有限责任公司

# 丰台区(337 户)

1. 安萨尔多信号系统(北京)有限公司
2. 保利(北京)房地产开发有限公司
3. 北车投资租赁有限公司
4. 北方国际合作股份有限公司
5. 北京 ABB 低压电器有限公司
6. 北京艾森绿宝油脂有限公司
7. 北京安平泰道科技发展有限公司
8. 北京奥德行丰田汽车销售服务有限公司
9. 北京奥信化工科技发展有限责任公司
10. 北京白盆窑天兴投资管理公司
11. 北京宝辰伯乐汽车销售服务有限公司
12. 北京保德威服饰有限公司
13. 北京北方华德尼奥普兰客车股份有限公司
14. 北京北方金泰开元汽车销售服务有限公司
15. 北京北方生物技术研究所
16. 北京北方新兴长安铃木汽车销售服务有限
17. 北京北内柴油机有限责任公司
18. 北京北纬华元软件科技有限公司
19. 北京北益电工绝缘制品有限公司
20. 北京北整长欣整流器有限公司
21. 北京倍爱康生物技术有限公司
22. 北京滨松光子技术股份有限公司
23. 北京博奇电力科技有限公司
24. 北京博瑞凌志汽车销售服务有限公司
25. 北京博瑞翔宸汽车销售中心
26. 北京草桥实业总公司
27. 北京长城制药厂
28. 北京长京行汽车销售服务有限公司
29. 北京长铁车辆有限公司
30. 北京长怡汽车销售服务有限公司
31. 北京长征高科技公司
32. 北京长征天民高科技有限公司
33. 北京长征宇通测控通信技术有限责任公司
34. 北京辰森世纪科技股份有限公司
35. 北京诚信达汽车销售有限公司
36. 北京创世愿景房地产开发有限公司
37. 北京达特烟草成套设备技术开发有限责任
38. 北京达因瑞康科技有限责任公司
39. 北京大红门福成商贸市场中心
40. 北京大红门京深海鲜批发市场有限公司
41. 北京大旺食品有限公司丰台分公司
42. 北京当升材料科技股份有限公司
43. 北京迪赛奇正科技有限公司
44. 北京地铁车辆装备有限公司
45. 北京蒂本斯工程技术有限公司
46. 北京蝶禾谊安信息技术有限公司
47. 北京鼎汉技术股份有限公司
48. 北京东方宇业技术有限公司
49. 北京东方中远市政工程有限责任公司
50. 北京东篱南山信息技术有限公司
51. 北京东山机械技术有限公司
52. 北京动力源科技股份有限公司
53. 北京恩吉威机电科技发展有限公司
54. 北京二七轨道交通装备有限责任公司
55. 北京二七机车厂工业公司
56. 北京二商味滋康食品有限公司
57. 北京方大炭素科技有限公司
58. 北京方庄丰田汽车销售服务中心
59. 北京丰华实机械有限公司
60. 北京福铃汽车技术发展有限公司
61. 北京福奈特洗衣服务有限公司
62. 北京富克拉家具销售有限公司

63. 北京高盟化工有限公司
64. 北京公联京胜石化有限公司
65. 北京供电福斯特开关设备有限公司
66. 北京古船油脂有限责任公司
67. 北京国铁华晨通信信息技术公司
68. 北京国铁信通科技发展有限公司
69. 北京海鑫科金高科技股份有限公司
70. 北京海震铁路装备投资有限公司
71. 北京航天长征飞行器研究所
72. 北京航天动力研究所
73. 北京航天发射技术研究所
74. 北京航天海鹰物业管理有限责任公司
75. 北京航天海鹰星航机电设备有限公司
76. 北京航天凯恩化工科技有限公司
77. 北京航天三发高科技有限公司
78. 北京航天斯达新技术装备公司
79. 北京航天希尔测试技术有限公司
80. 北京航天振邦精密机械有限公司
81. 北京恒日工程机械有限公司
82. 北京鸿基世业房地产开发有限公司
83. 北京虎王和田宽食品有限公司
84. 北京花乡桥丰田汽车销售服务有限公司
85. 北京华电瑞通电力工程技术有限公司
86. 北京华林特装车有限公司
87. 北京华轮铭泰科贸有限公司
88. 北京华能达电力技术应用有限责任公司
89. 北京汇京鸿运汽车贸易发展有限公司
90. 北京惠通盛电力工程有限责任公司
91. 北京吉艾博然科技有限公司
92. 北京吉芬时装设计有限公司
93. 北京集美家居市场集团有限公司
94. 北京加达博通汽车销售有限公司
95. 北京加达汽车服务有限公司
96. 北京加达永通汽车销售有限公司
97. 北京嘉金福瑞汽车销售服务有限公司
98. 北京建黎铝门窗幕墙有限公司
99. 北京建谊建筑工程有限公司
100. 北京捷文资讯科技有限公司
101. 北京金港机场建设有限责任公司
102. 北京金万众科技发展有限公司
103. 北京金五联医药有限公司
104. 北京金自天成液压技术有限责任公司
105. 北京金自天和缓冲技术有限公司
106. 北京金自天正智能控制股份有限公司
107. 北京锦通京南汽车销售有限公司
108. 北京锦绣通商汽车贸易有限公司
109. 北京京丰燃气发电有限责任公司
110. 北京京丰热电有限责任公司
111. 北京京丰制药有限公司
112. 北京京桥热电有限责任公司
113. 北京京燃凌云燃气设备有限公司
114. 北京京日正山食品有限公司
115. 北京京卫国康医药有限公司
116. 北京京卫元华医药科技有限公司
117. 北京京仪世纪电子股份有限公司
118. 北京晶川电子技术发展有限责任公司
119. 北京居然之家玉泉营家居建材市场有限公司
120. 北京凯恩帝机电技术有限公司
121. 北京凯恩帝数控技术有限责任公司
122. 北京凯普林光电科技有限公司
123. 北京凯特驾驶技术培训学校
124. 北京科园信海医药经营有限公司
125. 北京科之建环保工程有限公司
126. 北京乐金日用化学有限公司
127. 北京雷音电子技术开发有限公司
128. 北京力天兴业科技发展有限公司
129. 北京联合执信医疗科技有限公司
130. 北京凌云建材化工有限公司
131. 北京隆轩橡塑有限公司
132. 北京马克华菲服饰有限公司
133. 北京懋源置业有限公司

134. 北京美添前景科技有限公司
135. 北京绵世投资集团股份有限公司
136. 北京南凯自动化系统工程有限公司
137. 北京南粤苑宾馆
138. 北京能为科技发展有限公司
139. 北京农村商业银行股份有限公司卢沟桥支行
140. 北京欧尚超市有限公司丰台店
141. 北京庆洋汽车服务有限公司
142. 北京屈臣氏蒸馏水有限公司
143. 北京全路通信信号研究设计院
144. 北京燃烽医药有限责任公司
145. 北京瑞钢联科技发展有限公司
146. 北京润美康医药有限公司
147. 北京赛迪克金属材料有限公司
148. 北京赛尔克瑞特电工有限公司
149. 北京三全食品销售有限公司
150. 北京三兴汽车有限公司
151. 北京圣非凡电子系统技术开发有限公司
152. 北京盛通印刷股份有限公司
153. 北京时代华语图书股份有限公司
154. 北京实力源科技开发有限责任公司
155. 北京世纪东方国铁科技股份有限公司
156. 北京市第十二中学高中分校
157. 北京市东方友谊食品配送公司
158. 北京市丰辆铁路货车修理厂
159. 北京市丰台烟草公司
160. 北京市华生医药生物技术开发公司
161. 北京市六一仪器厂
162. 北京市清洁机械厂
163. 北京市人教科发工贸公司
164. 北京市上海汽车联营销售公司
165. 北京市食品供应处 34 号供应部
166. 北京市天达汽车修理有限公司
167. 北京市西南郊食品冷冻厂
168. 北京市新明星电子技术开发公司
169. 北京市信发通达汽车销售有限公司
170. 北京市烟花鞭炮有限公司
171. 北京市尧舜建材供应站
172. 北京市中北建筑工程有限公司
173. 北京首钢钢材配送有限公司
174. 北京首航国力商贸有限公司
175. 北京首航科学技术开发公司
176. 北京首科中系希电信息技术有限公司
177. 北京首汽腾达汽车销售服务有限公司
178. 北京太尔化工有限公司
179. 北京泰雷兹交通自动化控制系统有限公司
180. 北京天地友和科技发展有限责任公司
181. 北京天福力高科技发展中心
182. 北京天高智机技术开发公司
183. 北京天和众邦勘探技术有限公司
184. 北京天健源达科技有限公司
185. 北京天路通科技有限责任公司
186. 北京天星普信生物医药有限公司
187. 北京铁道工程机电技术研究所
188. 北京铁路局丰台车辆段
189. 北京同仁堂科技发展股份有限公司制药厂
190. 北京外运陆运公司
191. 北京万年花城房地产开发有限责任公司
192. 北京万源瀚德汽车密封系统有限公司
193. 北京网新易尚科技有限公司
194. 北京为华新业电子技术有限公司
195. 北京五洲佳泰新型涂层材料有限公司
196. 北京西南物流中心有限公司
197. 北京现代京城工程机械有限公司
198. 北京协和燕庆石油化工有限公司
199. 北京辛普劳食品加工有限公司
200. 北京新城拓展房地产开发有限公司
201. 北京新融友联技术有限责任公司
202. 北京鑫伯龙商贸有限公司

203. 北京鑫丰华彩印有限公司
204. 北京信海丰园生物医药科技发展有限公司
205. 北京星航机电设备厂
206. 北京旭阳宏业化工有限公司
207. 北京旭阳伟业煤焦化工有限公司
208. 北京亚新科天纬油泵油嘴股份有限公司
209. 北京亚之杰伯乐汽车销售服务中心
210. 北京亚之杰世纪汽车销售中心
211. 北京燕山粉研精机有限公司
212. 北京依文服装服饰有限公司
213. 北京义利面包食品有限公司
214. 北京亿客隆家居市场有限责任公司
215. 北京益普四环医药技术开发有限公司
216. 北京谊安医疗系统股份有限公司
217. 北京银建实业股份有限公司
218. 北京英诺威尔科技有限公司
219. 北京永翌置业有限公司
220. 北京优势开拓科技发展有限责任公司
221. 北京榆构砂石有限公司
222. 北京榆构有限公司
223. 北京榆树庄投资管理公司
224. 北京宇航系统工程研究所
225. 北京宇航新材料工艺开发公司
226. 北京玉蜓桥物美商贸有限公司
227. 北京育青食品开发有限公司
228. 北京云星宇交通工程有限公司
229. 北京中钞钞券设计制版有限公司
230. 北京中电联环保工程有限公司
231. 北京中机联供非晶科技股份有限公司
232. 北京中粮万科假日风景房地产开发有限公司
233. 北京中煤顺通国际煤炭销售有限责任公司
234. 北京中汽京田汽车贸易有限公司
235. 北京中瑞建达房地产开发有限公司
236. 北京中润发汽车销售有限公司
237. 北京中视北方影像技术有限责任公司
238. 北京中视远图影视传媒有限公司
239. 北京中铁金麦技术服务有限公司
240. 北京中冶博瑞特科技有限公司
241. 北京中业丰田汽车销售服务有限公司
242. 北京主导时代科技有限公司
243. 北京资和信百货商场有限公司
244. 北京自动化控制设备研究所
245. 北矿磁材科技股份有限公司
246. 大众汽车服务中心(北京)有限公司
247. 德龙运通国际贸易(北京)有限公司
248. 凡客诚品(北京)科技有限公司
249. 泛华建设集团有限公司
250. 公安部消防产品合格评定中心
251. 古琦时装(北京)有限公司
252. 国投高科技投资有限公司
253. 航美联合传媒技术(北京)有限公司
254. 航天材料及工艺研究所
255. 航天科工惯性技术有限公司
256. 华北电力物资总公司
257. 华电管道工程技术有限公司
258. 华电水处理技术工程有限公司
259. 华电重工装备有限公司
260. 华信创科(北京)科技发展有限公司
261. 建龙钢铁控股有限公司
262. 江河机电装备工程有限公司
263. 金融时报社
264. 金永(北京)科技发展有限公司
265. 康阳先锋(北京)生物医药有限公司
266. 柯诺(北京)木业有限公司
267. 控创(北京)科技有限公司
268. 联合利华食品(中国)有限公司北京第二
269. 曼可顿食品(北京)有限公司
270. 美克美家家具装饰(北京)有限公司
271. 牧田(中国)有限公司北京销售分公司

272. 南车二七车辆有限公司
273. 农信银资金清算中心有限责任公司
274. 人教教材中心
275. 山东鲁花集团商贸有限公司北京分公司
276. 上海太太乐食品有限公司北京分公司
277. 盛拓时代(北京)信息技术有限公司
278. 盛泽能源技术有限公司
279. 首都航天机械公司
280. 斯泽塔塞眼镜贸易(北京)有限公司
281. 万宝矿产有限公司
282. 新华人寿保险股份有限公司北京分公司
283. 旭阳控股有限公司
284. 阳光凯讯(北京)科技有限公司
285. 冶金自动化研究设计院
286. 银建汽车销售服务有限公司
287. 浙江贝因美科工贸股份有限公司北京分公司
288. 中兵光电科技股份有限公司
289. 中博世金科贸有限责任公司
290. 中钞国鼎投资有限公司
291. 中钞科堡现金处理技术(北京)有限公司
292. 中钞特种防伪科技有限公司
293. 中成进出口股份有限公司
294. 中钢招标有限责任公司
295. 中国北车股份有限公司
296. 中国北方车辆研究所
297. 中国财经报社
298. 中国工商报社
299. 中国航空工业第一集团公司北京航空精密机械研究所
300. 中国航天建筑设计研究院(集团)
301. 中国航天空气动力技术研究院
302. 中国华电工程(集团)有限公司
303. 中国建银投资证券有限责任公司北京方庄芳群园证券营业部
304. 中国建筑土木建设有限公司
305. 中国建筑一局(集团)有限公司
306. 中国联合航空有限公司
307. 中国民族证券有限责任公司
308. 中国南车集团北京二七车辆厂
309. 中国铁路通信信号集团公司
310. 中国铁路物资北京公司
311. 中国通用技术(集团)控股有限责任公司
312. 中国新兴交通物流总公司
313. 中国有色金属建设股份有限公司
314. 中国中金科技股份有限公司
315. 中国中铁股份有限公司
316. 中国中铁股份有限公司物贸分公司
317. 中航天建设工程公司
318. 中机国际招标公司
319. 中交一公局桥隧工程有限公司
320. 中牧实业股份有限公司
321. 中色国际贸易有限公司
322. 中盛建材有限公司
323. 中体奥林匹克花园管理集团有限公司
324. 中铁电气化局集团北京建筑工程有限公司
325. 中铁电气化局集团有限公司
326. 中铁国际多式联运有限公司
327. 中铁建工集团北京安装工程有限公司
328. 中铁建工集团北京装饰工程有限公司
329. 中铁快运股份有限公司
330. 中铁特货大件运输有限责任公司
331. 中铁特货汽车物流有限责任公司
332. 中铁铁龙集装箱物流股份有限公司特种集装箱运输分公司
333. 中铁置业集团有限公司
334. 中新联进出口公司
335. 中冶建设高新工程技术有限责任公司
336. 中仪国际招标公司
337. 卓望信息技术(北京)有限公司

# 石景山区(91 户)

1.《IT 经理世界》杂志社
2. 阿尔西制冷工程技术(北京)有限公司
3. 北京奥博汽车电子电器有限公司
4. 北京奥力助兴石化有限公司
5. 北京澳美星辰科贸有限公司
6. 北京畅游时代数码技术有限公司
7. 北京畅游天下网络技术有限公司
8. 北京迪信创发商贸有限公司
9. 北京东标电气股份有限公司
10. 北京东标电子有限公司
11. 北京恩欧凯润滑密封技术开发有限公司
12. 北京方正众邦数字医疗系统有限公司
13. 北京伏尔特技术有限公司
14. 北京光明健康乳业销售有限公司
15. 北京锅炉厂
16. 北京国电南自凌伊电力自动化技术有限公司
17. 北京国服信奥兴汽车有限公司
18. 北京海蓝石油技术开发有限公司
19. 北京航天测控技术开发公司
20. 北京合康亿盛变频科技股份有限公司
21. 北京和乔物业管理有限公司
22. 北京核特技术有限公司
23. 北京华联综合超市股份有限公司石景山分公司
24. 北京华瑞君合文化传播有限公司
25. 北京欢驰经贸有限公司
26. 北京冀东丰汽车销售服务有限公司
27. 北京家乐福商业有限公司鲁谷店
28. 北京金建出租汽车有限公司
29. 北京京能热电股份有限公司
30. 北京景山创新通信技术有限公司
31. 北京君澳达汽车销售服务有限公司
32. 北京骏宝捷汽车维修有限公司
33. 北京骏宝捷汽车销售服务有限公司
34. 北京凯帝克物业管理有限责任公司
35. 北京科瑞伟业电气有限公司
36. 北京昆仑联通科技发展有限公司
37. 北京蓝宇博峰科技发展有限公司
38. 北京米波通信技术有限公司
39. 北京三德科技股份有限公司
40. 北京桑雷特机电设备有限公司
41. 北京尚易德科技有限公司
42. 北京时代原景建筑设计咨询有限责任公司
43. 北京实兴腾飞置业发展公司
44. 北京市八宝山殡仪馆
45. 北京市大中家用电器连锁销售有限公司
46. 北京市石景山区自来水公司
47. 北京市石景山烟草公司
48. 北京首钢国际工程技术有限公司
49. 北京首钢建设集团有限公司
50. 北京首钢耐材炉料有限公司
51. 北京首钢自动化信息技术有限公司
52. 北京天山新材料技术股份有限公司
53. 北京铁通康达铁路通信信号设备有限公司
54. 北京沃尔玛百货有限公司
55. 北京物美商业集团股份有限公司
56. 北京物美天翔便利超市有限责任公司
57. 北京西马力检测仪器有限公司
58. 北京响铃盛达技术发展有限公司
59. 北京欣斯达特数字科技有限公司
60. 北京信力筑正新能源技术股份有限公司
61. 北京信中利投资有限公司
62. 北京星座商厦股份有限公司

63. 北京易华录信息技术股份有限公司
64. 北京意科通信技术有限责任公司
65. 北京银帝科技发展公司
66. 北京银建汽车修理有限公司
67. 北京银建投资公司
68. 北京永辉超市有限公司
69. 北京真浩泰汽车销售有限公司
70. 北京中联环建文建筑设计有限公司
71. 北京中铁工业有限公司
72. 北京中铁建工物资有限公司
73. 北京中铁物总贸易有限公司
74. 博拓投资有限公司
75. 大唐国际发电股份有限公司北京高井热电厂
76. 国家体育总局自行车击剑运动管理中心
77. 华电煤业集团运销有限公司
78. 京汉置业集团股份有限公司
79. 蓝港在线(北京)科技有限公司
80. 益田润石(北京)化工有限公司
81. 中国大唐集团新能源股份有限公司北京检修分公司
82. 中国国际广播电台
83. 中国计算机世界出版服务公司
84. 中国建设银行股份有限公司北京石景山支行
85. 中国农业银行股份有限公司北京石景山支行
86. 中国人民财产保险股份有限公司北京市石景山支公司
87. 中铁二十二局集团电气化工程有限公司
88. 中铁二十二局集团有限公司
89. 中铁房地产集团有限公司
90. 中铁建电气化局集团有限公司
91. 中铁建设集团有限公司

# 门头沟区(48 户)

1. 北京安信行物业管理有限公司
2. 北京博度科技发展有限公司
3. 北京北方广日电梯有限责任公司
4. 重庆海尔家电销售有限公司北京分公司
5. 北京光环新网科技股份有限公司
6. 北京歌华有线电视网络股份有限公司门头沟分公司
7. 北京港华商贸有限责任公司
8. 北京恒达物业管理有限责任公司
9. 北京华毅东方展览有限公司
10. 北京华新电工设备有限公司
11. 北京华远盈都房地产开发有限公司
12. 北京昊华能源股份有限公司
13. 北京昊煜工贸有限责任公司
14. 北京华夏聚龙自动化设备有限公司
15. 北京和谐畅通通信系统有限公司
16. 北京京铁装卸有限公司
17. 北京建达道桥咨询有限公司
18. 北京金秋莱太房地产开发有限公司
19. 北京京西晨光饭店
20. 北京京西建筑勘察设计院有限公司
21. 北京精雕科技有限公司
22. 北京京煤集团有限责任公司
23. 北京京煤南方商贸有限责任公司
24. 北京京西发电有限责任公司
25. 北京矿务局综合地质工程公司
26. 北京立思辰科技股份有限公司
27. 北京绿西源管道安装有限责任公司
28. 北京门城物美商城有限公司
29. 北京市门头沟烟草公司

30. 北京美的制冷产品销售有限公司
31. 北京美廉美连锁商业有限公司
32. 北京培特电气工程有限公司
33. 北京纤丝鸟服饰有限公司
34. 顺峰饮食酒店管理有限公司
35. 北京首钢鲁家山石灰石矿有限公司
36. 上海欧迪芬内衣精品股份有限公司北京销售分公司
37. 北京顺天府商贸有限公司
38. 北京伟润行家庭用品有限公司
39. 北京无极液压工程有限公司
40. 北京鑫华源机械制造有限责任公司
41. 北京颐德房地产开发有限公司
42. 北京益普索市场咨询有限公司
43. 北京宇田世纪矿山设备有限公司
44. 北京中粮龙泉山庄有限公司
45. 北京中冶冶金设备制造有限公司
46. 北京中柏创业化工产品有限公司
47. 北京中泰通科技发展有限公司
48. 中企煤电工业有限公司

## 房山区(85 户)

1. 北京艾尔酒业集团有限公司
2. 北京澳特舒尔保健品开发有限公司
3. 北京保利泰克塑料制品有限公司
4. 北京北方出租汽车有限责任公司
5. 北京北方温泉会议中心
6. 北京北化凯明特种化工有限责任公司
7. 北京北亚骨科医院有限公司
8. 北京北一中型数控机床有限责任公司
9. 北京碧生源商贸有限公司
10. 北京波龙堡葡萄酒业有限公司
11. 北京超越电缆有限公司
12. 北京传是国际拍卖有限责任公司
13. 北京电力设备总厂
14. 北京电力设备总厂电器厂
15. 北京东方石油化工有限公司化工四厂
16. 北京东方益通装饰材料有限公司
17. 北京东易日盛装饰股份有限公司
18. 北京房建建筑股份有限公司
19. 北京功德福餐饮有限公司
20. 北京冠华东方玻璃科技有限公司
21. 北京韩建集团有限公司
22. 北京昊天假日酒店有限责任公司
23. 北京浩然混凝土有限公司
24. 北京核原科电电气有限公司
25. 北京恒安天成建筑工程有限公司
26. 北京恒信化工有限公司
27. 北京华冠商贸有限公司
28. 北京华泰复兴商贸有限责任公司
29. 北京极易化工有限公司
30. 北京金蜂蜂业有限公司
31. 北京金美玻璃制品有限责任公司
32. 北京金桥日成环保再生资源回收有限公司
33. 北京京城泰昌机械有限公司
34. 北京京华都房地产开发有限公司
35. 北京京燕水利管理有限公司
36. 北京拒马娱乐有限公司
37. 北京凯盛源工贸中心
38. 北京科泰兴达高新技术有限公司
39. 北京力佳利焊接材料有限公司
40. 北京立马水泥有限公司
41. 北京良乡电力设备检修公司
42. 北京良乡华龙实业公司
43. 北京龙建集团有限公司
44. 北京帕尔普线路器材有限公司
45. 北京普兴液化气有限责任公司

46. 北京企星冶金机电技术工程有限责任公司
47. 北京仁和酒业有限责任公司
48. 北京瑞泽金明物资回收有限公司
49. 北京市北耐耐火材料厂
50. 北京市房山城建集团有限公司
51. 北京市房山区测绘所
52. 北京市房山区龙华建筑工程公司
53. 北京市房山区邮政局
54. 北京市房山制桶厂
55. 北京市昊天电力检修技术开发公司
56. 北京市进联国玉制动泵有限责任公司
57. 北京市良实物业管理中心
58. 北京市泰华房地产开发集团有限公司
59. 北京市坨里大福石料加工厂
60. 北京市翔远装饰有限公司
61. 北京市欣博通能科传动技术有限公司
62. 北京市珍华金属结构厂
63. 北京市政路桥建材集团有限公司房山沥青厂
64. 北京市中北良乡运输公司
65. 北京市自来水集团良泉水业有限公司
66. 北京送变电公司
67. 北京特普丽装饰装帧材料有限公司
68. 北京天湖会议中心有限公司
69. 北京西根尚业商贸有限公司
70. 北京鑫海碧波房地产开发有限公司
71. 北京信诺恒源物资回收有限公司
72. 北京燕山开关厂
73. 北京一机床良工机床零件制造有限公司
74. 北京英龙华辰科技有限公司
75. 北京佑胜建筑物机械拆除有限公司
76. 北京住总物流有限公司
77. 东方风行(北京)商贸有限公司
78. 基康仪器(北京)有限公司
79. 空军第一建筑安装工程总队
80. 欧文斯科宁复合材料(北京)有限公司
81. 中国工商银行股份有限公司北京房山支行
82. 中国黄金集团营销有限公司
83. 中国原子能科学研究院
84. 中铁嘉业(北京)投资有限公司
85. 中铁建工集团有限公司

## 通州区(235 户)

1. 北京阿科玛化学有限公司
2. 北京奥新航机械制造有限公司
3. 北京百纳威尔科技有限公司
4. 北京宝洁洗涤用品有限公司
5. 北京北玻安全玻璃有限公司
6. 北京北方红旗精密机械制造有限公司
7. 北京北京玉东昌再生资源回收有限公司
8. 北京北内发动机零部件有限公司
9. 北京北欧管道制造有限公司
10. 北京贝丽莱斯生物化学有限公司
11. 北京贝特里戴瑞科技发展有限公司
12. 北京倍杰特国际环境技术有限公司
13. 北京比亚迪模具有限公司
14. 北京博格华纳汽车传动器有限公司
15. 北京博瑞东贸汽车销售服务有限公司
16. 北京博宇半导体工艺器皿技术有限公司
17. 北京长润发涂料有限公司
18. 北京诚栋房屋制造有限公司
19. 北京诚栋日新房屋制造有限公司
20. 北京出版发行物流中心有限责任公司
21. 北京创导奥福精细陶瓷有限公司

22. 北京创导工业陶瓷有限公司
23. 北京磁通设备制造有限公司
24. 北京达力科服装有限公司
25. 北京大澳巴德士涂料有限公司
26. 北京大宗伟业汽车部件有限公司
27. 北京德辉新型建筑材料有限公司
28. 北京德基机械有限公司
29. 北京德龙电力设备有限公司
30. 北京迪克森文教用品有限公司
31. 北京东方石油化工有限公司东方化工厂
32. 北京东方石油化工有限公司销售中心
33. 北京东方亚科力化工科技有限公司
34. 北京东风世景模板有限公司通州分公司
35. 北京东港安全印刷有限公司
36. 北京东亚铝业有限公司
37. 北京都伦传媒广告有限公司
38. 北京鄂尔多斯羊绒有限公司
39. 北京二商希杰食品有限责任公司
40. 北京丰隆温室科技有限公司
41. 北京福东气体制品有限公司
42. 北京富华燃气有限公司
43. 北京古船面包食品有限公司
44. 北京古船食品有限公司
45. 北京固诺工贸有限公司
46. 北京广龙济斯太尔汽车有限公司
47. 北京贵友大厦有限公司通州店
48. 北京国彩印刷有限公司
49. 北京海传光盘有限公司
50. 北京海迅高科机械制造有限公司
51. 北京航天金羊电梯有限公司
52. 北京豪地陶瓷有限公司
53. 北京好利来工贸有限公司
54. 北京恒聚化工集团有限责任公司
55. 北京红狮漆业有限公司
56. 北京宏丽源有限责任公司
57. 北京宏泽立达能源有限公司
58. 北京互融吉商贸有限责任公司
59. 北京华联商厦股份有限公司
60. 北京华强京工机械制造有限公司
61. 北京华强伟业服装服饰有限公司
62. 北京华腾大搪设备有限公司
63. 北京华腾橡塑乳胶制品有限公司
64. 北京华威博奥电力设备厂
65. 北京华新幕墙工程有限公司
66. 北京华油联合燃气开发有限公司马驹桥分公司
67. 北京集华兴业煤炭有限公司
68. 北京家乐福商业有限公司通州店
69. 北京嘉正伟业包装印刷有限公司
70. 北京江润工贸有限责任公司
71. 北京捷宸阳光科技发展有限公司
72. 北京金福艺农农业科技发展有限公司
73. 北京金虎汽车电器有限公司
74. 北京金辉印务有限公司
75. 北京金秋铜装饰材料有限公司
76. 北京金文隆再生资源回收有限公司
77. 北京金亦璟商贸有限责任公司
78. 北京金鹰铜业有限责任公司
79. 北京锦恒世嘉汽车零部件有限责任公司
80. 北京京城重工桥箱机械有限公司
81. 北京京通奥得赛化学有限公司
82. 北京精诚建业机械制造有限公司
83. 北京聚龙科技发展有限公司
84. 北京聚鑫装璜工程有限责任公司
85. 北京君山表面技术工程有限公司
86. 北京君子兰涂料有限公司
87. 北京凯新科商贸有限公司
88. 北京科尔沁乳业有限公司
89. 北京可隆汽车部件有限公司
90. 北京黎马敦太平洋包装有限公司
91. 北京利丰雅高长城印刷有限公司

92. 北京利富高塑料制品有限公司
93. 北京联东钢结构有限公司
94. 北京联东模板有限公司
95. 北京联航航空客舱用品有限公司
96. 北京联合易康医疗器械有限公司
97. 北京潞电电气设备有限公司
98. 北京潞电物资有限公司
99. 北京络捷斯特科技发展有限公司
100. 北京美通印刷有限公司
101. 北京蒙牛宏达乳制品有限责任公司
102. 北京闽铝鑫门窗有限公司
103. 北京明日电气制造有限公司
104. 北京摩比斯变速器有限公司
105. 北京木真了时装有限公司
106. 北京南钢金易贸易有限公司
107. 北京能泰高科环保技术有限公司
108. 北京牛建建筑集团有限公司
109. 北京农村商业银行股份有限公司宋庄支行
110. 北京欧德标识制造有限公司
111. 北京欧亚波记机械设备有限公司
112. 北京佩特来电器有限公司
113. 北京汽车动力总成有限公司
114. 北京前程似锦广告有限公司
115. 北京全聚德三元金星食品有限责任公司
116. 北京荣升达源设备安装工程有限公司
117. 北京瑞韩恩梯恩汽车部件有限公司
118. 北京赛科药业有限责任公司制剂厂
119. 北京三和雅意广告有限公司
120. 北京三木化工有限公司
121. 北京三益印刷有限公司
122. 北京山推工程机械有限公司
123. 北京申泰克机电有限公司
124. 北京世纪联保消防新技术有限公司
125. 北京世进汽车部件有限公司
126. 北京市北泡轻钢建材有限公司
127. 北京市春立正达医疗器械股份有限公司
128. 北京市大中家用电器维修服务有限公司
129. 北京市航空表面工程技术公司
130. 北京市华利达保温材料厂
131. 北京市冀东通汽车有限责任公司
132. 北京市科益丰生物技术发展有限公司
133. 北京市丽日办公用品有限责任公司
134. 北京市绿友食品有限公司
135. 北京市燃油配送中心有限公司
136. 北京市桃李食品有限公司
137. 北京市天水科贸有限公司
138. 北京市通县牛堡屯药材加工厂二分厂
139. 北京市通州互益化工厂
140. 北京市通州粮食收储库
141. 北京市通州区次渠印刷厂
142. 北京市通州区垡头注塑厂
143. 北京市通州区邮政局
144. 北京市通州烟草公司
145. 北京市通州翟里药材加工厂
146. 北京市鑫正泰建筑幕墙工程有限公司
147. 北京市中试服务公司
148. 北京顺恒达零部件制造有限公司
149. 北京四环建华标牌厂
150. 北京四环制药有限公司
151. 北京苏宁电器有限公司
152. 北京太合互动文化传媒有限公司
153. 北京特高换热设备有限公司
154. 北京天明兴业科技发展有限公司
155. 北京天使专用化学技术有限公司
156. 北京天易幕墙工程有限公司
157. 北京天宇朗通通信设备有限责任公司
158. 北京通控电气有限公司
159. 北京通美晶体技术有限公司
160. 北京通糖物美便利超市有限公司
161. 北京通州光明灯具厂

162. 北京通州开关有限公司
163. 北京同仁堂健康药品经营有限公司
164. 北京同仁堂通科药业有限责任公司
165. 北京同益中特种纤维技术开发有限公司通州分公司
166. 北京铜牛股份有限公司
167. 北京铜牛制衣有限公司
168. 北京万生药业有限责任公司
169. 北京物美通福商业有限责任公司
170. 北京西联联合国际石材交易市场有限公司
171. 北京小松工程机械有限公司
172. 北京新晨办公设备有限公司
173. 北京新福润达绝缘材料有限责任公司
174. 北京新火花粉磨设备有限责任公司
175. 北京兴锻工贸有限公司
176. 北京星海钢琴集团有限公司
177. 北京邢钢焊网科技发展有限责任公司
178. 北京雄鹰彩虹油墨有限公司
179. 北京雅都加富纸品包装有限公司
180. 北京雅致集成活动房有限公司
181. 北京亚通新管道销售有限公司
182. 北京医模科技有限公司
183. 北京壹人壹本信息科技有限公司
184. 北京亿英联能源技术开发有限公司
185. 北京银河源技术开发有限公司
186. 北京英世腾机械工程技术有限公司
187. 北京永安国际旅行社有限公司
188. 北京雨润肉类加工有限公司
189. 北京雨润食品有限公司
190. 北京约基同力机械制造有限公司
191. 北京展辰化工有限公司
192. 北京战神科技开发有限公司
193. 北京振华恒生石油化工有限公司
194. 北京中成万合贸易有限公司
195. 北京中纺锐力机电有限公司
196. 北京中机联供硅钢科技发展有限公司
197. 北京中金联合金属材料有限公司
198. 北京中科印刷有限公司
199. 北京中丽制机工程技术有限公司
200. 北京中丽制机喷丝板有限公司
201. 北京中商上科大厦有限公司
202. 北京中油公交石油销售有限公司
203. 北京中油瀚峰伟业石油有限公司
204. 北京中油华电石油销售有限公司
205. 北京中油汇园燃气技术开发有限公司
206. 北京珠江钢琴制造有限公司
207. 北京卓宝科技有限公司
208. 北京紫光泰和通环保技术有限公司
209. 比泽尔压缩机(北京)有限公司
210. 宾堡(北京)食品有限公司
211. 德威土行孙工程机械(北京)有限公司
212. 电能(北京)工程监理有限公司
213. 福耀集团北京福通安全玻璃有限公司
214. 华润超级市场有限公司
215. 吉林森林工业股份有限公司北京分公司
216. 捷汽新世纪汽车用品(北京)有限公司
217. 恺王科技(北京)有限公司
218. 李宁(中国)体育用品有限公司
219. 玲珑集团北京中成英泰科贸有限公司
220. 蒙牛乳业(北京)有限责任公司
221. 瑞嘉欧亚(北京)家居制品有限公司
222. 森德(中国)暖通设备有限公司
223. 上海烟草集团北京卷烟厂
224. 圣龙天使(北京)商务有限公司
225. 泰凌同舟(北京)医药有限公司
226. 天纳克(北京)汽车减振器有限公司
227. 婷美集团保健科技有限公司
228. 阳光人寿保险股份有限公司
229. 永恩投资(集团)有限公司北京经销部

230. 中国建筑技术集团有限公司
231. 中国农业出版社印刷厂
232. 中国石油化工股份有限公司催化剂北京奥达分公司
233. 中国石油天然气股份有限公司北京天成桥加油站
234. 中国铁道出版社印刷厂
235. 中国烟草总公司北京市公司

# 顺义区(142户)

1. SMC(北京)制造有限公司
2. 埃莫斯塔(北京)机械有限公司
3. 安泰科技股份有限公司北京空港新材分公司
4. 宝德强科技(北京)有限公司
5. 北京桉楹物流有限责任公司
6. 北京北广科技股份有限公司
7. 北京北航村酒店有限责任公司
8. 北京北汽华森物流有限公司
9. 北京北卫药业有限责任公司
10. 北京北一数控机床有限责任公司
11. 北京博维航空设施管理有限公司
12. 北京长亿人参饮料有限公司
13. 北京承天倍达过滤技术有限责任公司
14. 北京大昌庆镇汽车部件有限公司
15. 北京大三环食品有限责任公司
16. 北京东方雨虹防水技术股份有限公司
17. 北京东君房地产开发有限公司
18. 北京杜奥尔车饰有限公司
19. 北京恩布拉科雪花压缩机有限公司
20. 北京泛美服装有限公司
21. 北京福瑞顺峰混凝土有限公司
22. 北京光大纸制品有限公司
23. 北京光明健能乳业有限公司
24. 北京国泰平安百货有限公司
25. 北京韩美药品有限公司
26. 北京韩一汽车饰件有限公司
27. 北京航空食品有限公司
28. 北京合百意生态科技开发有限公司
29. 北京华美丽服饰有限公司
30. 北京皇冠制罐有限公司
31. 北京汇源食品饮料有限公司
32. 北京汇源食品饮料有限公司北京销售中心
33. 北京嘉寓门窗幕墙股份有限公司
34. 北京建工路桥工程建设有限责任公司
35. 北京江河幕墙股份有限公司
36. 北京江森汽车部件有限公司
37. 北京捷威航空服务有限公司
38. 北京京日东大食品有限公司
39. 北京康贝尔食品有限责任公司
40. 北京空港捷威运输有限公司
41. 北京莱茵服装有限公司
42. 北京朗姿服饰有限公司
43. 北京李尔岱摩斯汽车系统有限公司
44. 北京龙湖庆华置业有限公司
45. 北京隆华广厦房地产开发有限公司
46. 北京路桥瑞通养护中心
47. 北京路星沥青制品有限公司
48. 北京曼特门业有限公司
49. 北京民生牧业有限公司
50. 北京平和精工汽车部件有限公司
51. 北京汽车制造厂有限公司顺义汽车厂
52. 北京乔波冰雪家园置业有限公司
53. 北京庆东纳碧安热能设备有限公司
54. 北京曲美家具集团有限公司
55. 北京三立车灯有限公司
56. 北京升华电梯集团有限公司

57. 北京世纪百强家具有限责任公司
58. 北京世桥生物制药有限公司
59. 北京世钟汽车配件有限公司
60. 北京市恒锋市政工程公司
61. 北京市恒慧通肉类食品有限公司
62. 北京市南彩建筑工程公司
63. 北京市顺义城关预应力构件厂
64. 北京市顺义国泰商业大厦
65. 北京市顺义后鲁水泥构件厂
66. 北京市顺义烟草公司
67. 北京首都国际机场股份有限公司
68. 北京首都机场动力能源有限公司
69. 北京首都机场航空安保有限公司
70. 北京首都机场商贸有限公司
71. 北京首钢京顺轧辊有限公司
72. 北京双燕商标彩印有限公司
73. 北京顺丰速运有限公司
74. 北京顺美服装股份有限公司
75. 北京顺鑫农业股份有限公司牛栏山酒厂
76. 北京顺鑫牵手果蔬饮品股份有限公司
77. 北京松下普天通信设备有限公司
78. 北京索爱普天移动通信有限公司
79. 北京天竺之星汽车综合服务有限公司
80. 北京万科企业有限公司
81. 北京维益埃电气有限公司
82. 北京现代海斯克钢材有限公司
83. 北京现代摩比斯汽车零部件有限公司
84. 北京现代摩比斯汽车配件有限公司
85. 北京现代汽车有限公司
86. 北京新华空港航空食品有限公司
87. 北京鑫海韵通商业大楼
88. 北京雅昌彩色印刷有限公司
89. 北京燕京啤酒股份有限公司
90. 北京燕京啤酒股份有限公司矿泉水厂
91. 北京燕京啤酒股份有限公司一分公司
92. 北京燕京饮料有限公司
93. 北京业宏达经贸有限公司
94. 北京亿都川服装集团有限公司
95. 北京奕长丰商业有限公司
96. 北京益民药业有限公司
97. 北京银座合智房地产开发有限公司
98. 北京英才房地产开发有限公司
99. 北京英迈特矿山机械有限公司
100. 北京真友利商贸有限公司
101. 北京中韩五洋机械工业有限公司
102. 北京中瑞荣国际机械有限公司
103. 北京中远汽车物流有限公司
104. 国药集团工业有限公司
105. 海福乐五金(北京)有限公司
106. 航港发展有限公司
107. 华辉国际运输服务有限公司
108. 华欧航空培训中心
109. 华欧航空支援中心
110. 华夏基金管理有限公司
111. 金刚化工(北京)有限公司
112. 金建汽车租赁有限公司
113. 可附特汽车零部件制造(北京)有限公司
114. 联邦快递(中国)有限公司
115. 迈恩德(北京)电子有限公司
116. 坪山汽车零部件(北京)有限公司
117. 全球国合国际货运(北京)有限公司
118. 日上免税行(中国)有限公司
119. 日通国际物流(中国)有限公司
120. 赛多利斯科学仪器(北京)有限公司
121. 首都机场集团财务有限公司
122. 泰雷兹航空电子(北京)有限公司
123. 威乐(中国)水泵系统有限公司
124. 伟世通汽车空调(北京)有限公司
125. 西铁城(中国)钟表有限公司
126. 旭格幕墙门窗系统(北京)有限公司
127. 延锋伟世通(北京)汽车饰件系统有限公司
128. 伊藤忠物流(中国)有限公司

129. 依博罗阀门(北京)有限公司
130. 约翰内斯．海德汉博士(中国)有限公司
131. 中国国际航空股份有限公司
132. 中国航空传媒广告公司
133. 中国航空集团建设开发有限公司
134. 中国航空油料集团公司
135. 中国航空油料有限责任公司
136. 中国航空油料有限责任公司北京分公司
137. 中国航油集团陆地石油有限公司
138. 中国民航机场建设集团公司
139. 中国南方航空股份有限公司北京分公司
140. 中国新华航空有限责任公司
141. 中航材国际招标有限公司
142. 中外运空运发展股份有限公司华北分公司

## 大兴区(232户)

1. 北京市源烽世纪商贸有限责任公司
2. 御嘉置地有限公司
3. 北京威派格科技发展有限公司
4. 北京市红星广厦建筑涂料有限责任公司
5. 北京惟明力通工程监理有限责任公司
6. 北京沃德国基科技有限公司
7. 北京维冠电子设备有限责任公司
8. 北京新创椿树整流器件有限公司
9. 北京上佳蓝基制冷设备有限公司
10. 北京九门电力设备有限公司
11. 北京物美大卖场商业管理有限公司
12. 北京丽家丽婴婴童用品有限公司
13. 北京物美综合超市有限公司
14. 茌原机械(中国)有限公司
15. 中建一局集团安装工程有限公司
16. 北京京胜京开石油销售有限公司
17. 东莞徐记食品有限公司北京分公司
18. 北京济民可信医药有限公司
19. 北京东昌华强五金工具销售有限公司
20. 北京物美电器连锁有限公司
21. 中电(北京)电力设备有限公司
22. 北京首联金星加油站有限公司
23. 北京星光沃特传动研究所
24. 北京泰捷龙机械设备有限公司
25. 北京首发公路养护工程有限公司
26. 北京大兴中富饮料容器有限公司西红门分公司
27. 北京阳光利臣体育用品制造有限公司
28. 北京海兰丝服饰有限公司
29. 北京圣华易达商贸有限责任公司
30. 北京华泰好运石油产品销售有限公司
31. 中建一局集团安装工程有限公司北京分公司
32. 北京原杰电子有限责任公司
33. 北京首联鹿苑加油站有限公司
34. 北京首联麋鹿苑加油站有限公司
35. 北京首联银星加油站有限公司
36. 北京讯程天下信息技术有限公司
37. 北京泉辉富泰机械设备有限公司
38. 北京卡兰度服饰有限公司
39. 北京金融街奕兴置业有限公司
40. 北京建顺泛亚资源再生有限公司
41. 北京巴瑞医疗器械有限公司
42. 北京三元石油有限公司
43. 北京五洲燕阳特种纺织品有限公司
44. 美巢集团股份公司
45. 北京建顺荣友再生资源有限公司
46. 吉百利(中国)食品有限公司

47. 北京京胜小羊坊石油销售有限公司
48. 北京中冶迈克液压有限责任公司
49. 北京丰收葡萄酒有限公司
50. 维达纸业(北京)有限公司
51. 北京全聚德仿膳食品有限责任公司
52. 北京兰天大诚新型建材有限责任公司
53. 三利国际服装有限公司
54. 北京北瀛铸造有限责任公司
55. 北京宝岛包装印刷有限公司
56. 北京杰西卡制衣有限责任公司
57. 北京力迅房地产开发有限公司
58. 北京安龙联合特种车辆技术有限公司
59. 北京美德嘉华科技发展有限公司
60. 北京航洋胶囊技术有限公司
61. 北京圣龙利泰毛皮制品有限公司
62. 北京二锅头酒业股份有限公司
63. 卡斯科粘合剂(北京)有限公司
64. 北京市大天乐印刷有限责任公司
65. 北京环达汽车装配有限公司
66. 北京哈德模具机械制造有限公司
67. 北京市红星印刷厂
68. 北京五三金典图书有限公司
69. 北京驰创达空气悬架有限公司
70. 北京瀛海供热有限公司
71. 北京华赛尔科技有限责任公司
72. 北京朗顿制衣有限公司
73. 北京市大兴烟草公司
74. 北京昆仑润滑油厂
75. 博洛尼家居用品(北京)有限公司
76. 北京首航艾启威节能技术股份有限公司
77. 科宝装饰装修工程(北京)有限公司
78. 北京市阀门总厂(集团)有限公司
79. 北京龙熙温泉度假酒店有限公司
80. 北京恒美佳商贸发展有限责任公司
81. 北京好利阀业有限公司
82. 北京首航波纹管制造有限公司
83. 北京东方新强设备制造有限公司
84. 北京奥太华制冷设备有限公司
85. 北京和田汽车改装有限公司
86. 北京市世纪海马新型建材有限公司
87. 北京铭泰通商贸有限公司
88. 北京富多鑫商贸中心加油加气站
89. 北京运城印刷机械制造有限公司
90. 北京首高高压阀门厂
91. 北京一汽宏特汽车贸易有限公司
92. 壳牌统一(北京)石油化工有限公司
93. 北京铁路信号工厂
94. 百事食品(中国)有限公司北京分厂
95. 北京威克多制衣中心
96. 北京威卡威汽车零部件有限公司
97. 北京中环汽车零部件有限公司
98. 北京威卡威汽车零部件股份有限公司
99. 北京协和制药二厂
100. 滕氏工贸发展有限公司
101. 北京星光影视设备科技股份有限公司
102. 北京埃贝斯乐铝材有限公司
103. 北京博得交通设备有限公司
104. 北京二商宫颐府食品有限公司
105. 海信(北京)电器有限公司
106. 北京环洋经典展柜制造有限公司
107. 北京阿尔洛汽车零部件表面处理有限公司
108. 阿姆斯壮机械(中国)有限公司
109. 北京格雷服装服饰有限公司
110. 北京中铁长龙新型复合材料有限公司
111. 北京鑫方盛五金交电有限公司
112. 北京中兴石石油产品销售有限公司
113. 北京天普太阳能工业有限公司
114. 北京星伟体育用品有限公司
115. 北京人民电器厂有限公司
116. 北京西屋华夏技术有限公司
117. 中建一局集团物流有限公司
118. 北京三元基因工程有限公司

119. 北京兴润水务有限公司
120. 北京联馨药业有限公司
121. 曼宁家屋面系统(北京)有限公司
122. 中国建筑材料北京散装水泥公司
123. 北京科普斯特自动化仪表有限公司
124. 阿尔斯通煜力(北京)隔离开关有限公司
125. 北京翠祥电器元件有限公司
126. 北京西飞世纪门窗幕墙工程有限责任公司
127. 嘉禾啤酒(北京)有限公司
128. 纽朗包装机械(北京)有限公司
129. 北京华创展具制作有限公司
130. 北京市煤炭总公司大兴区公司
131. 北京普德金属集团有限公司
132. 北京宝旺印务有限公司
133. 北京北箱信发包装有限公司
134. 中国京冶工程技术有限公司钢构分公司
135. 北京融世杰机械设备有限公司
136. 北京长兴交通设施工程有限公司
137. 中建材(北京)环保工程发展有限公司
138. 北京京诚凤凰工业炉工程技术有限公司
139. 北京康洁家具有限公司
140. 北京百嘉宜食品有限公司
141. 北京星城商厦商贸有限责任公司
142. 北京东方时尚驾驶学校有限公司
143. 北京卡酷传媒有限公司
144. 北京同仁堂制药有限公司
145. 北京京冶轧机轴承制造有限公司
146. 北京瑞琪米诺桦合成材料有限公司
147. 北京开心就好广告有限公司
148. 北京天冰冷饮有限公司
149. 北京市宝金龙食品厂
150. 北京千禧维讯科技有限公司
151. 北京国际电气工程有限责任公司
152. 北京宝凯金属软管有限公司
153. 北京东方佳联影视技术有限公司
154. 北京天罡助剂有限责任公司
155. 北京中糖糖业发展有限公司
156. 北京市城南橡塑技术研究所
157. 北京京鲁兴业投资有限公司
158. 北京天元伟业模板有限公司
159. 北京北方佳云净水设备有限公司
160. 北京金羽杰服装有限公司
161. 北京拓凯化工技术有限公司
162. 北京宇称物流有限责任公司
163. 北京大东老曹食品有限公司
164. 北京金利第一太平戴维斯物业管理有限公司
165. 北京首医临床医学科技中心
166. 北京建恺混凝土外加剂有限公司
167. 北京路驰沥青制品有限公司
168. 北京兴达波纹管有限公司
169. 北京蓝色畅想物流有限公司
170. 北京市美丹食品有限公司
171. 北京恒城实业发展公司
172. 北京奥宇模板有限公司
173. 北京雪花电器集团公司
174. 北京华联京电工程建设监理有限公司
175. 中铁第五勘察设计院集团有限公司
176. 北京铁研建设监理有限责任公司
177. 北京京南住房开发有限责任公司
178. 北京爱地鑫装饰艺术有限责任公司
179. 北京兴广厦房地产开发有限责任公司
180. 北京绿都源资产管理有限公司
181. 北京市富美达建筑装饰工程公司
182. 北京兴创房地产开发有限公司
183. 北京诺和兴水务建设工程有限公司
184. 北京创源市政建设工程有限公司
185. 北京新纪源建筑工程设计有限公司
186. 北京好运油料供应有限公司
187. 华通设计顾问工程有限公司

188. 北京中印新华印刷器材有限责任公司
189. 北京民乐达机械施工有限责任公司
190. 北京金港机场建设有限责任公司三分公司
191. 北京日月房地产开发有限公司
192. 北京八方达客运有限责任公司
193. 北京润丰宏业房地产开发有限责任公司
194. 北京北方创业出租汽车有限公司
195. 北京金冠达房地产开发有限公司
196. 北京奥美互动咨询有限公司
197. 北京艺城园装修设计有限公司
198. 北京宏伟工贸集团
199. 大兴区供用电安装公司
200. 北京星光拓诚投资有限公司
201. 北京宏伟建筑工程有限公司
202. 北京泵普工程机械有限公司
203. 新国线运输集团北京京汉运输有限公司
204. 北京鸿坤伟业房地产开发有限公司
205. 北京万博装饰工程有限公司
206. 北京市大兴区西红门镇住宅合作社
207. 北京春光房地产开发有限公司
208. 北京易成市政工程有限责任公司
209. 北京市京顺达物资有限公司
210. 北京中环工程建设监理有限责任公司
211. 北京市红星供销社有限公司
212. 北京安吉第一站汽车租赁有限责任公司
213. 北京震环房地产开发有限公司
214. 北京百事可乐饮料有限公司
215. 北京天云动力科技有限公司
216. 北京海德利森科技有限公司
217. 北京黄河旋风鑫纳达科技有限公司
218. 北京东方泰洋铝业有限公司
219. 北京华利嘉环境工程技术有限公司
220. 北京九州通医药有限公司
221. 北京市标致家具有限责任公司
222. 北京慨尔康科技发展有限公司
223. 北京首昌衡器有限公司
224. 中粮丰通(北京)食品有限公司
225. 北京康必得药业有限公司
226. 呷哺呷哺餐饮管理有限公司
227. 铁科克诺尔干线铁路车辆制动盘制造(北京)有限公司
228. 北京联宾塑胶印刷有限公司
229. 北京三乐元食品加工有限公司
230. 北京我爱我家房地产经纪有限公司
231. 北京日立电梯工程技术服务有限公司
232. 北京万兴建筑集团有限公司

## 昌平区(99 户)

1. 爱协林热处理系统(北京)有限公司
2. 北京艾比蒂研究开发中心
3. 北京艾迪菲导航科技有限公司
4. 北京爱康宜诚医疗器材股份有限公司
5. 北京奥托立夫汽车安全系统有限公司
6. 北京百德福科技发展有限公司
7. 北京邦鑫伟业技术开发有限公司
8. 北京北辰亚运村汽车交易市场中心
9. 北京北郊回龙观制版有限公司
10. 北京市北郊农场
11. 北京北科麦思科自动化工程技术有限公司
12. 北京北陆药业股份有限公司
13. 北京北亚中冀汽车销售有限公司
14. 北京碧水物业管理有限责任公司
15. 北京昌化精细化工厂

16. 北京昌平阳光商厦有限公司
17. 北京昌日新能源科技有限公司
18. 北京大森长空包装机械有限公司
19. 北京稻香村食品有限责任公司食品厂
20. 北京得利斯食品有限公司
21. 北京东方广视科技股份有限公司
22. 北京东华原医疗设备有限责任公司
23. 北京恩祥投资管理有限公司
24. 北京凤凰联动文化传媒有限公司
25. 北京伏尔特医疗器材科技有限公司
26. 北京福田康明斯发动机有限公司
27. 北京复盛机械有限公司
28. 北京共筑天成工程建设监理有限公司
29. 北京海林自控设备有限公司
30. 北京华科电力工程技术有限公司
31. 北京华业阳光新能源有限公司
32. 北京环鼎科技有限责任公司
33. 北京汇佳科教发展有限公司
34. 北京金威焊材有限公司
35. 北京金隅凤山温泉度假村有限公司
36. 北京久和开源营养科技有限公司
37. 北京军都晨宇工程设计有限责任公司
38. 北京凯必盛自动门技术有限公司
39. 北京康比特体育科技股份有限公司
40. 北京康得新复合材料股份有限公司
41. 北京乐驰经贸有限公司
42. 北京利德华福电气技术有限公司
43. 北京利尔高温材料股份有限公司
44. 北京利龄恒泰药业有限公司
45. 北京隆森木业有限责任公司
46. 北京摩比斯中车汽车零部件有限公司
47. 北京摩拓尼克汽车配件有限公司
48. 北京诺丁山贸易有限公司
49. 北京睿力恒一科技发展有限公司
50. 北京赛迪时代信息产业股份有限公司
51. 北京三奇医药技术研究所
52. 北京神华昌运高技术配煤有限公司
53. 北京神华恒运能源科技有限公司
54. 北京市昌平供用电工程安装公司
55. 北京市昌平区供暖服务管理处(北京市昌平区供暖办公室)
56. 北京市昌平烟草公司
57. 北京市昌平自来水有限责任公司
58. 北京市长城机床附件有限责任公司
59. 北京市三一重机有限公司
60. 北京市政路桥建材集团有限公司昌平沥青厂
61. 北京手表厂有限公司
62. 北京思恩电机工程有限责任公司
63. 北京太申祥和山庄有限公司
64. 北京探路者户外用品股份有限公司
65. 北京天地玛珂电液控制系统有限公司
66. 北京天龙源温泉旅游发展有限公司
67. 北京铁科首钢轨道技术股份有限公司
68. 北京万丰达耐磨材料厂
69. 北京万泰生物药业股份有限公司
70. 北京温都水城旅游饭店管理有限公司
71. 北京新北水水泥有限责任公司
72. 北京新雷能科技股份有限公司
73. 北京亚太空间钛业有限公司
74. 北京银建药业有限公司
75. 北京煜邦电力技术有限公司
76. 北京振冲工程股份有限公司
77. 北京直真节点技术开发有限公司
78. 北京中盾安民分析技术有限公司
79. 北京中视创新科技发展有限公司
80. 北京筑维建筑装饰工程有限公司
81. 北京佐田雷蒙纺织服装有限公司
82. 北汽福田汽车股份有限公司北京蒙派克汽车厂
83. 博奥生物有限公司
84. 二六三网络通信股份有限公司
85. 国电诚信招标有限公司
86. 国电燃料有限公司

87. 国电物资集团有限公司
88. 韩华综化(北京)塑料有限公司
89. 华电煤业集团有限公司
90. 乐普(北京)医疗器械股份有限公司
91. 新时代健康产业(集团)有限公司
92. 中电智能卡有限责任公司
93. 中国兵器装备集团兵器装备研究所
94. 中国建设银行股份有限公司北京昌平支行
95. 中国农业银行股份有限公司北京昌平支行
96. 中国银行股份有限公司北京昌平支行
97. 中海阳新能源电力股份有限公司
98. 中节能六合天融环保科技有限公司
99. 高德软件有限公司

## 平谷区(88户)

1. 北京爱尊汽车部件有限公司
2. 北京奥星电器开关设备厂
3. 北京百川房地产开发有限公司
4. 北京北方凯利金属制造有限公司
5. 北京北方中鼎商贸有限公司
6. 北京必旺食品有限公司
7. 北京长吉加油设备有限公司
8. 北京成旺食品有限公司
9. 北京达义兴业房地产开发有限公司
10. 北京大林万达汽车部件有限公司
11. 北京大旺食品有限公司
12. 北京当代房地产开发有限责任公司
13. 北京德源化工制品有限公司
14. 北京帝洋通贸易有限公司
15. 北京工正装饰工程有限公司
16. 北京海格曼锋锐特电气贸易有限公司
17. 北京汉文科贸有限公司
18. 北京和信汽车部件有限公司
19. 北京恒信玺利珠宝股份有限公司
20. 北京华东乐器有限公司
21. 北京华实海隆石油机械设备有限公司
22. 北京华通恒盛电气设备有限公司
23. 北京华夏毛织厂
24. 北京华裕食品有限公司
25. 北京佳康瑞得医用电子仪器有限公司
26. 北京嘉正包装材料有限公司
27. 北京金博羊绒制品有限公司
28. 北京金都房地产实业股份有限公司
29. 北京金叶园会议中心
30. 北京京供民科技开发有限公司
31. 北京凯米特科技发展有限公司
32. 北京康祥塑胶有限公司
33. 北京来旺包装有限公司
34. 北京蓝涛物业管理有限公司
35. 北京立高防水工程有限公司
36. 北京立旺食品有限公司
37. 北京林河兴业房地产开发有限公司
38. 北京绿都供暖有限责任公司
39. 北京玛斯特系统工程有限公司
40. 北京美华联创生物技术有限公司
41. 北京念奴娇服装服饰有限公司
42. 北京普尔特通用设备有限公司
43. 北京普析通用仪器有限责任公司
44. 北京岐黄制药有限公司
45. 北京日进汽车系统有限公司
46. 北京乳旺食品有限公司
47. 北京瑞麦食品有限公司
48. 北京润丰房地产开发有限公司
49. 北京尚志建筑工程有限责任公司
50. 北京世纪劲得保健品有限公司
51. 北京世纪景源房地产开发有限公司
52. 北京市富乐科技开发有限公司

53. 北京市老才臣食品有限公司
54. 北京市平谷烟草公司
55. 北京市圣林工艺品厂
56. 北京市同乐制帽厂
57. 北京市中美特新医疗用品有限责任公司
58. 北京松杰建筑装饰有限公司
59. 北京泰华兴食品有限公司
60. 北京天都博泰建筑工程有限公司
61. 北京天居房地产有限公司
62. 北京天润建设工程有限公司
63. 北京同创汽车部件有限公司
64. 北京拓普康商贸有限公司
65. 北京北药万家瑞药业发展有限公司
66. 北京旺旺食品有限公司
67. 北京伟来斯经贸有限公司
68. 北京新奥京谷燃气有限公司
69. 北京星宇车科技有限公司
70. 北京意厉维纺织品有限公司
71. 北京永信发谷汽车部件有限公司
72. 北京元翔恒基投资有限公司
73. 北京远望君安房地产开发有限公司
74. 北京正红精密电路有限公司
75. 北京中弘投资有限公司
76. 北京中交联经贸有限公司
77. 北京仲量联行物业管理服务有限公司第一分公司
78. 北京住总正华开发建设集团有限公司
79. 北京资和信担保有限公司
80. 华润雪花啤酒(北京)有限公司
81. 华夏五千年(北京)葡萄酒股份有限公司
82. 乐天华邦(北京)饮料有限公司
83. 龙基电力集团有限公司
84. 前锦网络信息技术(上海)有限公司北京分公司
85. 升兴(北京)包装有限公司
86. 维达北方纸业(北京)有限公司
87. 中赫置地投资控股有限公司
88. 资和信控股集团有限公司

# 怀柔区(80户)

1. 宝盛道吉(北京)贸易有限公司
2. 北京安和建筑工程有限公司
3. 北京奥邦焊业有限公司
4. 北京奥瑞金美制罐有限公司
5. 北京奥特奇生物制品有限公司
6. 北京奥星恒迅包装科技有限公司
7. 北京宝供福田物流有限公司
8. 北京北方信和科贸有限公司
9. 北京碧水源膜科技有限公司
10. 北京博萨汽车配件有限公司
11. 北京大北农动物保健科技有限责任公司
12. 北京大地燃气工程有限责任公司
13. 北京大雁楼宾馆
14. 北京德拉斯经贸有限公司
15. 北京东方红航天生物技术股份有限公司
16. 北京东明兴业科技有限公司
17. 北京福斯汽车电线有限公司
18. 北京高士达建筑工程有限责任公司
19. 北京公联京华石油有限责任公司
20. 北京共和联动图书有限公司
21. 北京刮拉瓶盖有限公司
22. 北京广源通泰机电设备有限公司
23. 北京海湾智能仪表有限公司
24. 北京好亿家食品有限公司
25. 北京红螺食品有限公司
26. 北京红星股份有限公司

27. 北京宏天德美数码科技有限公司
28. 北京宏图三胞科技发展有限公司
29. 北京华特安科经贸有限公司
30. 北京华中新工贸有限公司
31. 北京怀建集团辰辉建筑工程有限公司
32. 北京金桥建筑集团有限公司
33. 北京京伯房地产开发有限公司
34. 北京京供诚信电力工程有限公司
35. 北京京星泰商贸有限公司
36. 北京凌云东园科技有限公司
37. 北京露露饮料有限责任公司
38. 北京啤酒朝日有限公司
39. 北京丘比食品有限公司
40. 北京曲美沙发制造有限公司
41. 北京圣彬科贸有限公司
42. 北京世东凌云汽车饰件有限公司
43. 北京市长兴旺建筑工程有限公司
44. 北京市怀柔区供用电工程安装公司
45. 北京市怀柔烟草公司
46. 北京市盛东阳建筑安装工程有限责任公司
47. 北京首创森美汽车贸易有限公司
48. 北京天元奥特橡塑有限公司
49. 北京统一食品有限公司
50. 北京统一饮品有限公司
51. 北京万特尔生物制药有限公司
52. 北京西博思控制技术有限公司
53. 北京西餐食品有限公司
54. 北京斯普乐电线电缆有限公司
55. 北京鑫旺路桥建设有限公司
56. 北京星辰投资管理有限公司
57. 北京扬子石化商贸有限公司
58. 北京银谷地产集团有限公司
59. 北京英思沃工业科技有限公司
60. 北京御食园食品股份有限公司
61. 北京远洋中广建筑装饰工程有限公司
62. 北京中鸿天房地产开发有限公司
63. 北汽福田汽车股份有限公司北京欧马可轻型汽车厂
64. 北汽福田汽车股份有限公司北京欧曼重型汽车厂
65. 波尔亚太(北京)金属容器有限公司
66. 大唐电力燃料有限公司
67. 国电能源开发有限公司
68. 红牛维他命饮料有限公司
69. 可口可乐装瓶商生产(东莞)有限公司北京分公司
70. 乐百氏(广东)饮用水有限公司北京分公司
71. 玛氏食品(中国)有限公司
72. 纽利味食品(北京)有限公司
73. 上海宝钢包装有限公司北京印铁分公司
74. 上海紫江企业集团股份有限公司北京分公司
75. 太平洋制罐(北京)有限公司
76. 天津顶津食品有限公司北京怀柔分公司
77. 同方泰德国际科技(北京)有限公司
78. 有研粉末新材料(北京)有限公司
79. 中联重科融资租赁(北京)有限公司
80. 中铁联合物流股份有限公司

## 密云县(58 户)

1. 北京百益邦咨询有限公司
2. 北京方恒置业股份有限公司
3. 北京富龙塑业有限公司
4. 北京富特盘式电机有限公司
5. 北京国电四维清洁能源技术有限公司
6. 北京合纵实科电力科技有限公司

7. 北京亨通斯博通讯科技有限公司
8. 北京恒诺捷工贸有限公司
9. 北京华电水电有限公司
10. 北京华厦恒建设集团有限公司
11. 北京华云人防古建构件厂
12. 北京慧城房地产开发有限公司
13. 北京机床研究所
14. 北京郊区电信实业有限公司
15. 北京京润服装服饰有限公司
16. 北京凯伦科贸有限公司
17. 北京乐康物业管理有限责任公司
18. 北京龙润凯达石化产品有限公司
19. 北京美迪亚置业有限公司
20. 北京美中双和医疗器械有限公司
21. 北京七九七华音电子有限公司
22. 北京青岛啤酒北方销售公司
23. 北京青岛啤酒三环有限公司
24. 北京人济房地产开发集团有限公司
25. 北京仁创科技发展有限公司
26. 北京三浦百草绿色植物制剂有限公司
27. 北京神威新星科贸有限公司
28. 北京市密云房产开发总公司
29. 北京市密云水库宾馆
30. 北京市密云烟草公司
31. 北京市欧陆佳艺工贸有限公司
32. 北京市真维斯服饰有限公司
33. 北京通达京承高速公路有限公司
34. 北京铜牛服装有限公司
35. 北京铜牛瑞蓝制衣有限公司
36. 北京威克冶金有限责任公司
37. 北京优耐德铁道科技有限公司
38. 北京远洋服装有限公司
39. 北京远洋嘉业房地产经纪有限公司
40. 北京云佛山旅游度假村有限公司
41. 北京云湖度假村有限公司
42. 北京张裕爱斐堡国际酒庄有限公司
43. 北京中道服装服饰有限公司
44. 北京中都建筑工程有限公司
45. 北京中加博融科技发展有限公司
46. 北京中煤信达科贸有限公司
47. 北京中泰服装有限公司
48. 弘浩明传科技(北京)有限公司
49. 今麦郎饮品(北京)有限公司
50. 金诚信矿业管理有限公司
51. 骏业珠宝有限责任公司
52. 密云县冶金矿山公司
53. 内蒙古伊利实业集团股份有限公司北京乳品厂
54. 瑞海姆田园度假村有限公司
55. 赛龙(北京)汽车部件有限公司
56. 雪伦国际时装(北京)有限公司
57. 中国人民财产保险股份有限公司北京市密云支公司
58. 中铁十六局集团路桥工程有限公司

## 延庆县(72 户)

1. 北京八达岭华风温泉大城堡
2. 北京八达岭金宸建筑有限公司
3. 北京北方博业科技发展有限公司
4. 北京北方大陆生物工程有限公司
5. 北京北人京延印刷机械厂
6. 北京苯环精细化工产品有限公司
7. 北京玻钢院复合材料有限公司
8. 北京玻璃钢研究设计院
9. 北京诚惠电力工程有限公司
10. 北京城建富源通房地产开发有限公司
11. 北京光瑞机械制造有限责任公司
12. 北京广大神通电讯科技有限公司

13. 北京国投公路建设发展有限公司
14. 北京菏纸牡丹纸业有限公司
15. 北京红石新城房地产有限公司
16. 北京宏安新业经贸有限责任公司
17. 北京华日菱汽车贸易有限公司
18. 北京华夏建设发展有限公司
19. 北京华信六合投资有限公司
20. 北京金隅八达岭温泉度假村有限责任公司
21. 北京京城环保产业发展有限责任公司
22. 北京京都世纪文化发展有限公司
23. 北京京广盈通贸易有限公司
24. 北京京西北房地产开发有限公司
25. 北京凯圣慧达机电科技有限公司
26. 北京凯思大酒店
27. 北京龙庆建筑工程有限公司
28. 北京路捷通公路养护有限公司
29. 北京明珠盛兴格力中央空调销售有限公司
30. 北京明珠新兴格力空调销售有限公司
31. 北京普祥医院投资管理有限公司
32. 北京汽车玻璃钢有限公司
33. 北京庆和食品有限责任公司
34. 北京三吉利新材料有限公司
35. 北京上汽首创汽车销售有限责任公司
36. 北京声屏苑培训中心
37. 北京士兴钢结构有限公司
38. 北京市八达岭野生动物世界有限公司
39. 北京市复印兴纸业有限公司
40. 北京市龙庆峡旅游公司
41. 北京市首发京昌加油站有限公司
42. 北京市新风大酒店
43. 北京市延庆县锅炉水电安装队
44. 北京市延庆县新城服务楼
45. 北京市延庆烟草公司
46. 北京市自来水集团缙阳水业有限责任公司
47. 北京朔方燕山天池宾馆
48. 北京万利达北方科技发展有限公司
49. 北京威龙电机有限公司
50. 北京夏都大地燃气有限责任公司
51. 北京夏都房地产开发有限公司
52. 北京夏都水利工程有限公司
53. 北京新凯房地产开发有限公司
54. 北京兴康房地产开发有限责任公司
55. 北京兴力通达科技发展有限公司
56. 北京雪莲时尚纺织有限公司
57. 北京银帆现代建筑工程有限公司
58. 北京银厦建筑工程有限责任公司
59. 北京正鹏房地产开发有限公司
60. 北京中硅展览有限公司
61. 北京中龙世纪投资有限公司
62. 北京中踏鞋业有限公司
63. 北京众和聚源混凝土有限公司
64. 北京主语城世邦物业管理有限公司
65. 北京卓欧制衣有限责任公司
66. 北京琢雯印务科技发展有限公司
67. 德润国际投资有限公司
68. 机械科学研究院工程机械军用改装车试验场
69. 金果园老农(北京)食品有限公司
70. 延庆县白河堡水库管理处
71. 中材科技风电叶片股份有限公司
72. 中油首钢(北京)石油销售有限公司

## 燕山(17 户)

1. 北京高盟燕山科技有限公司
2. 北京四联创业化工有限公司

3. 北京燕化东方工贸有限公司
4. 北京燕化中天电控设备有限责任公司
5. 北京燕山华龙建筑工程有限公司
6. 北京燕山集联石油化工有限公司
7. 北京燕山嘉恒电力工程有限公司
8. 北京燕山建兴建筑安装工程有限公司
9. 北京燕山时代仪表有限公司
10. 北京燕山威立雅水务有限责任公司
11. 北京燕山玉龙石化工程有限公司
12. 北京燕钲混凝土配送有限公司
13. 北京洲煌商贸有限公司
14. 中国建设银行股份有限公司北京房山支行
15. 中国石化集团北京燕山石油化工有限公司
16. 中国石油化工股份有限公司北京燕山分公司
17. 中国石油化工股份有限公司催化剂北京燕山分公司

## 西站(12 户)

1. 北京北青阳光石油化工有限公司
2. 北京北邮物业管理有限责任公司
3. 北京东方飞云国际影视策划有限公司
4. 北京国信苑物业管理有限公司
5. 北京京铁西实业开发有限公司
6. 北京京铁西站科贸集团
7. 北京天思彩虹机械技术有限公司
8. 北京中铁路网通工程咨询有限公司
9. 京都信苑饭店
10. 中国建设银行股份有限公司北京铁道专业支行
11. 中国铁路建设投资公司
12. 中恒信国际贸易公司

## 开发区(40 户)

1. 拜耳医药保健有限公司
2. 宝健(中国)日用品有限公司
3. 北京 ABB 高压开关设备有限公司
4. 北京大宝化妆品有限公司
5. 北京德尔福万源发动机管理系统有限公司
6. 北京宏达日新电机有限公司
7. 北京佳宸弘生物技术有限公司
8. 北京金风科创风电设备有限公司
9. 北京京东方光电科技有限公司
10. 北京京精医疗设备有限公司
11. 北京可口可乐饮料有限公司
12. 北京龙源环保工程有限公司
13. 北京青年报现代物流有限公司
14. 北京全国棉花交易市场有限责任公司
15. 北京市商标印刷三厂
16. 北京泰德制药股份有限公司
17. 北京泰豪智能科技有限公司
18. 北京同仁堂科技发展股份有限公司
19. 北京星网工业园有限公司
20. 北京逸群工程咨询有限公司
21. 北京源德生物医学工程有限公司
22. 博世力士乐(北京)液压有限公司
23. 国富通信息技术发展有限公司

24. 航天长征火箭技术有限公司
25. 华北高速公路股份有限公司
26. 汇龙森国际企业孵化(北京)有限公司
27. 加多宝(中国)饮料有限公司
28. 乐天(中国)食品有限公司
29. 利乐包装(北京)有限公司
30. 联通系统集成有限公司
31. 诺基亚(中国)投资有限公司
32. 诺基亚通信有限公司
33. 诺基亚西门子通信网络科技服务有限公司
34. 诺兰特移动通信配件(北京)有限公司
35. 赛诺菲安万特(北京)制药有限公司
36. 施耐德(北京)中低压电器有限公司
37. 中国建设银行股份有限公司北京经济技术开发区支行
38. 中国石油集团海洋工程有限公司
39. 中芯国际集成电路制造(北京)有限公司
40. 中冶京诚工程技术有限公司
41. 资生堂丽源化妆品有限公司

# 附录五　2009年度首都建筑行业特A级信用施工队[①]

| 序号 | 省份 | 队伍名称 | 队长姓名 |
|---|---|---|---|
| 土建、结构、钢结构施工作业队 | | | |
| 1 | 北京市 | 北京民乐民建筑劳务有限公司 | 周敏修 |
| 2 | 北京市 | 北京市地丰建筑劳务有限公司 | 何光满 |
| 3 | 北京市 | 北京亚政建筑劳务有限公司 | 潘怀玉 |
| 4 | 北京市 | 北京仲启建筑工程劳务分包有限公司 | 孙仲启 |
| 5 | 重庆市 | 重庆隆建建筑劳务有限责任公司 | 冉隆兵 |
| 6 | 重庆市 | 重庆隆建建筑劳务有限责任公司 | 冉隆健 |
| 7 | 重庆市 | 重庆市江津区中建建筑劳务工程有限公司 | 杨　东 |
| 8 | 重庆市 | 重庆市江津区中建建筑劳务工程有限公司 | 饶吉书 |
| 9 | 重庆市 | 重庆市津北建筑工程有限公司 | 鲁德权 |
| 10 | 重庆市 | 重庆市津北建筑工程有限公司 | 李育荣 |
| 11 | 重庆市 | 重庆市强建建筑劳务有限公司 | 蒋永强 |
| 12 | 重庆市 | 重庆市强建建筑劳务有限公司 | 李建兵 |
| 13 | 重庆市 | 重庆市圣华建筑劳务有限公司 | 叶贻文 |
| 14 | 重庆市 | 重庆市天晖建筑劳务有限责任公司 | 王利永 |
| 15 | 重庆市 | 重庆市天晖建筑劳务有限责任公司 | 杜高明 |
| 16 | 重庆市 | 重庆肇元建筑劳务有限公司 | 皮如学 |
| 17 | 河北省 | 安国市药都建筑劳务有限公司 | 韩里进 |
| 18 | 河北省 | 保定市蓝天伟业建筑工程有限公司 | 李建光 |
| 19 | 河北省 | 保定市清苑中北建筑劳务有限责任公司 | 田双庆 |
| 20 | 河北省 | 保定市鑫艺达建筑工程有限公司 | 蔺俊强 |
| 21 | 河北省 | 承德市宇合建设劳务有限公司 | 周卫东 |
| 22 | 河北省 | 承德新城建筑工程有限公司 | 娄宗学 |

① 本名单源自2010年4月1日北京建筑业人力资源协会《首都建筑行业优秀及合格劳务企业施工作业队信用等级名录》。

续表

| 序号 | 省份 | 队伍名称 | 队长姓名 |
|---|---|---|---|
| 23 | 河北省 | 承德兴泰劳务有限责任公司 | 郭玉丰 |
| 24 | 河北省 | 承德兴泰劳务有限责任公司 | 卢长江 |
| 25 | 河北省 | 定州市城宇建筑工程有限公司 | 刘振包 |
| 26 | 河北省 | 保定市昊诚建设工程有限公司 | 张振辉 |
| 27 | 河北省 | 定州市蓝宇建筑工程有限公司 | 李景辉 |
| 28 | 河北省 | 定州市双兴建筑工程有限公司 | 安江涛 |
| 29 | 河北省 | 定州市天源建设工程有限公司 | 李恒进 |
| 30 | 河北省 | 涞水县环京建设工程有限责任公司 | 李　军 |
| 31 | 河北省 | 唐县诚信建筑劳务有限公司 | 徐兴周 |
| 32 | 河北省 | 唐县世杰建筑劳务有限公司 | 董树彪 |
| 33 | 河北省 | 易县天龙建筑劳务有限公司 | 任振川 |
| 34 | 河北省 | 廊坊环宇建筑劳务有限公司 | 于长卫 |
| 35 | 河南省 | 安阳市北方建设劳务有限责任公司 | 杨桥生 |
| 36 | 河南省 | 河南精诚建设劳务有限公司 | 马洪恩 |
| 37 | 河南省 | 河南省鸣川建筑劳务有限公司 | 薛来义 |
| 38 | 河南省 | 河南省天鸿建筑劳务有限公司 | 张喜成 |
| 39 | 河南省 | 华都集团滑县华泰建设发展有限公司 | 钞文胜 |
| 40 | 河南省 | 华都集团滑县华泰建设发展有限公司 | 周国林 |
| 41 | 河南省 | 华都集团滑县华泰建设发展有限公司 | 胡守振 |
| 42 | 河南省 | 华都集团滑县华泰建设发展有限公司 | 周兰涛 |
| 43 | 河南省 | 华都集团滑县华泰建设发展有限公司 | 周印堂 |
| 44 | 河南省 | 华都集团滑县华泰建设发展有限公司 | 周瑞锋 |
| 45 | 河南省 | 林州市京林建设劳务有限责任公司 | 赵喜吉 |
| 46 | 河南省 | 濮阳市鑫兴建设劳务有限公司 | 马万增 |
| 47 | 河南省 | 商丘市豫兴建设劳务有限公司 | 马焕杰 |
| 48 | 河南省 | 睢县新生建设劳务有限公司 | 闫留申 |
| 49 | 河南省 | 睢县新生建设劳务有限公司 | 李灵宝 |
| 50 | 河南省 | 新乡市万邦建筑劳务有限公司 | 刘怀省 |
| 51 | 河南省 | 信阳市第二建筑劳务有限公司 | 余顺旺 |
| 52 | 河南省 | 信阳市第二建筑劳务有限公司 | 谢泽权 |

续表

| 序号 | 省份 | 队伍名称 | 队长姓名 |
|---|---|---|---|
| 53 | 河南省 | 周口市安达建设工程有限公司 | 郑　旺 |
| 54 | 河南省 | 周口市兴鹿建筑劳务有限公司 | 张连友 |
| 55 | 江苏省 | 江都市建设劳务合作有限公司 | 蔡松坡 |
| 56 | 江苏省 | 江苏顶盛劳务有限公司 | 周志先 |
| 57 | 江苏省 | 江苏高骏建设劳务有限公司 | 陈兵兵 |
| 58 | 江苏省 | 江苏省建工劳务有限公司 | 陈　栋 |
| 59 | 江苏省 | 金坛市建宏建筑安装劳务有限公司 | 景国平 |
| 60 | 江苏省 | 金坛市金鼎建设工程有限公司 | 徐志强 |
| 61 | 江苏省 | 盐城市建安建设工程劳务有限公司 | 孙志飞 |
| 62 | 安徽省 | 安徽省巢湖市三和建筑劳务有限公司 | 何忠树 |
| 63 | 安徽省 | 安徽省阜阳市永昌建筑劳务有限公司 | 赵金彩 |
| 64 | 安徽省 | 安徽省临泉县千秋建筑劳务有限公司 | 韩永强 |
| 65 | 安徽省 | 安徽铜陵京安建筑劳务有限公司 | 陈恩兵 |
| 66 | 安徽省 | 阜阳市嘉安建筑劳务有限公司 | 胡九峰 |
| 67 | 安徽省 | 阜阳市嘉安建筑劳务有限公司 | 张士家 |
| 68 | 安徽省 | 阜阳市嘉安建筑劳务有限公司 | 马　涛 |
| 69 | 安徽省 | 阜阳市嘉安建筑劳务有限公司 | 马　虎 |
| 70 | 安徽省 | 阜阳市嘉安建筑劳务有限公司 | 张少友 |
| 71 | 四川省 | 广安都发建筑劳务有限公司 | 向本春 |
| 72 | 四川省 | 四川恒筑建工劳务有限公司 | 李奉平 |
| 73 | 四川省 | 四川金丰劳务有限公司 | 郑昌波 |
| 74 | 四川省 | 四川省德阳大建劳务开发有限公司 | 杨辉贵 |
| 75 | 四川省 | 四川省三台县金峰建筑劳务开发有限公司 | 朱玉金 |
| 76 | 四川省 | 四川省森茂建筑劳务有限公司 | 欧开盛 |
| 77 | 四川省 | 四川省仪陇宏程劳务开发公司 | 郭　忠 |
| 78 | 四川省 | 四川省仪陇县兴都劳务开发有限责任公司 | 黄伏爱 |
| 79 | 四川省 | 遂宁市中力建筑劳务有限公司 | 袁尚清 |
| 80 | 湖北省 | 孝感市双德建筑工程有限责任公司 | 梅云阶 |
| 81 | 山东省 | 肥城市环宇建筑安装有限公司 | 张茂东 |
| 82 | 山东省 | 菏泽市菏建劳务服务有限公司 | 杨明龙 |

续表

| 序号 | 省份 | 队伍名称 | 队长姓名 |
| --- | --- | --- | --- |
| 83 | 山东省 | 山东德盈建筑安装有限公司 | 张德旺 |
| 84 | 山东省 | 肥城泰山安装有限公司 | 张盼锁 |
| 结构、装修、装饰、综合施工作业队 | | | |
| 85 | 北京市 | 北京城建北方信达劳务有限公司 | 谢春望 |
| 86 | 北京市 | 北京城建三劳务有限公司 | 张红光 |
| 87 | 北京市 | 北京城建盛力源建筑劳务有限公司 | 胡承奇 |
| 88 | 北京市 | 北京城建一建设工程劳务有限公司 | 段兴起 |
| 89 | 北京市 | 北京城建一建设工程劳务有限公司 | 袁俊贤 |
| 90 | 北京市 | 北京城建一建设工程劳务有限公司 | 解士民 |
| 91 | 北京市 | 北京华班建筑劳务有限公司 | 周晓兵 |
| 92 | 重庆市 | 重庆嘉益建筑劳务服务有限公司 | 邱得城 |
| 93 | 重庆市 | 重庆隆建建筑劳务有限责任公司 | 贺有才 |
| 94 | 重庆市 | 重庆市赋达建筑劳务有限公司 | 周　斌 |
| 95 | 重庆市 | 重庆市宏博建筑劳务有限公司 | 蔡锡涛 |
| 96 | 重庆市 | 重庆市宏博建筑劳务有限公司 | 袁　林 |
| 97 | 重庆市 | 重庆市天晖建筑劳务有限责任公司 | 旺华永 |
| 98 | 重庆市 | 重庆中润建筑劳务有限公司 | 何　东 |
| 99 | 重庆市 | 重庆中润建筑劳务有限公司 | 代广喜 |
| 100 | 河北省 | 保定市蓝鼎华建筑有限责任公司 | 张兴旺 |
| 101 | 河北省 | 保定市顺天建筑工程有限公司 | 张同杰 |
| 102 | 河北省 | 保定市天安建筑工程有限公司 | 何增水 |
| 103 | 河北省 | 保定市鑫艺达建筑工程有限公司 | 仝京水 |
| 104 | 河北省 | 承德鑫祥建筑工程有限责任公司 | 李雪松 |
| 105 | 河北省 | 大城县双杰建筑劳务分包有限公司 | 李春杰 |
| 106 | 河北省 | 定州市蓝宇建筑工程有限公司 | 刘京明 |
| 107 | 河北省 | 定州市胜德建筑工程有限公司 | 刘作超 |
| 108 | 河北省 | 定州市双兴建筑工程有限公司 | 安建强 |
| 109 | 河北省 | 定州市双兴建筑工程有限公司 | 李占东 |
| 110 | 河北省 | 定州市双兴建筑工程有限公司 | 高会军 |
| 111 | 河北省 | 定州市天源建设工程有限公司 | 庞建营 |

续表

| 序号 | 省份 | 队伍名称 | 队长姓名 |
| --- | --- | --- | --- |
| 112 | 河北省 | 定州市天源建设工程有限公司 | 刘木全 |
| 113 | 河北省 | 定州市天源建设工程有限公司 | 刘保成 |
| 114 | 河北省 | 河北成源建筑劳务分包有限公司 | 刘作雄 |
| 115 | 河北省 | 河北龙腾建设劳务有限公司 | 朱保建 |
| 116 | 河北省 | 河北龙腾建设劳务有限公司 | 郭俊忠 |
| 117 | 河北省 | 河北新兴建筑劳务分包有限公司 | 商立新 |
| 118 | 河北省 | 唐县亿通建筑劳务有限公司 | 吴世平 |
| 119 | 河北省 | 武强县建筑劳务有限公司 | 董万生 |
| 120 | 河南省 | 安阳京泰建筑有限责任公司 | 汪本具 |
| 121 | 河南省 | 河南民丰建设劳务有限公司 | 赵良稳 |
| 122 | 河南省 | 河南民丰建设劳务有限公司 | 汪基乐 |
| 123 | 河南省 | 河南省长顺建筑劳务有限公司 | 秦东方 |
| 124 | 河南省 | 河南省华峰建设工程有限责任公司 | 陈占喜 |
| 125 | 河南省 | 河南省京豫建筑劳务有限公司 | 刘加国 |
| 126 | 河南省 | 河南省天鸿建筑劳务有限公司 | 李合景 |
| 127 | 河南省 | 濮阳市长存建筑劳务有限公司 | 佘瑞芳 |
| 128 | 河南省 | 濮阳市长存建筑劳务有限公司 | 高　健 |
| 129 | 河南省 | 濮阳市鑫兴建设劳务有限公司 | 张芳川 |
| 130 | 江苏省 | 江苏顶盛劳务有限公司 | 周志先 |
| 131 | 江苏省 | 江苏金坛市建润建筑劳务有限公司 | 杨国方 |
| 132 | 江苏省 | 江苏南通六建集团福辰劳务有限公司 | 李　兵 |
| 133 | 江苏省 | 江苏省建工劳务有限公司 | 曹　平 |
| 134 | 江苏省 | 江苏省金荣建筑安装劳务有限公司 | 杨国光 |
| 135 | 江苏省 | 江苏镇润建工劳务有限公司 | 耿书连 |
| 136 | 江苏省 | 江苏镇润建工劳务有限公司 | 黄荣华 |
| 137 | 江苏省 | 金坛市国华建筑安装劳务有限公司 | 徐小明 |
| 138 | 江苏省 | 金坛市建筑劳务有限公司 | 吉俊华 |
| 139 | 江苏省 | 金坛市金铭建筑劳务有限公司 | 王永刚 |
| 140 | 江苏省 | 金坛市金铭建筑劳务有限公司 | 张锁柱 |
| 141 | 江苏省 | 金坛市金铭建筑劳务有限公司 | 夏洪坤 |

续表

| 序号 | 省份 | 队伍名称 | 队长姓名 |
|---|---|---|---|
| 142 | 江苏省 | 金坛市瑞迪建筑安装劳务有限公司 | 欧阳兆虎 |
| 143 | 江苏省 | 金坛市圣恒建筑安装劳务有限公司 | 王新华 |
| 144 | 江苏省 | 金坛市腾泰建筑劳务有限公司 | 樊堂贵 |
| 145 | 江苏省 | 南京金泰劳务有限公司 | 张国庆 |
| 146 | 江苏省 | 南通惠蒲劳务有限公司 | 张铁荣 |
| 147 | 江苏省 | 南通惠蒲劳务有限公司 | 姜宏兵 |
| 148 | 江苏省 | 南通启益建设工程劳务有限公司 | 陈正洪 |
| 149 | 江苏省 | 南通市第八建筑劳务合作有限公司 | 王建华 |
| 150 | 江苏省 | 南通市鹏程建筑劳务有限公司 | 周小兵 |
| 151 | 江苏省 | 泰州市正兴建筑劳务有限公司 | 林宏根 |
| 152 | 江苏省 | 兴化市顺兴建筑劳务有限公司 | 朱顺喜 |
| 153 | 江苏省 | 兴化市兴龙建筑劳务有限公司 | 王永庆 |
| 154 | 江苏省 | 盐城市京华建筑工程有限公司 | 叶建亚 |
| 155 | 江苏省 | 盐城市阳达建设工程有限公司 | 丁双红 |
| 156 | 江苏省 | 盐城市阳达建设工程有限公司 | 张宏桂 |
| 157 | 江苏省 | 扬州华瑞建筑劳务有限公司 | 孙　荣 |
| 158 | 江苏省 | 镇江市华建工程劳务有限公司 | 王柏平 |
| 159 | 江苏省 | 江苏金坛市建润建筑劳务有限公司 | 孙兆明 |
| 160 | 安徽省 | 安徽阜阳金京建筑劳务有限公司 | 杨志刚 |
| 161 | 安徽省 | 安徽阜阳金京建筑劳务有限公司 | 赵春才 |
| 162 | 安徽省 | 安徽阜阳荣晟建筑劳务有限公司 | 时启武 |
| 163 | 安徽省 | 安徽和平建筑劳务有限公司 | 钟桂平 |
| 164 | 安徽省 | 安徽省安庆市皖力建筑劳务有限责任公司 | 方绪祥 |
| 165 | 安徽省 | 安徽省巢湖华盛建筑劳务有限公司 | 黄　勇 |
| 166 | 安徽省 | 安徽省巢湖华盛建筑劳务有限公司 | 钱扬权 |
| 167 | 安徽省 | 安徽省鼎和诚业建筑劳务有限公司 | 许忠明 |
| 168 | 安徽省 | 安徽省鼎和诚业建筑劳务有限公司 | 许忠凯 |
| 169 | 安徽省 | 安徽省鼎和诚业建筑劳务有限公司 | 许忠祥 |
| 170 | 安徽省 | 安徽省繁昌县凯达建筑劳务有限公司 | 张海生 |
| 171 | 安徽省 | 安徽省和县第二建筑安装劳务公司 | 孙贤宝 |

续表

| 序号 | 省份 | 队伍名称 | 队长姓名 |
|---|---|---|---|
| 172 | 安徽省 | 安徽省和县第二建筑安装劳务公司 | 王　刚 |
| 173 | 安徽省 | 安徽省和县第二建筑安装劳务公司 | 毛连华 |
| 174 | 安徽省 | 安徽省和县第二建筑安装劳务公司 | 王春宝 |
| 175 | 安徽省 | 安徽省和县第二建筑安装劳务公司 | 汪礼斌 |
| 176 | 安徽省 | 安徽省和县第二建筑安装劳务公司 | 王　宾 |
| 177 | 安徽省 | 安徽省和县第二建筑安装劳务公司 | 何德州 |
| 178 | 安徽省 | 安徽省和县第二建筑安装劳务公司 | 何泽州 |
| 179 | 安徽省 | 安徽省和县第三建建筑劳务有限公司 | 颜必龙 |
| 180 | 安徽省 | 安徽省和县第一建筑安装劳务公司 | 王小宝 |
| 181 | 安徽省 | 安徽省和县建总建筑劳务有限公司 | 邱承树 |
| 182 | 安徽省 | 安徽省和县建总建筑劳务有限公司 | 李友斌 |
| 183 | 安徽省 | 安徽省和县建总建筑劳务有限公司 | 江世好 |
| 184 | 安徽省 | 安徽省和县建总建筑劳务有限公司 | 杨佑联 |
| 185 | 安徽省 | 安徽省和县建总建筑劳务有限公司 | 尹长存 |
| 186 | 安徽省 | 安徽省江淮建设劳务有限公司 | 龙海萍 |
| 187 | 安徽省 | 安徽省江淮建设劳务有限公司 | 钱洋法 |
| 188 | 安徽省 | 安徽省江淮建设劳务有限公司 | 蔡小明 |
| 189 | 安徽省 | 安徽省金寨县昊南建筑劳务有限责任公司 | 朱吉勋 |
| 190 | 安徽省 | 安徽省临泉县千秋建筑劳务有限公司 | 韩永刚 |
| 191 | 安徽省 | 安徽省六安市蓝天建筑劳务有限公司 | 吴又云 |
| 192 | 安徽省 | 安徽省马鞍山市华茂建筑劳务有限公司 | 钱扬茂 |
| 193 | 安徽省 | 安徽省马鞍山市华茂建筑劳务有限公司 | 张活松 |
| 194 | 安徽省 | 安徽省马鞍山市华茂建筑劳务有限公司 | 李尚明 |
| 195 | 安徽省 | 安徽省平安建筑劳务有限公司 | 赵玉华 |
| 196 | 安徽省 | 安徽省平安建筑劳务有限公司 | 任俊安 |
| 197 | 安徽省 | 安徽省平安建筑劳务有限公司 | 赵承宝 |
| 198 | 安徽省 | 安徽省兴旺建筑劳务有限责任公司 | 彭忠怀 |
| 199 | 安徽省 | 安徽省中坚建筑劳务有限责任公司 | 王永法 |
| 200 | 安徽省 | 巢湖市恒达建筑劳务有限公司 | 张　平 |
| 201 | 安徽省 | 巢湖市恒达建筑劳务有限公司 | 张　勇 |

续表

| 序号 | 省份 | 队伍名称 | 队长姓名 |
|---|---|---|---|
| 202 | 安徽省 | 合肥市伟业建筑劳务有限公司 | 张亨和 |
| 203 | 安徽省 | 合肥市伟业建筑劳务有限公司 | 丁绍兵 |
| 204 | 安徽省 | 六安市一建劳务有限责任公司 | 邹家兵 |
| 205 | 安徽省 | 马鞍山市马京建筑劳务有限责任公司 | 盛立权 |
| 206 | 安徽省 | 芜湖市基深建筑劳务有限公司 | 米　峰 |
| 207 | 四川省 | 广安都发建筑劳务有限公司 | 王　杰 |
| 208 | 四川省 | 四川省国程劳务有限责任公司 | 马永虎 |
| 209 | 四川省 | 四川省建城劳务开发有限责任公司 | 黄传和 |
| 210 | 四川省 | 四川省建城劳务开发有限责任公司 | 杨仕政 |
| 211 | 四川省 | 四川省三台县建筑劳务开发有限公司 | 张　波 |
| 212 | 四川省 | 四川省仪陇宏程劳务开发公司 | 田　斌 |
| 213 | 四川省 | 四川省仪陇县新兴建筑劳务有限责任公司 | 郑尚辉 |
| 214 | 四川省 | 四川省仪陇县新兴建筑劳务有限责任公司 | 王家海 |
| 215 | 四川省 | 四川省仪陇县新兴建筑劳务有限责任公司 | 于名安 |
| 216 | 四川省 | 四川省仪陇县兴都劳务开发有限责任公司 | 罗长杰 |
| 217 | 四川省 | 四川玉成建筑劳务有限公司 | 邓广林 |
| 218 | 湖北省 | 湖北南桥建筑工程有限公司 | 余旭东 |
| 219 | 湖北省 | 湖北南桥建筑工程有限公司 | 杨新峰 |
| 220 | 湖北省 | 湖北南桥建筑工程有限公司 | 张国新 |
| 221 | 湖北省 | 湖北南桥建筑工程有限公司 | 向进国 |
| 222 | 湖北省 | 湖北南桥建筑工程有限公司 | 肖灼林 |
| 223 | 湖北省 | 湖北亿通建筑劳务有限公司 | 王志春 |
| 224 | 湖北省 | 湖北亿通建筑劳务有限公司 | 王寿林 |
| 225 | 湖北省 | 湖北远大建筑劳务有限责任公司 | 刘合炳 |
| 226 | 湖北省 | 黄冈市振环建筑安装工程有限责任公司 | 黄华清 |
| 227 | 湖北省 | 孝昌县明远建筑劳务有限公司 | 刘文逸 |
| 228 | 湖北省 | 孝昌县天祥建筑工程有限责任公司 | 潘火东 |
| 229 | 湖北省 | 孝昌县天祥建筑工程有限责任公司 | 夏想明 |
| 230 | 湖北省 | 孝昌县天祥建筑工程有限责任公司 | 夏建军 |
| 231 | 湖北省 | 孝昌县天祥建筑工程有限责任公司 | 赵　凯 |

续表

| 序号 | 省份 | 队伍名称 | 队长姓名 |
|---|---|---|---|
| 232 | 湖北省 | 孝昌县天祥建筑工程有限责任公司 | 魏国书 |
| 233 | 湖北省 | 孝昌县天祥建筑工程有限责任公司 | 付式先 |
| 234 | 湖北省 | 孝昌县天祥建筑工程有限责任公司 | 廖世武 |
| 235 | 湖北省 | 孝感市楚燕建筑劳务有限责任公司 | 程福财 |
| 236 | 湖北省 | 孝感市楚燕建筑劳务有限责任公司 | 向凤鸣 |
| 237 | 湖北省 | 孝感市楚燕建筑劳务有限责任公司 | 向移山 |
| 238 | 湖北省 | 孝感市楚燕建筑劳务有限责任公司 | 官建中 |
| 239 | 湖北省 | 孝感市楚燕建筑劳务有限责任公司 | 冷云华 |
| 240 | 湖北省 | 孝感市楚燕建筑劳务有限责任公司 | 田华革 |
| 241 | 湖北省 | 孝感市楚燕建筑劳务有限责任公司 | 李怡强 |
| 242 | 湖北省 | 孝感市春兴建筑劳务有限责任公司 | 周　俊 |
| 243 | 湖北省 | 孝感市春兴建筑劳务有限责任公司 | 祝兰清 |
| 244 | 湖北省 | 孝感市力天建筑劳务有限责任公司 | 万友明 |
| 245 | 湖北省 | 孝感市双德建筑工程有限责任公司 | 冷双德 |
| 246 | 山东省 | 山东德盈建筑安装有限公司 | 范继华 |
| 247 | 陕西省 | 安康市京康建筑工程有限责任公司 | 粟仲银 |
| 248 | 陕西省 | 安康市京康建筑工程有限责任公司 | 谢明良 |
| 249 | 陕西省 | 安康市京康建筑工程有限责任公司 | 张为猛 |
| 250 | 浙江省 | 临海市东海建筑劳务有限公司 | 金传兴 |
| 251 | 浙江省 | 浙江鹏洲建设有限公司建筑五工区 | 李谦友 |
| 252 | 广东省 | 汕头市达濠建筑总公司 | 许映辉 |
| 水电、强弱电、暖通施工作业队 | | | |
| 253 | 北京市 | 北京博创水电安装劳务有限公司 | 苟平宗 |
| 254 | 北京市 | 北京世纪双丰建筑劳务有限责任公司 | 樊忠祥 |
| 255 | 河北省 | 河北新兴建筑劳务分包有限公司 | 宋文堂 |
| 256 | 河南省 | 安阳京泰建筑有限责任公司 | 武瑞平 |
| 257 | 河南省 | 安阳市豫丰建筑劳务有限责任公司 | 韩好礼 |
| 258 | 河南省 | 安阳县京鑫建设劳务有限责任公司 | 刘海平 |
| 259 | 河南省 | 安阳县京鑫建设劳务有限责任公司 | 王天朋 |
| 260 | 河南省 | 安阳县京鑫建设劳务有限责任公司 | 韩军付 |

续表

| 序号 | 省份 | 队伍名称 | 队长姓名 |
| --- | --- | --- | --- |
| 261 | 河南省 | 河南城建建设集团劳务有限公司 | 高同林 |
| 262 | 河南省 | 河南龙达建设劳务有限公司 | 李风岭 |
| 263 | 河南省 | 河南龙达建设劳务有限公司 | 夏海军 |
| 264 | 河南省 | 河南龙达建设劳务有限公司 | 秦国义 |
| 265 | 河南省 | 河南省天鸿建筑劳务有限公司 | 王福成 |
| 266 | 河南省 | 河南省豫建建筑劳务有限公司 | 赵勤学 |
| 267 | 河南省 | 河南省豫林建筑劳务有限公司 | 孟凡振 |
| 268 | 江苏省 | 金坛市建昌建筑安装工程有限公司 | 袁洪树 |
| 269 | 江苏省 | 江苏省建工劳务有限公司 | 李恩军 |
| 270 | 江苏省 | 江苏省中铭建筑工程有限公司 | 赵国虎 |
| 271 | 江苏省 | 金坛市建筑劳务有限公司 | 朱冬生 |
| 272 | 江苏省 | 金坛市圣恒建筑安装劳务有限公司 | 吴双伟 |
| 273 | 江苏省 | 扬州龙川劳务有限公司 | 俞建明 |
| 274 | 江苏省 | 镇江市华建工程劳务有限公司 | 张六生 |
| 275 | 四川省 | 四川泸县建筑劳务有限公司 | 马建祥 |
| 276 | 四川省 | 遂宁市中力建筑劳务有限公司 | 苏　兵 |
| 277 | 湖北省 | 孝感市春兴建筑劳务有限责任公司 | 宋　阳 |
| 278 | 山东省 | 肥城市环宇建筑安装有限公司 | 张吉利 |
| 279 | 山东省 | 肥城市环宇建筑安装有限公司 | 路怀岭 |
| 280 | 山东省 | 肥城市环宇建筑安装有限公司 | 梁俊德 |
| 281 | 山东省 | 肥城泰山安装有限公司 | 韩振国 |
| 282 | 山东省 | 肥城泰山安装有限公司 | 刘淑忠 |
| 283 | 山东省 | 山东德盈建筑安装有限公司 | 凌在士 |
| 284 | 山东省 | 山东蒙阴沂蒙建设有限公司 | 刘本国 |
| 市政施工作业队 | | | |
| 285 | 北京市 | 北京大成永信劳务分包有限公司 | 侯宝光 |
| 286 | 北京市 | 北京华创瑞通建筑劳务有限公司 | 刘清河 |
| 287 | 北京市 | 北京华创瑞通建筑劳务有限公司 | 王兴富 |
| 288 | 北京市 | 北京新跃宏达建筑工程有限责任公司 | 郑和平 |
| 289 | 北京市 | 北京鑫创益建筑劳务分包有限公司 | 张德福 |

续表

| 序号 | 省份 | 队伍名称 | 队长姓名 |
|---|---|---|---|
| 290 | 重庆市 | 重庆市万州区恒远建筑劳务有限公司 | 曾廷国 |
| 291 | 河北省 | 承德恒泰劳务有限公司 | 余跃海 |
| 292 | 河北省 | 承德恒泰劳务有限公司 | 孙广军 |
| 293 | 河北省 | 承德华仕达建筑工程有限公司 | 付连瑞 |
| 294 | 河北省 | 承德市宇合建设劳务有限公司 | 赵景春 |
| 295 | 河北省 | 承德市宇合建设劳务有限公司 | 崔秀军 |
| 296 | 河北省 | 承德市宇合建设劳务有限公司 | 王凤龙 |
| 297 | 河北省 | 承德市宇合建设劳务有限公司 | 支秀方 |
| 298 | 河北省 | 承德市宇合建设劳务有限公司 | 杨国庆 |
| 299 | 河北省 | 承德鑫祥建筑工程有限责任公司 | 解振美 |
| 300 | 河北省 | 承德兴泰劳务有限责任公司 | 赵显东 |
| 301 | 河北省 | 河北政华建业建筑劳务有限公司 | 马建乐 |
| 302 | 河北省 | 涞水县环京建设工程有限责任公司 | 刘　民 |
| 303 | 河北省 | 涞水县环京建设工程有限责任公司 | 周立忠 |
| 304 | 河北省 | 涞水县环京建设工程有限责任公司 | 孙孝波 |
| 305 | 河北省 | 廊坊环宇建筑劳务有限公司 | 鲍朋会 |
| 306 | 河北省 | 隆化县天翔建筑劳务有限公司 | 黄志全 |
| 307 | 河北省 | 青县腾达建筑劳务分包有限公司 | 蒋　辉 |
| 308 | 河北省 | 曲阳县中天建筑劳务有限公司 | 刘敬辉 |
| 309 | 河北省 | 曲阳县中天建筑劳务有限公司 | 刘旭光 |
| 310 | 河北省 | 深州市第三建筑劳务分包有限公司 | 张占良 |
| 311 | 河北省 | 深州市第三建筑劳务分包有限公司 | 刘彦凯 |
| 312 | 河北省 | 唐县亿通建筑劳务有限公司 | 刘士峰 |
| 313 | 河南省 | 濮阳市新兴建设劳务有限公司 | 张芳川 |
| 314 | 河南省 | 商丘市豫建建筑工程有限公司 | 范海良 |
| 315 | 河南省 | 商丘市豫建建筑工程有限公司 | 程勉振 |
| 316 | 河南省 | 商丘市豫兴建设劳务有限公司 | 王家祥 |
| 317 | 河南省 | 商丘市豫兴建设劳务有限公司 | 贾维彪 |
| 318 | 河南省 | 商丘市豫兴建设劳务有限公司 | 刘清江 |
| 319 | 河南省 | 商丘市豫兴建设劳务有限公司 | 王敬峰 |

续表

| 序号 | 省份 | 队伍名称 | 队长姓名 |
| --- | --- | --- | --- |
| 320 | 河南省 | 商丘市豫兴建设劳务有限公司 | 王新玉 |
| 321 | 河南省 | 睢县新生建设劳务有限公司 | 李义东 |
| 322 | 河南省 | 周口市祥华建筑劳务有限公司 | 赵三格 |
| 323 | 山东省 | 菏泽市菏建劳务服务有限公司 | 陈　建 |
| 324 | 山东省 | 菏泽市菏建劳务服务有限公司 | 王保民 |
| 325 | 山东省 | 日照市万平建筑劳务有限公司 | 李保乾 |
| 机电设备安装施工作业队 | | | |
| 326 | 北京市 | 北京城建一建设工程劳务有限公司 | 王红战 |
| 327 | 河北省 | 保定市开阳建筑有限责任公司 | 韩　山 |
| 328 | 河北省 | 河北成源建筑劳务分包有限公司 | 李　峰 |
| 329 | 河北省 | 河北成源建筑劳务分包有限公司 | 乔海福 |
| 330 | 河南省 | 安阳京泰建筑有限责任公司 | 任根希 |
| 331 | 河南省 | 安阳京泰建筑有限责任公司 | 王晓明 |
| 332 | 江苏省 | 江都市金马劳务有限公司 | 王德明 |
| 333 | 江苏省 | 南通市幸福建筑劳务合作有限公司 | 张佰生 |
| 334 | 四川省 | 江油科发建筑劳务有限责任公司 | 冷通福 |
| 砌筑、架子施工作业队 | | | |
| 335 | 河北省 | 望都县鑫宇建筑安装有限公司 | 张春增 |
| 336 | 河北省 | 承德新城建筑工程有限公司 | 王长山 |
| 337 | 江苏省 | 扬州华瑞建筑劳务有限公司 | 蒋红军 |
| 338 | 江苏省 | 高邮市华生建筑劳务有限公司 | 陈小君 |
| 339 | 安徽省 | 合肥华威建筑劳务有限公司 | 侯庆文 |
| 340 | 四川省 | 四川恒筑建工劳务有限公司 | 邹升刚 |
| 房建、古建施工作业队 | | | |
| 341 | 北京市 | 北京城建三劳务有限公司 | 向明安 |
| 342 | 河北省 | 定州市天源建设工程有限公司 | 郝益全 |
| 343 | 河南省 | 河南省新蒲建筑工程承包有限公司 | 王守振 |
| 344 | 河北省 | 涿州市冀兴建安工程有限责任公司 | 夏东刚 |

# 附录六　2009年度北京市建设行业诚信企业[①]

## 北京市建设行业诚信企业名单（125家）

| 序号 | 企业名称 | 序号 | 企业名称 |
|---|---|---|---|
| 1 | 北京市设备安装工程集团有限公司 | 25 | 北京住总集团有限责任公司 |
| 2 | 北京六建集团公司 | 26 | 北京中关村开发建设股份有限公司 |
| 3 | 北京建自凯科系统工程有限公司 | 27 | 北京中泰恒设备安装有限责任公司 |
| 4 | 北京市第三建筑工程有限公司 | 28 | 中建一局集团建设发展有限公司 |
| 5 | 北京建工物流配送有限公司 | 29 | 中建一局集团第五建筑有限公司 |
| 6 | 北京城建五建设工程有限公司 | 30 | 中建一局集团安装工程有限公司 |
| 7 | 北京城建安装工程有限公司 | 31 | 中建一局集团物流有限公司 |
| 8 | 北京市园林古建工程公司 | 32 | 中建市政建设有限公司 |
| 9 | 北京城建六建设工程有限公司 | 33 | 北京中建恒伟安装工程有限公司 |
| 10 | 北京城建中南土木工程集团有限公司 | 34 | 中铁建工集团北京安装工程有限公司 |
| 11 | 北京城建道桥建设集团有限公司 | 35 | 中国水利水电第二工程局有限公司 |
| 12 | 北京城建北方建设有限责任公司 | 36 | 中国新兴建设开发总公司 |
| 13 | 北京城建建材工业有限公司 | 37 | 中国建筑第二工程局有限公司 |
| 14 | 北京城建精工钢结构工程有限公司 | 38 | 光大国际建设工程总公司 |
| 15 | 北京城建七建设工程有限公司 | 39 | 中建工业设备安装有限公司（北京） |
| 16 | 北京城建亚东混凝土有限责任公司 | 40 | 中国机械工业建设总公司 |
| 17 | 北京城建长城装饰工程有限公司 | 41 | 北京燕化天钲建筑工程有限责任公司 |
| 18 | 北京城建天宁消防有限责任公司 | 42 | 北京清尚建筑装饰工程有限公司 |
| 19 | 北京城建九建设工程有限公司 | 43 | 北京天润建设工程有限公司 |
| 20 | 北京市政联元电气设备安装有限公司 | 44 | 北京世纪宏源装饰工程有限公司 |
| 21 | 北京市市政六建设工程有限公司 | 45 | 北京华明远大供电工程安装有限责任公司 |
| 22 | 北京市市政三建设工程有限责任公司 | 46 | 北京市电话工程公司 |
| 23 | 北京路桥瑞通养护中心 | 47 | 中国轻工建设工程有限公司 |
| 24 | 北京中基市政工程有限公司 | 48 | 北京建材地质工程公司 |

① 本名单由北京市住房和城乡建设委员会提供。

续表

| 序号 | 企业名称 | 序号 | 企业名称 |
|---|---|---|---|
| 49 | 北京市城捷建筑工程防水有限责任公司 | 81 | 北京乾建建筑装饰工程有限责任公司 |
| 50 | 北京佳绩建筑工程有限责任公司 | 82 | 北京大唐首邑建筑集团有限责任公司 |
| 51 | 北京天水装饰有限公司 | 83 | 北京市富美达建筑装饰工程公司 |
| 52 | 北京市朝阳田华建筑集团公司 | 84 | 北京北恒建筑装饰工程有限公司 |
| 53 | 北京中建华威机电设备安装工程有限公司 | 85 | 北京天恒建设工程有限公司 |
| 54 | 北京中航弱电系统工程有限公司 | 86 | 北京杉浩建设开发集团有限公司 |
| 55 | 北京润安市政工程有限公司 | 87 | 北京东方泰洋装饰工程有限公司 |
| 56 | 北京市朝阳水利工程公司 | 88 | 华夏消防工程有限公司 |
| 57 | 北京迪迈建筑装饰工程有限公司 | 89 | 北京利福源装饰工程公司 |
| 58 | 北京奥杰装饰装修有限公司 | 90 | 北京西飞世纪门窗幕墙工程有限责任公司 |
| 59 | 北京中建华腾装饰工程有限公司 | 91 | 北京兴发三环电力设备安装有限公司 |
| 60 | 北京鸿屹丰彩装饰工程有限公司 | 92 | 北京市建华公路工程有限公司 |
| 61 | 北京市日盛达建筑企业集团 | 93 | 北京市美兴达建筑装饰装修工程有限责任公司 |
| 62 | 北京新海航市政工程有限公司 | 94 | 北京楚海力建筑装饰工程有限公司 |
| 63 | 北京东欣电力设备安装有限公司 | 95 | 北京航天爱锐设备安装有限公司 |
| 64 | 北京华科鸿泰智能系统工程有限责任公司 | 96 | 北京迪兴市政工程有限公司 |
| 65 | 北京市勘察设计研究院有限公司(地基基础) | 97 | 北京红河伟业市政工程有限公司 |
| 66 | 北京市永兴世纪建筑有限公司 | 98 | 北京竣铭诚建设工程有限公司 |
| 67 | 北京北方世纪建筑装饰工程有限公司 | 99 | 北京瑞晨管道安装防腐有限公司 |
| 68 | 北京北方空间钢结构有限公司 | 100 | 北京中迅龙臣设备安装有限公司 |
| 69 | 北京市海育建筑工程公司 | 101 | 北京华林建业市政建筑工程有限公司 |
| 70 | 北京春瓣升装修工程有限责任公司 | 102 | 大兴区供用电安装公司 |
| 71 | 北京佳定机电设备安装有限责任公司 | 103 | 北京富思特装饰有限责任公司 |
| 72 | 紫光环保有限公司 | 104 | 北京碧鑫水务有限公司 |
| 73 | 北京金易格幕墙装饰工程有限责任公司 | 105 | 北京恒立伟兴建筑工程有限责任公司 |
| 74 | 北京中科恒业中自技术有限公司 | 106 | 北京龙建集团有限公司 |
| 75 | 中建一大成建筑有限责任公司 | 107 | 北京市房山城建集团有限公司 |
| 76 | 浦华环保有限公司 | 108 | 北京龙庆建筑工程有限公司 |
| 77 | 北京四汇建筑工程有限责任公司 | 109 | 北京玉森建筑有限公司 |
| 78 | 中国中原对外工程有限公司 | 110 | 北京市顺义建筑工程公司 |
| 79 | 北京华英旭东通信科技有限公司 | 111 | 北京顺鑫天宇建设工程有限公司 |
| 80 | 北京成业市政工程有限责任公司 | 112 | 北京市南彩建筑工程公司 |

续表

| 序号 | 企业名称 | 序号 | 企业名称 |
|---|---|---|---|
| 113 | 北京燕雄建筑工程有限公司 | 120 | 北京诚信建筑工程公司 |
| 114 | 北京大龙顺发建筑工程有限公司 | 121 | 北京市长兴旺建筑工程有限公司 |
| 115 | 北京荣森建筑工程有限公司 | 122 | 北京谊远达建筑工程有限公司 |
| 116 | 北京市安文水泥构件厂 | 123 | 北京日月明建筑工程有限公司 |
| 117 | 北京佳佳建筑工程公司 | 124 | 北京澔源翔建筑工程有限公司 |
| 118 | 北京远洋中广建筑装饰工程有限公司 | 125 | 太通建设有限公司 |
| 119 | 北京怀城建筑工程有限公司 | | |

# 外省市进京施工诚信企业(2家)

| 序号 | 企业名称 | 序号 | 企业名称 |
|---|---|---|---|
| 126 | 江苏江都建设工程有限公司(北京) | 127 | 江苏建昌建设工程有限公司 |

# 外省市进京劳务诚信企业(16家)

| 序号 | 企业名称 | 序号 | 企业名称 |
|---|---|---|---|
| 128 | 林州市京林建设劳务有限责任公司 | 136 | 金坛市瑞迪建筑安装工程有限公司 |
| 129 | 重庆市圣华建筑劳务有限公司 | 137 | 四川省天佑建筑劳务开发有限公司 |
| 130 | 重庆市天晖建筑劳务有限责任公司 | 138 | 四川省森茂建筑劳务有限公司 |
| 131 | 重庆市强建建筑劳务有限公司 | 139 | 四川省德阳大建劳务开发有限责任公司 |
| 132 | 河北政华建业建筑劳务有限公司 | 140 | 四川省三台县金峰建筑劳务开发有限公司 |
| 133 | 河北信和建筑工程有限公司 | 141 | 孝昌县天祥建筑工程有限责任公司 |
| 134 | 河南省天鸿建筑劳务有限公司 | 142 | 孝感市双德建筑工程有限责任公司 |
| 135 | 濮阳市长存建筑劳务有限公司 | 143 | 汉中市鑫泰建筑安装工程有限公司 |

# 附录七　2010 年北京市建筑材料产品质量诚信评价(A)级企业[①]

| 序号 | 企业名称 | 产品名称 |
|---|---|---|
| 塑料管材、管件 | | |
| 1 | 北京顾地塑胶有限公司 | 冷热水用聚丙烯(PP－R)管材、管件 |
| | | 冷热水用耐热聚乙烯(PE－RT)管材 |
| | | 建筑用绝缘电工套管及配件 |
| | | 给水用硬聚氯乙烯(PVC－U)管材、管件 |
| 2 | 武汉金牛经济发展有限公司 | 冷热水用耐热聚乙烯(PE－RT)管材 |
| | | 给水用聚乙烯(PE)管材、管件 |
| | | 冷热水用聚丙烯(PP－R)管材、管件 |
| | | 无规共聚聚丙烯(PPR)塑铝稳态复合管 |
| | | 铝塑复合(对接焊)压力管 |
| | | 建筑排水用高密度聚乙烯(HDPE)管材、管件 |
| 3 | 天津市军星管材制造有限公司 | 冷热水用聚丙烯(PP－R)管材、管件 |
| | | 冷热水用耐热聚乙烯(PE－RT)管材 |
| | | 冷热水用交联聚乙烯(PEXa)管材 |
| 4 | 爱康(廊坊)建材有限公司 | 冷热水用聚丁烯(PB)管材、管件 |
| | | 冷热水用耐热聚乙烯(PE－RT)管材 |
| 5 | 河北宝路科技发展有限公司 | 建筑用绝缘电工套管及配件 |
| 6 | 北京汇新特塑料建材有限公司 | 冷热水用聚丙烯(PP－R)管材 |
| | | 冷热水用聚丁烯(PB)管材 |
| | | 铝塑复合(搭接焊)压力管 |
| 7 | 联塑市政管道(河北)有限公司 | 建筑排水用硬聚氯乙烯管材、管件 |
| | | 冷热水用聚丙烯(PP－R)管材、管件 |
| | | 建筑用绝缘电工套管及配件 |
| | | 给水用硬聚氯乙烯(PVC－U)管材、管件 |
| | | 冷热水用耐热聚乙烯(PE－RT)管材 |
| | | 冷热水用聚丁烯(PB)管材 |
| 8 | 河北日泰新型管材有限公司 | 冷热水用聚丙烯(PP－R)管材、管件 |
| | | 冷热水用交联聚乙烯(PEXa)管材 |
| | | 冷热水用耐热聚乙烯(PE－RT)管材 |
| | | 无规共聚聚丙烯(PPR)塑铝稳态复合管 |

① 本名单由北京市住房和城乡建设委员会提供。

续表

| 序号 | 企业名称 | 产品名称 |
| --- | --- | --- |
| 9 | 秦皇岛宏岳塑胶有限公司 | 给水用硬聚氯乙烯(PVC－U)管材 |
| | | 建筑排水用硬聚氯乙烯(PVC－U)管材 |
| | | 建筑用绝缘电工套管及配件 |
| | | 冷热水用聚丙烯(PP－R)管材 |
| | | 冷热水用交联聚乙烯(PEXa)管材 |
| | | 冷热水用耐热聚乙烯(PE－RT)管材 |
| | | 给水用聚乙烯(PE)管材 |
| 10 | 金德管业集团有限公司 | 建筑排水用硬聚氯乙烯(PVC－U)管材、管件 |
| | | 冷热水用聚丙烯(PP－R)管材、管件 |
| | | 铝塑复合(搭接焊)压力管 |
| | | 冷热水用耐热聚乙烯(PE－RT)管材 |
| | | 冷热水用交联聚乙烯(PEXb)管材 |
| | | 冷热水用聚丁烯(PB)管材 |
| 11 | 北京温适宝科技有限公司 | 冷热水用耐热聚乙烯(PE－RT)管材 |
| | | 冷热水用聚丁烯(PB)管材 |
| | | 冷热水用交联聚乙烯(PEXb)管材 |
| 12 | 佛山塑料集团股份有限公司 | 冷热水用耐热聚乙烯(PE－RT)管材 |
| | | 冷热水用交联聚乙烯(PEXc)管材 |
| 13 | 盛世博扬(上海)暖通科技有限公司 | 铜分集水器 |
| 防水涂料 | | |
| 14 | 北京中建友建筑材料有限公司 | 聚氨酯防水涂料(单组份) |
| 15 | 北京普石防水材料有限公司 | 聚氨酯防水涂料(单组份) |
| 建筑门窗 | | |
| 16 | 北京鸿恒基幕墙装饰工程有限公司 | EAHX55 系列、EAHX60G 系列、EAH65 系列均为铝合金内倾内开、平开窗,EAHX55 系列外平开窗 |
| 17 | 北京嘉寓幕墙装饰工程(集团)有限公司 | JY52、JY55、JY57、JY60 系列平开铝合金隔热窗(外开、中空)、JY52、JY55、JY57、60 系列平开下悬铝合金隔热窗(内开、下悬、中空) |
| 18 | 北京天易幕墙工程有限公司 | 55、60、65、系列平开窗、90 系列推拉窗 60 平开门、90 推拉门 |
| 19 | 北京大兴时代金属制品厂 | 55、60、铝合金平开窗 80、90 铝合金推拉窗、60 系列平开塑料窗、88 系列推拉塑料窗 |
| 20 | 北京江河幕墙股份有限公司 | 60、65 系列隔热内、外铝合金平开窗、65 系列隔热内外铝合金平开门、90 系列隔热铝合金推拉窗、90 系列隔热铝合金推拉门 |

续表

| 序号 | 企业名称 | 产品名称 |
| --- | --- | --- |
| 21 | 北新建塑有限公司 | 60 系列、内、外平开塑料窗、65 系列内平开塑料窗、88 系列推拉塑钢窗 |
| 22 | 北京门窗发展有限公司 | 60 系列塑料平开窗、60 系列铝合金隔热断桥平开窗 |
| 23 | 沈阳远大铝业工程有限公司 | TS62 断热平开窗、TS60 系列铝木复合断热内开窗、PS50 非断热外开窗、TP90 注胶式断热推拉窗 TS56 断热内开窗 |
| 24 | 北京和平幕墙工程有限公司 | 564、60 隔热铝合金平开窗、90 系列隔热铝合金推拉窗 |
| 25 | 北京东方泰洋装饰工程有限公司 | TY55、TYA55、TY60 系列隔热铝合金内开窗、TY100 系列隔热铝合金隐框窗、TYW55 系列隔热铝合金平开窗、TYX55、TYW50 隔热铝合金外开窗 |
| 26 | 北京米兰之窗节能建材有限公司 | 68 系列内平开铝包木窗、68 系列铝包木(三玻)窗、68 系列内开实木窗、保温型 71 系列内平开铝木复合、60 系列铝合金平开窗、60 系列塑料平开窗 |

# 附录八　2010年度北京市市政行业诚信企业[①]

| 序号 | 企业名称 |
| --- | --- |
| 1 | 北京金港机场建设有限责任公司 |
| 2 | 北京鑫旺路桥建设有限公司 |
| 3 | 北京中铁隧建筑有限公司 |
| 4 | 北京长城贝尔芬格伯格建筑工程有限公司 |
| 5 | 北京韩建集团有限公司 |
| 6 | 中铁五局集团第三工程有限公司 |
| 7 | 北京正远监理咨询有限公司 |
| 8 | 中交一公局海威工程建设有限公司 |
| 9 | 北京市京电变电工程处 |
| 10 | 北京市隆城市政工程有限公司 |
| 11 | 北京润安市政工程有限公司 |
| 12 | 北京场道市政工程集团有限公司 |
| 13 | 北京诚信四海市政建设发展有限公司 |
| 14 | 北京汇峰建设工程有限责任公司 |
| 15 | 北京市大兴市政建设工程公司 |
| 16 | 北京城建五市政工程有限公司 |
| 17 | 北京市常青市政工程有限公司 |

① 本名单由北京市住房和城乡建设委员会提供。

# 附录九　北京市建筑起重机械租赁企业资信等级证书(1—4 批)企业[①]

| 序号 | 企业名称 | 等级 | 证书编号 |
|---|---|---|---|
| 1 | 中国新兴建设开发总公司 | 一级 | 京建机 HD010001 |
| 2 | 北京建工一建工程建设有限公司机械施工工程分公司 | 一级 | 京建机 XW010002 |
| 3 | 北京市第三建筑工程有限公司 | 一级 | 京建机 XC010003 |
| 4 | 北京市第五建筑工程有限公司模架租赁分公司 | 一级 | 京建机 DC010004 |
| 5 | 北京六建集团公司起重设备安装工程分公司 | 一级 | 京建机 HD010005 |
| 6 | 北京市机械施工有限公司 | 一级 | 京建机 XC010006 |
| 7 | 北京城建二建设工程有限公司 | 一级 | 京建机 HD010007 |
| 8 | 北京城建建设工程有限公司 | 一级 | 京建机 HD010008 |
| 9 | 北京城建四建设工程有限责任公司 | 一级 | 京建机 HD010009 |
| 10 | 北京城建五建设工程有限公司机械租赁分公司 | 一级 | 京建机 CY010010 |
| 11 | 北京城乡中昊建设有限责任公司机械施工分公司 | 一级 | 京建机 CW010011 |
| 12 | 中建一局集团第三建筑有限公司 | 一级 | 京建机 CW010012 |
| 13 | 中铁建工集团有限公司机械租赁分公司 | 一级 | 京建机 YQ010013 |
| 14 | 中铁建设集团有限公司设备租赁分公司 | 一级 | 京建机 SJ010014 |
| 15 | 北京中建正和建筑机械施工有限公司 | 一级 | 京建机 CY010015 |
| 16 | 北京龙泰机械设备安装有限公司 | 一级 | 京建机 FT010016 |
| 17 | 北京高邦设备租赁有限公司 | 一级 | 京建机 CY010017 |
| 18 | 北京天和建筑机械设备租赁有限责任公司 | 一级 | 京建机 FT010018 |
| 19 | 北京广宇建筑机械设备租赁公司 | 一级 | 京建机 FT010019 |
| 20 | 北京富邦建筑设备租赁有限公司 | 一级 | 京建机 HD010020 |
| 21 | 北京立新顺超机械施工有限公司 | 一级 | 京建机 SY010021 |
| 22 | 北京久创普英特高层设备有限公司 | 一级 | 京建机 CY010022 |
| 23 | 北京沂鑫建筑机械租赁有限公司 | 一级 | 京建机 PG010023 |
| 24 | 北京天罡星机械设备租赁有限公司 | 一级 | 京建机 TZ010024 |

① 本名单由北京市住房和城乡建设委员会提供。

续表

| 序号 | 企业名称 | 等级 | 证书编号 |
| --- | --- | --- | --- |
| 25 | 北京豪联宝顺建筑机械有限公司 | 一级 | 京建机 FT010025 |
| 26 | 北京比仕达建筑工程设备有限公司 | 一级 | 京建机 DX010026 |
| 27 | 北京鑫衡旺设备安装工程有限公司 | 一级 | 京建机 HR010027 |
| 28 | 北京阜鹰建筑机械租赁中心 | 一级 | 京建机 SJ010028 |
| 29 | 北京世纪红工贸有限公司 | 一级 | 京建机 FT010029 |
| 30 | 北京宇辰鑫发建筑设备租赁有限公司 | 一级 | 京建机 DX010030 |
| 31 | 北京青山建筑设备租赁有限公司 | 一级 | 京建机 PG010031 |
| 32 | 北京力海源国际机械施工有限公司 | 一级 | 京建机 SY010032 |
| 33 | 北京紫竹慧机械设备租赁有限公司 | 一级 | 京建机 MT010033 |
| 34 | 北京世纪鸿达机械设备租赁有限公司 | 一级 | 京建机 CY010034 |
| 35 | 北京南湖兴业经贸中心 | 一级 | 京建机 CY010035 |
| 36 | 北京东兴建设有限责任公司机械施工分公司 | 二级 | 京建机 DC020036 |
| 37 | 北京燕京建筑工程有限责任公司 | 二级 | 京建机 DC020037 |
| 38 | 北京龙友设备租赁有限公司 | 升一级 | 京建机 MT010038 |
| 39 | 北京正方机械设备租赁有限公司 | 二级 | 京建机 PG020039 |
| 40 | 北京保惠电力技术有限责任公司 | 二级 | 京建机 MT020040 |
| 41 | 北京宝圣鑫源商贸有限公司 | 二级 | 京建机 HD020041 |
| 42 | 北京宇通机械设备租赁有限公司 | 二级 | 京建机 FS020042 |
| 43 | 北京四方诚信建筑机械设备租赁有限公司 | 二级 | 京建机 HD020043 |
| 44 | 北京懋信建功建筑机械有限公司 | 二级 | 京建机 XW020044 |
| 45 | 北京法政建筑机械设备安装有限公司 | 二级 | 京建机 MY020045 |
| 46 | 北京恒源顺达建筑机械设备租赁有限公司 | 二级 | 京建机 CP020046 |
| 47 | 北京拓新机械设备租赁有限责任公司 | 二级 | 京建机 DX020047 |
| 48 | 北京松林伟业机械设备安装有限公司 | 二级 | 京建机 FS020048 |
| 49 | 北京铧力宝丰机电设备有限公司 | 二级 | 京建机 DX020049 |
| 50 | 北京亿力创业机械设备租赁有限公司 | 二级 | 京建机 CY020050 |
| 51 | 北京兴铭机械设备租赁有限公司 | 二级 | 京建机 TZ020051 |
| 52 | 北京中鼎瑞森商贸有限公司 | 二级 | 京建机 FT020052 |
| 53 | 北京谷阳机械施工有限公司 | 二级 | 京建机 PG020053 |
| 54 | 北京鹏顺机械施工有限公司 | 二级 | 京建机 SY020054 |

续表

| 序号 | 企业名称 | 等级 | 证书编号 |
| --- | --- | --- | --- |
| 55 | 北安泰诚机械设备(北京)有限责任公司 | 升一级 | 京建机 CY010055 |
| 56 | 北京盛鼎机械设备有限公司 | 二级 | 京建机 DX020056 |
| 57 | 北京鑫丰厚商贸有限公司 | 三级 | 京建机 FS030057 |
| 58 | 北京华建机械设备租赁有限责任公司 | 三级 | 京建机 DX030058 |
| 59 | 北京宏福顺科贸有限公司 | 三级 | 京建机 PG030059 |
| 60 | 北京昊通建功建筑机械租赁有限公司 | 三级 | 京建机 TZ030060 |
| 61 | 北京高侨建筑机械维修中心 | 三级 | 京建机 CY030061 |
| 62 | 北京川海科贸有限责任公司 | 三级 | 京建机 MT030062 |
| 63 | 北京姚永乐设备安装有限公司 | 三级 | 京建机 FS030063 |
| 64 | 北京鑫山彩虹建筑机械有限公司 | 三级 | 京建机 DX030064 |
| 65 | 北京远方中控科贸有限公司 | 三级 | 京建机 DX030065 |
| 66 | 北京中北华宇建筑机械租赁站 | 三级 | 京建机 SY030066 |
| 67 | 北京永强伟业建筑机械设备租赁有限责任公司 | 三级 | 京建机 FS030067 |
| 68 | 北京嘉兴盛装饰有限公司 | 三级 | 京建机 KF030068 |
| 69 | 北京首建兴旺机械租赁有限公司 | 三级 | 京建机 CP030069 |
| 70 | 北京中技博昌机械设备租赁有限公司 | 三级 | 京建机 MT030070 |
| 71 | 北京林峰通达建筑设备租赁站 | 三级 | 京建机 YQ030071 |
| 72 | 北京运河创业设备租赁有限公司 | 三级 | 京建机 TZ030072 |
| 73 | 北京利建建筑机械租赁有限责任公司 | 三级 | 京建机 FT030073 |
| 74 | 北京普安建筑机械设备租赁有限公司 | 三级 | 京建机 FS030074 |
| 75 | 北京保吉祥机械租赁有限公司 | 三级 | 京建机 CP030075 |
| 76 | 北京建顺昌商贸有限公司 | 三级 | 京建机 HR030076 |
| 77 | 北京燕化天钲建筑工程有限责任公司 | 三级 | 京建机 FS030077 |
| 78 | 北京建平伟业机械设备租赁有限公司 | 三级 | 京建机 FS030078 |
| 79 | 北京市洪义设备租赁有限责任公司 | 三级 | 京建机 TZ030079 |
| 80 | 北京戎驰设备租赁有限公司 | 三级 | 京建机 CP030080 |
| 81 | 北京创恒伟业建筑机械设备租赁有限公司 | 三级 | 京建机 FS030081 |
| 82 | 北京田华伟业建筑机械设备租赁有限公司 | 三级 | 京建机 FS030082 |
| 83 | 北京北国纵横机械施工有限责任公司 | 三级 | 京建机 FT030083 |
| 84 | 北京久富建筑机械租赁有限公司 | 三级 | 京建机 FT030084 |

续表

| 序号 | 企业名称 | 等级 | 证书编号 |
|---|---|---|---|
| 85 | 北京泰隆恒建筑设备有限公司 | 三级 | 京建机 FT030085 |
| 86 | 北京亿鸿机械设备租赁有限责任公司 | 三级 | 京建机 DX030086 |
| 87 | 北京丰原通达设备维修有限责任公司 | 三级 | 京建机 DX030087 |
| 88 | 北京东方燕峰商贸有限公司 | 三级 | 京建机 CY030088 |
| 89 | 北京城建七建设工程有限公司 | 三级 | 京建机 CY030089 |
| 90 | 北京万钧机械设备租赁有限公司 | 三级 | 京建机 MT030090 |
| 91 | 北京筑邦建设有限责任公司 | 三级 | 京建机 DC030091 |
| 92 | 北京东方鑫盛建筑机械设备租赁有限公司 | 三级 | 京建机 PG030092 |
| 94 | 北京鸿远达设备租赁有限公司 | 合并二级 | 京建机 TZ020094 |
| 95 | 北京北加华农科贸有限公司 | 三级 | 京建机 DX030095 |
| 96 | 北京祥胜明新技术开发有限责任公司 | 三级 | 京建机 FT030096 |
| 1 | 北京正华安泰建筑机械施工有限责任公司 | 一级 | 京建机 DX010097 |
| 2 | 北京飞云达建筑机械租赁有限公司 | 一级 | 京建机 DX010098 |
| 4 | 北京贵友工程机械租赁有限公司 | 一级 | 京建机 DX010099 |
| 5 | 江苏正和达丰机械租赁有限公司北京分公司 | 一级 | 京建机 CY010100 |
| 6 | 中建一局集团第二建筑有限公司 | 一级 | 京建机 DX010101 |
| 7 | 中航天建设工程公司 | 一级 | 京建机 FT010102 |
| 8 | 北京宣正设备租赁有限公司 | 二级 | 京建机 HD020103 |
| 9 | 北京百强新兴建设工程有限公司 | 二级 | 京建机 CY020104 |
| 10 | 北京久成宏宇建筑机械设备租赁有限公司 | 二级 | 京建机 MY020105 |
| 12 | 北京鸿盛广源机械经营有限公司 | 三级 | 京建机 CY030106 |
| 13 | 北京福润发建筑设备租赁有限公司 | 三级 | 京建机 YQ030107 |
| 14 | 北京志强建筑机械租赁有限公司 | 三级 | 京建机 PG030108 |
| 15 | 北京欧威特机械租赁有限公司 | 三级 | 京建机 DX030109 |
| 16 | 北京华云远征建筑设备租赁有限责任公司 | 三级 | 京建机 MY030110 |
| 17 | 北京浩安建筑机械租赁有限公司 | 三级 | 京建机 MY030111 |
| 18 | 北京中塔建筑机械设备租赁有限公司 | 三级 | 京建机 CP030112 |
| 19 | 北京四维建筑机械租赁有限公司 | 三级 | 京建机 PG030113 |
| 20 | 北京延启顺业机械租赁有限公司 | 三级 | 京建机 MT030114 |
| 21 | 北京恒基塔业建筑机械租赁有限公司 | 三级 | 京建机 CY030115 |

**续表**

| 序号 | 企业名称 | 等级 | 证书编号 |
|---|---|---|---|
| 22 | 北京中建龙发建筑设备租赁有限公司 | 三级 | 京建机 FT030116 |
| 23 | 北京德庆祥和机械设备租赁有限公司 | 三级 | 京建机 CY030117 |
| 24 | 中铁六局集团北京铁路建设有限公司 | 三级 | 京建机 HD030118 |
| 25 | 北京昊俊中天机械租赁有限公司 | 三级 | 京建机 SY030119 |
| 26 | 北京矿建建筑安装有限责任公司设备租赁站 | 三级 | 京建机 MT030120 |
| 27 | 北京荣宜升机械租赁有限公司 | 三级 | 京建机 DX030121 |
| 28 | 北京鑫兴鹏发机械设备有限公司 | 三级 | 京建机 MT030122 |
| 29 | 北京仁和利业设备租赁有限责任公司 | 三级 | 京建机 DX030123 |
| 30 | 北京顺豪机械租赁有限公司 | 三级 | 京建机 CP030124 |
| 31 | 北京金运鑫达建筑设备租赁有限公司 | 三级 | 京建机 HR030125 |
| 32 | 北京明顺兴商贸有限公司 | 三级 | 京建机 FT030126 |
| 1 | 北京安泰顺昌商贸有限公司 | 壹级 | 京建机 TZ010127 |
| 2 | 北京达丰兆茂机械租赁有限公司 | 壹级 | 京建机 SY010128 |
| 3 | 北京永茂高邦机械工程有限公司 | 壹级 | 京建机 SY010129 |
| 4 | 北京兴顺明达建筑设备租赁有限公司 | 叁级 | 京建机 FT030130 |
| 5 | 北京斌悍商贸有限公司 | 叁级 | 京建机 HR030131 |
| 6 | 北京筑维紫云设备租赁有限公司 | 叁级 | 京建机 SJ030132 |
| 1 | 北京元吉祥建筑机械工程技术有限公司 | 贰级 | 京建机 HD020133 |

# 附录十　2010年度北京市室内装饰行业诚信企业①

## 诚信五星级企业

| 序号 | 企业名称 | 序号 | 企业名称 |
|---|---|---|---|
| 1 | 北京弘高建筑装饰设计工程有限公司 | 9 | 北京富邦伟业建筑装饰工程有限公司 |
| 2 | 北京市建筑装饰设计工程有限公司 | 10 | 北京中建华通建设发展有限公司 |
| 3 | 北京市日盛达建筑企业集团 | 11 | 北京实创装饰工程有限公司 |
| 4 | 北京龙发建筑装饰工程有限公司 | 12 | 北京嘉铭艺华装饰工程有限公司 |
| 5 | 江苏中信建设集团有限公司 | 13 | 北京市华新弘英装饰有限公司 |
| 6 | 北京建工博海建设有限公司 | 14 | 北京博宇通达建筑装饰工程有限公司 |
| 7 | 北京天海星装饰有限责任公司 | 15 | 北京城市人家装饰有限公司 |
| 8 | 北京金漆镶嵌有限责任公司 | 16 | 北京市亿丰方圆装饰服务有限公司 |

## 诚信四星级企业

| 序号 | 企业名称 | 序号 | 企业名称 |
|---|---|---|---|
| 1 | 北京河流瑞峰装饰设计有限公司 | 12 | 北京雅戈尔建筑装饰工程有限公司 |
| 2 | 北京金石联成建筑装饰设计有限公司 | 13 | 北京港深装饰工程有限公司 |
| 3 | 北京市燕鑫科技开发有限责任公司 | 14 | 北京三中装饰设计工程有限公司 |
| 4 | 北京新都会装饰有限公司 | 15 | 北京东方艺达建筑装饰工程有限公司 |
| 5 | 北京华艺环球建筑装饰工程公司 | 16 | 北京理想兴业装饰工程有限公司 |
| 6 | 北京富有世纪建筑装饰有限责任公司 | 17 | 乐华梅兰装饰建材有限公司 |
| 7 | 北京圣达鑫建筑装饰工程有限公司 | 18 | 北京圣点世纪装饰工程有限公司 |
| 8 | 北京世纪嘉装饰工程有限公司 | 19 | 北京振远装饰工程有限公司 |
| 9 | 北京湘宁装饰有限公司 | 20 | 中兆美日（北京）建设工程有限公司 |
| 10 | 北京徐徐升华装饰设计有限公司 | 21 | 北京嘉和日盛装饰装潢有限公司 |
| 11 | 北京叶氏华艺家居文化发展有限责任公司 | 22 | 北京煤海实业有限公司 |

① 本名单由北京室内装饰协会提供。

续表

| 序号 | 企业名称 | 序号 | 企业名称 |
|---|---|---|---|
| 23 | 北京鹏达星艺装饰有限公司 | 32 | 北京瑛源装饰有限责任公司 |
| 24 | 北京精典世纪装饰有限公司 | 33 | 北京世纪彩虹展览展示有限公司 |
| 25 | 北京天瑞龙盛装饰有限公司 | 34 | 北京立煌装饰有限公司 |
| 26 | 北京众邦展览有限公司 | 35 | 北京京深装饰设计有限公司 |
| 27 | 北京恒丰海泰建筑装饰有限公司 | 36 | 北京明珠嘉苑装饰工程有限公司 |
| 28 | 北京圣美蓝图装饰工程有限公司 | 37 | 北京宇发建筑装饰工程有限公司 |
| 29 | 北京龙辉佳艺装饰有限公司 | 38 | 北京鸿荣伟业装饰有限公司 |
| 30 | 北京洲际宏达家居装饰有限公司 | 39 | 北京世筑华典装饰工程有限公司 |
| 31 | 北京美格嘉信装饰有限公司 | 40 | 北京永成伟业装饰工程有限公司 |

# 诚信三星级企业

| 序号 | 企业名称 | 序号 | 企业名称 |
|---|---|---|---|
| 1 | 北京沃德森建筑装饰工程设计有限公司 | 10 | 北京金瓯鼎建筑装饰工程有限公司 |
| 2 | 北京昌辉装饰工程有限公司 | 11 | 北京秦汉基业建筑装饰工程有限责任公司 |
| 3 | 北京大启建筑装饰有限责任公司 | 12 | 北京东方华美装饰工程有限公司 |
| 4 | 北京双博装饰设计有限公司 | 13 | 北京优美易国际家居装饰有限公司 |
| 5 | 北京灏川泓业装饰有限公司 | 14 | 北京居雅益友装饰有限责任公司 |
| 6 | 北京居佳祥和装饰有限责任公司 | 15 | 北京爱思济装饰工程有限公司 |
| 7 | 北京弘洁建设集团有限公司 | 16 | 北京今朝大成装饰有限责任公司 |
| 8 | 北京天成源新装饰设计有限公司 | 17 | 北京宏建豪成建设工程有限公司 |
| 9 | 北京勃技隆建筑装饰工程有限公司 | | |

# 附录十一　2009年北京市出版物发行行业诚信企业[①]

北京图书大厦有限责任公司
北京市新华书店王府井书店
北京中关村图书大厦有限公司
北京市新华书店连锁有限责任公司花市书店
北京市新华书店连锁有限责任公司小庄书店
北京市新华书店连锁有限责任公司高教书店
北京市新华书店连锁有限责任公司大栅栏书店
北京市新华书店连锁有限责任公司建筑书店
北京市新华书店连锁有限责任公司西四书店
北京市新华书店连锁有限责任公司翠微书店
北京市新华书店连锁有限责任公司管庄书店
北京市外文书店
中国书店古籍书店
中国书店邃雅斋书店
北京市顺义新华书店石园图书音像城
北京市顺义新华书店顺义书城
北京市新华书店密云县店（鼓楼店）
北京市新华书店密云县店（东门店）
北京市昌平新华书店昌平门市部
北京市昌平新华书店小汤山门市部
北京市房山新华书店良乡门市部
北京市房山新华书店房山门市部
北京市平谷新华书店
北京市平谷新华书店平谷镇分店
北京市怀柔新华书店
北京市新华书店延庆县店
北京市大兴新华书店
北京市通州新华书店
北京伦洋图书出版有限公司
北京市京南卫星图书城
北京时代光华图书有限公司
北京世纪金豹图书有限公司
北京大百科全书出版社百科书店
北京幽州山房东方书店
北京中版国际教育技术装备有限公司
北京百万庄图书大厦
北京佳誉图书有限公司
智品书业（北京）有限公司

① 本名单源自北京市新闻出版局《关于2009年北京出版物发行行业诚信企业评估结果的通报》（京新出纪〔2010〕394号）。

# 附录十二　2009 年度北京市印刷行业诚信企业①

中国电影出版社印刷厂
北京机工印刷厂
北京金辰西科尼安全印务有限公司
化学工业出版社印刷厂
北京建筑工业印刷厂
北京中科印刷有限公司
中青印刷厂
北京一二零一印刷厂
北京印刷集团有限责任公司
北京联兴盛业印刷股份有限公司
北京交通印务有限公司
北京穆德信通印务有限公司
中国铁道出版社印刷厂
中国农业出版社印刷厂
北京凌奇印刷有限公司
北京铭成印刷有限公司
北京人卫印刷厂
北京东港安全印刷有限公司
北京金盾印刷厂
北京德宝商三包装印刷有限公司
北京印刷集团有限责任公司印刷二厂
北京日邦印刷有限公司
北京奇良海德印刷有限公司
北京外文印刷厂
北京市海淀区四季青印刷厂
北京朝阳印刷厂有限责任公司
北京和平印刷有限公司
北京圣彩虹制版印刷技术有限公司
北京利丰雅高长城印刷有限公司
人民教育出版社印刷厂
北京京都六环印刷厂
北京华联印刷有限公司
北京宝昌彩色印刷有限公司
北京盛通印刷股份有限公司
北京图文天地制版印刷有限公司
北京顶佳世纪印刷有限公司

① 本名单源自北京市新闻出版局和北京印刷协会《关于 2009 年北京印刷行业诚信企业评估结果的通报》(京新出联〔2010〕2 号)

# 附录十三　2010年度北京机电行业诚信企业[①]

| 北京京城重工机械有限公司 | AAA级信用等级 |
| --- | --- |
| 北京第一机床电器厂有限公司 | AA级信用等级 |
| 北京华天机电研究所有限公司 | AA级信用等级 |

① 本名单由北京机电行业协会提供。

# 附录十四　北京市园林绿化企业协会 2010年度守信企业[①]

| 单位名称 | 资信等级 | 单位名称 | 资信等级 |
|---|---|---|---|
| 北京金都园林绿化有限责任公司 | 4A | 北京日出枫林园林工程有限公司 | 2A |
| 中外园林建设有限公司 | 4A | 北京山水之光园林工程有限公司 | 2A |
| 北京龙腾园林绿化工程公司 | 4A | 北京朝来鼎邦园林绿化工程有限公司 | 2A |
| 北京朝园弘园林绿化有限责任公司 | 4A | 北京东方远景园林工程有限公司 | 2A |
| 北京世纪经典园林绿化有限公司 | 4A | 北京泛洋园艺有限公司 | 2A |
| 北京市新海园林工程有限公司 | 4A | 北京丰瑞霖园林绿化工程有限公司 | 2A |
| 北京东方园林股份有限公司 | 4A | 北京绿视点园林景观工程有限公司 | 2A |
| 北京润安园林绿化有限公司 | 4A | 北京绿茵园林工程公司 | 2A |
| 北京市绿美园林工程服务中心 | 4A | 北京实创园林工程有限公司 | 2A |
| 北京城市之光园林工程有限责任公司 | 4A | 北京市北亚园林公司 | 2A |
| 北京首钢园林绿化有限公司 | 4A | 北京天宝大森林园林科技发展有限公司 | 2A |
| 北京京林园林绿化工程有限公司 | 4A | 北京永安园林绿化有限责任公司 | 2A |
| 北京市绿欣园林绿化有限责任公司 | 4A | 北京安盛绿化工程有限公司 | 2A |
| 北京天房绿茵园林绿化工程有限公司 | 4A | 北京百环园林绿化工程有限公司 | 2A |
| 北京市京兴富华园林工程中心 | 4A | 北京碧青园园林绿化工程有限公司 | 2A |
| 北京浩华园林绿化工程有限公司 | 4A | 北京东方克劳沃园林绿地养护工程有限公司 | 2A |
| 北京园景园林工程有限公司 | 4A | 北京兰园绿色工程有限公司 | 2A |
| 北京承诺园林绿化工程有限公司 | 4A | 北京绿迪源园林绿化有限责任公司 | 2A |
| 北京当代园林工程监理有限公司 | 4A | 北京青神园林工程有限公司 | 2A |
| 北京华林源工程咨询有限公司 | 4A | 北京阳光美景园林绿化工程有限公司 | 2A |
| 北京路桥海威园林绿化有限公司 | 4A | 北京盈达园林工程有限公司 | 2A |
| 北京铭正洋林绿化工程监理有限责任公司 | 4A | 北京中天林园林景观艺术有限公司 | 2A |
| 北京乾建绿化工程有限公司 | 4A | 北京大自然园林绿化有限公司 | 2A |

① 本名单由北京市园林绿化企业协会提供。

续表

| 单位名称 | 资信等级 | 单位名称 | 资信等级 |
|---|---|---|---|
| 北京园中园园林景观工程有限公司 | 4A | 北京科艺佳美园林绿化有限责任公司 | 2A |
| 北京金五环风景园林工程有限责任公司 | 4A | 北京力农园林绿化有限责任公司 | 2A |
| 北京克劳沃草业技术开发中心 | 4A | 北京世纪立成园林绿化工程有限公司 | 2A |
| 北京空港天龙绿化工程有限公司 | 4A | 北京市航天万源园林环境绿化工程有限公司 | 2A |
| 北京林大林业科技股份有限公司 | 4A | 北京市环境优美绿化工程公司 | 2A |
| 北京绿茵蓝天园林绿化有限公司 | 4A | 北京天下景观园林有限责任公司 | 2A |
| 北京三元绿化工程公司 | 4A | 北京艺苑风景园林工程有限公司 | 2A |
| 北京市泰升园林艺术工程有限公司 | 4A | 北京中际碧洲园林绿化有限公司 | 2A |
| 北京市园林设计工程有限公司 | 4A | 北京景瑞祥园林绿化有限责任公司 | 2A |
| 北京兴怀园林绿化工程有限公司 | 4A | 北京碧海怡景园林绿化有限公司 | A |
| 北京中陆汇杰园林绿化工程有限公司 | 4A | 北京当代创新园林工程有限责任公司 | A |
| 北京金三环园林绿化工程有限公司 | 4A | 北京东方绿鑫园林绿化有限公司 | A |
| 北京乾景园林工程有限公司 | 4A | 北京东方亚美园林绿化工程有限公司 | A |
| 北京市京石园林绿化有限公司 | 3A | 北京季昌元盛园林工程有限公司 | A |
| 北京市石景山兴源园林绿化中心 | 3A | 北京洁世源生态环境工程有限公司 | A |
| 北京四季景艺园林绿化中心 | 3A | 北京空港物语园林绿化工程有限公司 | A |
| 北京丹青园林绿化有限责任公司 | 3A | 北京路桥诺亚方舟园林绿化有限公司 | A |
| 北京宜然园林工程有限公司 | 3A | 北京绿京华园林工程有限公司 | A |
| 北京百万园园林绿化有限公司 | 3A | 北京绿洲锦绣园林工程有限公司 | A |
| 北京海奥园林景观设计工程有限公司 | 3A | 北京麦克哈格国际园林工程有限公司 | A |
| 北京南山石韩园林绿化工程有限公司 | 3A | 北京七彩园林绿化工程有限公司 | A |
| 北京圣隆园林工程有限责任公司 | 3A | 北京市八达岭园景绿化中心 | A |
| 北京市花木公司 | 3A | 北京市城美绿化设计工程公司 | A |
| 北京市京发园林绿化有限公司 | 3A | 北京市首建园林绿化工程有限公司 | A |
| 北京顺景园林有限公司 | 3A | 北京天建汇景园林工程有限公司 | A |
| 北京同菁园林绿化工程有限公司 | 3A | 北京星河园林景观工程有限公司 | A |
| 北京中实诚信园林工程监理有限责任公司 | 3A | 北京燕波工程管理有限公司 | A |
| 北京红杉林环境艺术工程有限责任公司 | 2A | 北京永丰永续园林工程有限公司 | A |
| 北京明媚园林绿化工程有限公司 | 2A | | |

# 附录十五　北京安防协会2010年168家诚信优秀企业名单①

| 序号 | 企业名称 | 序号 | 企业名称 |
|---|---|---|---|
| 1 | 北京启润智控科技有限公司 | 26 | 北京神讯信息科技有限公司 |
| 2 | 北京金城恒泰安防科技有限公司 | 27 | 龙浩通信公司 |
| 3 | 北京添翼行科技有限公司 | 28 | 北京长城电子工程技术有限公司 |
| 4 | 北京北航天华时代科技有限公司 | 29 | 北京海阔龙腾科技有限公司 |
| 5 | 北京电信通电信工程有限公司 | 30 | 北京四方亚明安防工程有限公司 |
| 6 | 北京航天雷德电子工程有限公司 | 31 | 同方威视技术股份有限公司 |
| 7 | 中国软件与技术服务股份有限公司 | 32 | 中国通信建设集团有限公司 |
| 8 | 北京日东升投资有限责任公司 | 33 | 北京众大永泰科技有限公司 |
| 9 | 北京市怀恩电子有限责任公司 | 34 | 北京天大天科科技发展有限公司 |
| 10 | 中信国安信息科技有限公司 | 35 | 北京普天和平通信技术有限公司 |
| 11 | 北京中科软件有限公司 | 36 | 中安保实业有限公司 |
| 12 | 北京京仪自动化系统工程研究设计院有限公司 | 37 | 北京市德天电子技术工程有限公司 |
| 13 | 北京中加集成智能系统工程有限公司 | 38 | 北京方法科技发展有限公司 |
| 14 | 北京天川科技发展有限公司 | 39 | 北京中广赛特莱特科技网络工程有限责任公司 |
| 15 | 太极计算机股份有限公司 | 40 | 联通系统集成有限公司 |
| 16 | 北京东方巨融科技开发有限公司 | 41 | 北京长信泰康通信技术有限公司 |
| 17 | 北京易华录信息技术股份有限公司 | 42 | 北京富盛星电子有限公司 |
| 18 | 北京启天同信科技有限公司 | 43 | 北京文德荣达科技开发有限公司 |
| 19 | 北京弗雷赛普科技发展有限公司 | 44 | 北京中山消防保安技术有限公司 |
| 20 | 北京国基科技股份有限公司 | 45 | 华安天网(北京)信息技术有限公司 |
| 21 | 北京川页世兴科技发展有限公司 | 46 | 北京赛尔汇力安全科技有限公司 |
| 22 | 北京铱星世纪数字应用开发有限责任公司 | 47 | 北京明望杰富仕智能系统工程有限公司 |
| 23 | 北京市高特技工贸公司 | 48 | 紫光软件系统有限公司 |
| 24 | 北京冠林盈科智能系统集成有限公司 | 49 | 北京迈科电子系统工程有限公司 |
| 25 | 北京中电兴发科技有限公司 | 50 | 北京国铁华晨通信信息技术有限公司 |

① 本名单由北京安全防范行业协会提供。

续表

| 序号 | 企业名称 | 序号 | 企业名称 |
|---|---|---|---|
| 51 | 北京奥特维科技开发总公司 | 83 | 长峰科技工业集团公司 |
| 52 | 北京恒泰实达科技发展有限公司 | 84 | 北京东华合创科技有限公司 |
| 53 | 北京市合力电信集团 | 85 | 北京诚信视讯数码科技有限公司 |
| 54 | 北京东方新一科技开发有限公司 | 86 | 北京中盾安全技术开发公司 |
| 55 | 北京竞业达数码科技有限公司 | 87 | 北京鑫德安安全防范系统集成有限公司 |
| 56 | 北京浩普诚华科技有限公司 | 88 | 北京永安商业有限公司 |
| 57 | 北京泰益丰技贸有限责任公司 | 89 | 北京明星信达电子技术有限公司 |
| 58 | 北京市凯文警视技术研究所 | 90 | 中兴智能交通系统（北京）有限公司 |
| 59 | 北京华源科半光电子科技有限责任公司 | 91 | 北京益泰牡丹电子工程有限责任公司 |
| 60 | 北京银河伟业数字技术有限公司 | 92 | 北京益泰牡丹电子集团有限责任公司 |
| 61 | 北京中航弱电系统工程有限公司 | 93 | 北京神州星光科技有限公司 |
| 62 | 金达泰克电子系统（北京）有限公司 | 94 | 北京蓝色星际软件技术发展有限公司 |
| 63 | 北京麒天恒信科技发展有限公司 | 95 | 大唐软件技术股份有限公司 |
| 64 | 北京民安达安防技术有限责任公司 | 96 | 北京中电怡平科技发展有限公司 |
| 65 | 北京北控电信通信息技术有限公司 | 97 | 北京鑫安华科技发展有限公司 |
| 66 | 中科软科技股份有限公司 | 98 | 北京达明平安科技有限公司 |
| 67 | 同方科技股份有限公司 | 99 | 北京市电信工程局有限公司 |
| 68 | 同方泰德国际科技（北京）有限公司 | 100 | 北京安智恒达科技有限责任公司 |
| 69 | 北京龙博电子工程有限公司 | 101 | 北京海湾威尔电子工程有限公司 |
| 70 | 北京汉邦高科数字技术有限公司 | 102 | 北京实创上地科技有限公司 |
| 71 | 北京中科创新园高新技术有限公司 | 103 | 北京蓝卫通科技有限公司 |
| 72 | 北京中联通达科技发展有限公司 | 104 | 北京恒安科技安防设施有限公司 |
| 73 | 北京网星科技发展有限公司 | 105 | 北京市光环电信集团 |
| 74 | 北京利通源电子技术有限公司 | 106 | 北京捷诺视讯数码科技有限公司 |
| 75 | 北京艺中宝电子系统集成工程有限公司 | 107 | 北京市保安服务总公司 |
| 76 | 北京金尼斯电子技术有限责任公司 | 108 | 北京欣优特通信技术有限公司 |
| 77 | 北京豪强宝爵科技有限公司 | 109 | 北京鹏博士安全信息技术有限公司 |
| 78 | 北京同聚达科技有限公司 | 110 | 北京长峰工业有限公司 |
| 79 | 北京兴泰思达电子技术有限公司 | 111 | 北京欣卓越技术开发有限责任公司 |
| 80 | 北京开元浩海科技发展有限公司 | 112 | 北京中经赛博科技有限公司 |
| 81 | 北京万集科技有限责任公司 | 113 | 北京市电话工程公司 |
| 82 | 北京中电瑞达电子技术有限公司 | 114 | 北京瑞恒都科技有限责任公司 |

续表

| 序号 | 企业名称 | 序号 | 企业名称 |
|---|---|---|---|
| 115 | 北京声迅电子有限公司 | 142 | 北京神州同正科技有限公司 |
| 116 | 华瑞科力恒(北京)科技有限公司 | 143 | 航天海鹰安全技术工程有限公司 |
| 117 | 北京世安立天科技发展有限公司 | 144 | 北京瑞拓电子技术发展有限公司 |
| 118 | 北京富高经贸有限责任公司 | 145 | 北京银星天源科技有限公司 |
| 119 | 颐信科技有限公司 | 146 | 北京冠华尔创科技有限公司 |
| 120 | 北京新创迪克系统集成技术有限公司 | 147 | 北京鼎安科技发展有限公司 |
| 121 | 北京科林杰伟世电子系统工程有限公司 | 148 | 北京安防系统紧急维修维护服务中心 |
| 122 | 北京京盾西科姆电子安全有限公司 | 149 | 神州数码信息系统有限公司 |
| 123 | 华美工程有限公司 | 150 | 北京市振隆科技股份有限公司 |
| 124 | 北京瑞华赢科技发展有限公司 | 151 | 北京图景佳科技有限公司 |
| 125 | 北京市门吉利磁电工程研究所 | 152 | 北京永华天雁科技发展有限公司 |
| 126 | 北京尚方科技有限责任公司 | 153 | 中国电信集团系统集成有限责任公司 |
| 127 | 北京世纪东方国铁科技股份有限公司 | 154 | 北京呈创科技股份有限公司 |
| 128 | 北京外通电子技术公司 | 155 | 北京捷康特科技股份有限公司 |
| 129 | 北京万家安全系统有限公司 | 156 | 北京韦驮安全工程有限责任公司 |
| 130 | 北京恒业世纪科技股份有限公司 | 157 | 北京市警视达机电设备研究所 |
| 131 | 北京联视神盾安防技术有限公司 | 158 | 北京北黄自动化设备安装有限公司 |
| 132 | 北京世纪先锋科技有限公司 | 159 | 北京飞利信电子技术有限公司 |
| 133 | 北京赛迪时代信息产业股份有限公司 | 160 | 北京天奥银科科技发展有限公司 |
| 134 | 北京国安电气总公司 | 161 | 北京北控电信通科技发展有限公司 |
| 135 | 北京艾威康电子技术有限公司 | 162 | 北京高枕科技开发有限公司 |
| 136 | 北京万事利达科技有限公司 | 163 | 中建电子工程有限责任公司 |
| 137 | 北京银信电子技术有限责任公司 | 164 | 北京玛斯特系统工程有限公司 |
| 138 | 北京欧斯达欣业科技有限责任公司 | 165 | 北京奥通文杰科技发展有限公司 |
| 139 | 北京畅熙在线科技发展有限公司 | 166 | 北京诺森科技有限公司 |
| 140 | 北京东誉达科技有限公司 | 167 | 北京智鑫安盾科技发展有限公司 |
| 141 | 铭基电子技术(北京)有限公司 | 168 | 中国航天建筑设计研究院(集团) |

# 附录十六　2010年AA级以上(含AA级)信用担保机构[①]

| 担保机构名称 | 信用等级(资本市场) |
|---|---|
| 中国投资担保有限公司 | AA + |
| 北京中小企业信用再担保有限公司 | AA + |
| 北京首创投资担保有限责任公司 | AA |
| 北京中关村科技担保有限公司 | AA |
| 担保机构名称 | 信用等级 |
| 中鸿联合信用担保有限公司 | AA + |
| 北京晨光昌盛投资担保有限公司 | AA |
| 金达信用担保有限公司 | AA |
| 长安保证担保有限公司 | AA - |
| 华尊投资信用担保有限公司 | AA - |
| 中元国信信用担保有限公司 | AA - |
| 京银汇通担保有限公司 | AA - |
| 中商财富信用担保有限公司 | AA - |
| 中海信达担保有限公司 | AA - |
| 中企信用担保有限公司 | AA - |

① 本名单由北京信用担保业协会提供,排名不分先后。

# 附录十七　大公国际资信评估有限公司 2010 年 67 个国家信用等级(初评)[①]

| 序号 | 国家 | 本币 | | 外币 | |
|---|---|---|---|---|---|
| | | 级别 | 展望 | 级别 | 展望 |
| 1 | 爱尔兰 | BBB | 稳定 | BBB | 稳定 |
| 2 | 爱沙尼亚 | A | 稳定 | A | 稳定 |
| 3 | 奥地利 | AA + | 稳定 | AA + | 稳定 |
| 4 | 比利时 | A + | 稳定 | A + | 稳定 |
| 5 | 冰岛 | BB | 负面 | BB – | 负面 |
| 6 | 波兰 | A | 稳定 | A – | 稳定 |
| 7 | 丹麦 | AAA | 稳定 | AAA | 稳定 |
| 8 | 德国 | AA + | 稳定 | AA + | 稳定 |
| 9 | 俄罗斯 | A | 稳定 | A | 稳定 |
| 10 | 法国 | AA – | 负面 | AA – | 负面 |
| 11 | 芬兰 | AAA | 负面 | AAA | 负面 |
| 12 | 荷兰 | AA + | 稳定 | AA + | 稳定 |
| 13 | 拉脱维亚 | BB | 稳定 | BB | 稳定 |
| 14 | 立陶宛 | BBB | 稳定 | BBB – | 稳定 |
| 15 | 卢森堡 | AAA | 稳定 | AAA | 稳定 |
| 16 | 罗马尼亚 | BB + | 负面 | BB | 负面 |
| 17 | 挪威 | AAA | 稳定 | AAA | 稳定 |
| 18 | 葡萄牙 | A – | 负面 | A – | 负面 |
| 19 | 瑞典 | AAA | 稳定 | AA + | 稳定 |
| 20 | 瑞士 | AAA | 稳定 | AAA | 稳定 |
| 21 | 乌克兰 | B | 稳定 | B – | 稳定 |
| 22 | 西班牙 | A | 负面 | A | 负面 |
| 23 | 希腊 | BB | 稳定 | BB | 稳定 |

① 本表由大公国际资信评估有限公司提供。

续表

| 序号 | 国家 | 本币 | | 外币 | |
|---|---|---|---|---|---|
| | | 级别 | 展望 | 级别 | 展望 |
| 24 | 匈牙利 | BBB | 负面 | BBB - | 负面 |
| 25 | 意大利 | A - | 负面 | A - | 负面 |
| 26 | 英国 | AA - | 负面 | AA - | 负面 |
| 27 | 阿拉伯联合酋长国 | BBB | 负面 | BBB | 负面 |
| 28 | 巴基斯坦 | B - | 负面 | B - | 负面 |
| 29 | 菲律宾 | B + | 稳定 | B + | 稳定 |
| 30 | 哈萨克斯坦 | BBB | 稳定 | BBB - | 稳定 |
| 31 | 韩国 | AA - | 稳定 | AA - | 稳定 |
| 32 | 马来西亚 | A | 稳定 | A | 稳定 |
| 33 | 蒙古 | B + | 稳定 | B + | 稳定 |
| 34 | 日本 | AA - | 负面 | AA | 稳定 |
| 35 | 沙特阿拉伯 | AA | 稳定 | AA | 稳定 |
| 36 | 斯里兰卡 | B + | 稳定 | B + | 稳定 |
| 37 | 泰国 | BBB | 稳定 | BBB | 稳定 |
| 38 | 土耳其 | BB | 稳定 | BB - | 稳定 |
| 39 | 新加坡 | AAA | 稳定 | AAA | 稳定 |
| 40 | 以色列 | A - | 稳定 | A - | 稳定 |
| 41 | 印度 | BBB | 负面 | BBB | 负面 |
| 42 | 印度尼西亚 | BBB - | 稳定 | BBB - | 稳定 |
| 43 | 越南 | BB - | 稳定 | BB - | 稳定 |
| 44 | 中国 | AA + | 稳定 | AAA | 稳定 |
| 45 | 中国澳门 | AA + | 稳定 | AA + | 稳定 |
| 46 | 中国台湾 | AA - | 稳定 | AA - | 稳定 |
| 47 | 中国香港 | AAA | 稳定 | AAA | 稳定 |
| 48 | 埃及 | BB + | 稳定 | BBB - | 稳定 |
| 49 | 肯尼亚 | B | 稳定 | B | 稳定 |
| 50 | 马达加斯加 | CCC | 稳定 | CCC | 稳定 |
| 51 | 摩洛哥 | BBB + | 稳定 | BBB + | 稳定 |
| 52 | 南非 | A | 稳定 | A | 稳定 |

续表

| 序号 | 国家 | 本币 | | 外币 | |
|---|---|---|---|---|---|
| | | 级别 | 展望 | 级别 | 展望 |
| 53 | 尼日利亚 | BB + | 稳定 | BB + | 稳定 |
| 54 | 苏丹 | C | 稳定 | C | 稳定 |
| 55 | 突尼斯 | BBB + | 稳定 | BBB + | 稳定 |
| 56 | 阿根廷 | B | 稳定 | B | 稳定 |
| 57 | 巴西 | A – | 稳定 | A – | 稳定 |
| 58 | 厄瓜多尔 | CCC | 稳定 | CCC | 稳定 |
| 59 | 秘鲁 | BBB + | 稳定 | BBB + | 稳定 |
| 60 | 委内瑞拉 | BB + | 稳定 | BB + | 稳定 |
| 61 | 乌拉圭 | BB + | 正面 | BB + | 正面 |
| 62 | 智利 | A + | 稳定 | A + | 稳定 |
| 63 | 加拿大 | AA + | 稳定 | AA + | 稳定 |
| 64 | 美国 | AA | 负面 | AA | 负面 |
| 65 | 墨西哥 | BBB | 稳定 | BBB | 稳定 |
| 66 | 澳大利亚 | AAA | 稳定 | AA + | 稳定 |
| 67 | 新西兰 | AAA | 稳定 | AA + | 稳定 |

# 附录十八　北京地区信用社团组织[①]

北京信用担保业协会
北京中关村企业信用促进会
北京昌平中小企业信用促进协会
北京市房山区中小企业信用促进协会
中国市场学会信用工作委员会
中国信息协会信用信息服务专业委员会
中国商业联合会商业信用工作委员会

① 排名不分先后。

# 附录十九　北京地区部分信用管理机构[①]

## 征信、评级、咨询服务机构

东方金诚国际信用评估有限公司
中国诚信信用管理有限公司
大公国际资信评估有限公司
友谊国际信用评估有限公司
中债资信评估有限责任公司
信网信用管理股份有限公司
大公信用信息服务有限公司
益百利信息技术(北京)有限公司
联合资信评估有限公司
百联通(北京)信用管理有限公司
东方银安(北京)信用管理有限公司
中征(北京)征信有限责任公司
中恒资信评级有限公司
北京信用管理有限公司
新华信国际信息咨询(北京)有限公司
金驰征信(北京)有限公司
长城资信评估有限公司
北京圣火时代征信有限公司
北京信构信用管理有限公司
北京国富泰企业征信有限公司
联银征信(北京)有限公司
北京穆迪投资者服务有限公司
北京君维诚信用评估有限公司
北京中诚信征信有限公司
北京市通州信用管理有限公司
凯莱德(北京)信用管理有限公司
标准普尔信息服务(北京)有限公司
北京资信评级有限公司
北京汇诚征信咨询有限公司

---

①　排名不分先后。

北京银建资信评估事务所
北京国商国际资信评估有限公司
北京知之征信有限公司
北京中美华盛国际信用评价事务所
北京安地企业信用评价有限责任公司
中企评协信用评级中心(北京)有限公司
北京联合征信数据开发有限公司
北京金惠晟资产管理咨询有限公司
惠誉(北京)信用评级有限公司
高柏(北京)管理咨询有限公司
北京北达国民征信有限公司
环九州信用管理(北京)有限公司
中商联信用管理(北京)有限公司
中金联(北京)信用管理有限公司
国信联信用管理(北京)有限公司
北京中贸远大信用管理有限公司
北京华普征信咨询有限公司
北京东方华安征信有限公司
北京诺维信企业管理顾问有限公司
北京资升企业信用评定有限公司
北京国商国际征信有限公司
中品质协(北京)质量信用评估中心有限公司
豪诚征信(北京)有限公司
北京中企标国际信用评估中心有限公司
东方安卓(北京)国际信用评估中心有限公司
北京国信联合信用管理有限公司
北京中金石信用评估有限公司
北京远东和创资信评估有限公司
中青科创(北京)信用评估中心
北京华兴征信有限公司
信贝(北京)信用评估有限公司
CBC(北京)信用管理有限公司
北京非凡财富信用管理中心
北京天元民众信用管理中心
北京中联资信评估有限公司
北京中鉴信诚质量信用评估中心有限公司
中企卓亚信用评估咨询(北京)有限公司

豪诚征信(北京)有限公司
北京高思征信信息咨询服务中心
中鼎信达国际信用评估(北京)有限公司
联合信用管理有限公司北京分公司

# 信用担保机构①

北京首创投资担保有限责任公司
中国投资担保有限公司
北京中关村科技担保有限公司
中投信用担保有限公司
北京晨光昌盛投资担保有限公司
金达信用担保有限公司
长安保证担保有限公司
中担投资信用担保有限公司
北京中小企业再担保有限公司
北京市农业担保有限责任公司
中鸿联合信用担保有限公司
北京中科智担保有限公司
北京丰资投资担保有限公司
北京金家园担保有限公司
北京燕鸿投资担保有限责任公司
北京海淀科技企业风险担保有限责任公司
仕达担保有限公司
世铎担保有限公司
北京光彩担保服务有限公司
北京厚泽投资担保有限公司
恩义担保有限公司
京银汇通担保有限公司
瀚华投资担保有限公司
联合开元担保有限公司
中硕投资担保有限公司
华夏金谷担保有限公司
北京三山永泰投资担保有限公司
北京资和信担保有限公司

① 担保机构名单由北京信用担保业协会提供。

中元国信信用担保有限公司
华尊投资信用担保有限公司
中保诚投资担保有限公司
中国华海投资担保有限公司
金太阳国际投资担保(北京)有限公司
信捷投资担保有限公司
中元恒丰投资担保有限公司
北京金正光彩担保有限公司
北京昊融担保有限公司
北京百利原投资担保有限公司
北京市鑫顺投资担保有限公司
中企信用担保有限公司
北京诚信佳担保有限公司
中海信达担保有限公司
北京闽商投资担保有限公司
永汇信用担保有限公司
建安担保有限公司
中资银信担保有限公司
日盛昌投资担保有限公司
恒昌国际投资担保(北京)有限公司
国瑞泰投资担保有限公司
北京融正信用担保有限公司
北京信利源担保服务有限公司
中商信联信用担保有限公司
瀚鼎担保有限公司
中发投资担保有限公司
银联担保有限公司北京分公司
中鑫国通担保有限公司
华诚联合担保有限公司
银运通投资担保(北京)有限公司
中福银信担保有限公司
闽兴恒昌(北京)投资担保股份有限公司
中瑞信投资担保有限公司
保福投资担保有限公司
北京海大富林投资担保有限公司
北京安鼎信用担保有限公司
北京硅银投资担保有限公司

中鑫同州担保有限公司
中商财富担保有限公司
北京中金同盈投资担保有限公司
紫御湾投资担保有限公司
中骏盛华担保有限公司
北京同益达担保有限公司
北京亦庄国际担保有限公司
北京中财广角担保有限公司
中融汇投资担保有限公司
中诚保泰投资担保有限公司
中绿信用担保有限公司
信德唯实投资担保有限公司
融海投资担保有限公司
中嘉联合信用担保有限公司
中建担保有限公司
朔天通淼信用担保有限公司
中光财富担保有限公司
北京荣京投资担保有限公司
中都文博担保有限公司
中易安房地产担保有限公司
融联伟业投资担保有限公司
联合融信(北京)担保有限公司
中投财富投资担保有限公司
和协海峡信用担保有限公司
中合联投资担保有限公司
北京首担投资担保有限公司
北京华夏兴业投资担保有限公司
北京中联华水投资担保有限公司
中金信诺(北京)投资担保有限公司
北京国雄投资担保有限公司
上合诚投资担保有限公司
北京钰佳惠仁投资担保有限公司
财富时代投资担保有限公司
中保财富投资担保有限公司
北京汇金永信投资担保有限公司
跃天财富担保有限公司
北京瑞宝鼎国际投资担保有限公司

中融诚投资担保有限公司
中投保泰投资担保有限公司
中企联合信用担保有限公司
中企达担保有限公司
速融投资担保有限公司
中航鑫港担保有限公司
中桥信用担保有限公司
中国京安信用担保有限公司
北京康正宏信担保有限公司
金麦莎投资担保有限公司
北京星艺海晟投资担保有限公司
中和万通投资担保有限公司
中运顺通投资担保有限公司
中利恒泰信用担保有限公司
北京中升德亿投资担保有限公司
中际钰贷投资担保有限公司
北京鼎信创伟投资担保有限公司
汇民投资担保有限公司
北京中亿嘉德投资担保有限公司

## 信用保险机构①

中国出口信用保险公司
中国人民财产保险股份有限公司北京市丰台支公司方庄营业部
中国人民财产保险股份有限公司北京市石景山支公司
中国人民财产保险股份有限公司北京市直属支公司
中国人民财产保险股份有限公司北京市燕山支公司
中国人民财产保险股份有限公司北京市西城支公司西单营业部
中国人民财产保险股份有限公司北京市西城支公司二七剧场路营业部
中国人民财产保险股份有限公司北京市海淀支公司
中国人民财产保险股份有限公司北京市大兴支公司
中国人民财产保险股份有限公司北京市顺义支公司
中国人民财产保险股份有限公司北京市丰台支公司三路居营业部
中国人民财产保险股份有限公司北京市门头沟支公司
中国人民财产保险股份有限公司北京市分公司第二营业部

① 指已开展信用保险业务的机构。

中国人民财产保险股份有限公司北京市海淀支公司会城门营业部
中国人民财产保险股份有限公司北京市宣武支公司广安门营业部
中国人民财产保险股份有限公司北京市昌平支公司
中国人民财产保险股份有限公司北京市海淀支公司上地营业部
中国人民财产保险股份有限公司北京市昌平支公司天通苑营业部
中国人民财产保险股份有限公司北京市昌平支公司沙河营业部
中国人民财产保险股份有限公司北京市昌平支公司西三旗营业部
中国人民财产保险股份有限公司北京市经济技术开发区支公司
中国人民财产保险股份有限公司北京市门头沟支公司
中国人民财产保险股份有限公司北京市分公司奥运村营业部
中国太平洋财产保险股份有限公司北京市朝阳支公司
中国太平洋财产保险股份有限公司北京市丰台支公司
中国太平洋财产保险股份有限公司北京市东城支公司
中国太平洋财产保险股份有限公司北京市顺义支公司
中国平安财产保险股份有限公司北京市东城支公司
中国平安财产保险股份有限公司北京市丰台支公司
中国平安财产保险股份有限公司北京分公司昌平营销服务部
中国人寿财产保险股份有限公司北京市海淀支公司
中国人寿财产保险股份有限公司北京市宣武支公司
中国人寿财产保险股份有限公司北京市东城支公司
中国人寿财产保险股份有限公司北京市丰台支公司
中华联合财产保险股份有限公司北京市通州支公司
中华联合财产保险股份有限公司北京市海淀支公司
中华联合财产保险股份有限公司北京市怀柔支公司
中华联合财产保险股份有限公司北京市石景山支公司
中华联合财产保险股份有限公司北京市崇文支公司
安邦财产保险股份有限公司北京市顺义支公司
安邦财产保险股份有限公司北京市石景山支公司
安邦财产保险股份有限公司北京市海淀支公司
安邦财产保险股份有限公司北京市昌平支公司
安邦财产保险股份有限公司北京市通州支公司
安邦财产保险股份有限公司北京市平谷支公司
华安财产保险股份有限公司北京市通州支公司
华安财产保险股份有限公司北京市朝阳支公司
天安保险股份有限公司北京市昌平支公司
天安保险股份有限公司北京分公司
民安财产保险有限公司北京市海淀支公司

民安财产保险有限公司北京分公司
华泰财产保险股份有限公司北京市通州支公司
华泰财产保险股份有限公司北京市朝阳支公司
苏黎世保险公司北京分公司朝阳营销服务部
苏黎世保险公司北京分公司
华农财产保险股份有限公司北京市房山支公司
永诚财产保险股份有限公司北京分公司海淀营销服务部
安华农业保险股份有限公司北京市顺义支公司

## 保理机构

北京美臣保理投资管理公司
中安信成保理（天津）有限公司北京办事处

## 开展保理业务的商业银行

中国工商银行北京市分行
中国农业银行北京市分行
中国银行北京市分行
中国建设银行北京市分行
交通银行北京市分行
中信银行总行营业部
招商银行北京分行
中国光大银行北京分行
华夏银行北京分行
中国民生银行北京管理部
上海浦东发展银行北京分行
中国进出口银行北京分行
深圳发展银行北京分行
汇丰银行（中国）有限公司北京分行
渣打银行（中国）有限公司北京分行

## 部分市场调查机构

北京捷孚凯市场调查有限公司
联信天下（北京）国际市场调查有限公司
北京数源互动市场调查有限公司

北京中传瑞智市场调查有限公司
北京硬石视点市场调查有限公司
北京晶众时讯市场调查有限公司
北京零点市场调查与分析公司
北京邓白氏慧聪市场信息咨询有限公司
北京天达宝润市场调查有限公司
北京勺海市场调查有限责任公司
北京世纪蓝图市场调查有限公司
中盛恒立市场调查(北京)有限公司
北京天元慧中市场调查有限责任公司
国新中版传媒市场调查(北京)中心
北京安优信市场调查有限公司
北京艾弗迪市场调查有限公司
北京国泰证信市场调查中心
北京讯先行市场调查有限公司
环球四维市场调查(北京)有限公司
北京车智讯市场调查有限公司
北京品质力市场调查有限公司
北京点线面市场调查有限公司

# 信用研究机构

国务院发展研究中心市场经济研究所
国家发展和改革委员会宏观经济研究院经济研究所信用研究中心
中国标准化研究院全国信用标准化技术工作组
中国社会科学院财贸所信用经济研究中心
中国人民大学信用管理研究中心
北京大学中国信用研究中心
北京大学 ACOM 金融信息化研究中心

# 附录二十　2010年北京市社会信用体系建设大事记

## 一月

1月14日　北京市怀柔区经济和信息化委员会印发《怀柔区工程建设领域信息公开和诚信体系建设实施方案》。

1月22日　北京市经济和信息化委员会有关领导赴中关村调研中小企业信用体系建设工作。

1月26日　北京市首批印刷行业诚信企业诞生,中国电影出版社印刷厂等36家印刷企业被评为“2009年北京印刷行业诚信企业”。

1月30日　北京市质量技术监督局成立质量信用工作领导小组。

## 二月

2月2日　北京市新闻出版局部署2010年推动行业诚信体系建设工作任务。

2月3日　中国保险监督管理委员会北京监管局召开治理销售误导专题工作会议,推进保险行业诚信建设。

2月10日　北京市经济和信息化委员会印发《北京市经济和信息化委员会关于开展北京市工程建设领域诚信体系建设相关工作的通知》。

2月12日　北京市住房和城乡建设委员会印发《关于规范房地产经纪机构经营场所信息公示的通知》。

2月16日　北京市政工程行业协会表彰17家2010年度北京市市政行业诚信企业。

2月21日　北京市金融工作局等7部门共同印发《关于推动本市信用销售健康发展的实施意见》。

2月24日　北京市延庆县科学技术委员会等单位联合开展保护知识产权大型街头宣传咨询活动。

2月26日　北京住房公积金管理委员会办公室印发《关于“二套住房”住房公积金贷款业务审核操作和调整个人信用评估手续的通知》。

## 三月

3月1日　北京市开始实施以驾驶人(车辆)的驾驶信用记录共享为基础的酒后驾车违法行为与机动车交通事故责任强制保险(即“交强险”)费率联系浮动制度。

3月2日　北京市怀柔区经济和信息化委员会成立诚信体系建设领导小组。

3月8日　北京市怀柔区质量技术监督局成立诚信体系建设领导小组。

3月9日　北京市西城区召开大栅栏商业街企业信用体系建设试点工作动员会。

3月14日　北京市住房和城乡建设委员会发布《北京市建筑材料供应单位质量诚信评价管理暂行办法》。

3月14日　北京市首个消费争议快速解决网上平台在北京市顺义区开通。

3月15日　北京市人民政府副市长程红出席了由中共北京市委宣传部、首都精神文明建设委员会办公室等单位举办的"服务与消费"宣传教育活动。

3月15日　国家质量监督检验检疫总局、北京市人民政府、北京市东城区人民政府有关领导出席了在王府井大街举行的消费者权益保护咨询活动。

3月15日　北京市工商行政管理局平谷分局举行了"无假冒商标示范商场"发牌仪式。

3月19日　北京市经济和信息化委员会印发《北京市经济和信息化委员会关于印发2010年北京市推进社会信用体系建设重点任务的通知》。

3月27日　"品质伴你行,满意在北京"全国旅游服务质量提升年北京地区宣传咨询日活动举行。

3月29日　北京市海淀区国家税务局、北京市海淀区地方税务局在中关村西区海龙、鼎好和亿世界三个电子市场举办"税法课堂进西区"大型税法宣传活动。

## 四月

4月1日　北京市国家税务局、北京市地方税务局联合举行"税收、发展、民生"座谈会暨2010年税收宣传月启动仪式,拉开了第19个全国税收宣传月活动的序幕。

4月1日　北京市东城区地方税务局举办"走进南锣鼓巷"税收宣传活动。

4月1日　北京建筑业人力资源协会发布《首都建筑行业优秀及合格劳务企业施工作业队信用等级名录》,344支施工作业队被评为2009年度建筑行业信用特A级企业。

4月8日　北京市科学技术委员会、中国人民银行营业管理部、中国银行业监督管理委员会北京监管局联合印发《关于印发推动北京生物医药产业跨越发展的金融激励试点方案及工作管理办法的通知》,以"征信+信贷"的模式推动北京市生物医药产业跨越式发展。

4月12日　北京市西城区诚信统计评估领导小组首次对拟获得"诚信统计单位"称号的单位进行公示。

4月15日　北京市海淀区国家税务局举行"国税五十强"授牌仪式。

4月16日　北京市东城区国家税务局与北京市东城区教育委员会共同在北京市东城区回民小学开展以"税收·发展·民生"为主题的税收宣传进校园活动。

4月16日　北京市西城区国家税务局和北京市西城区地方税务局联合举办"税收宣传地铁行暨税收志愿者服务队启动仪式"。

4月19日　北京市人力资源和社会保障局印发《促进就业资金监督管理办法(试行)》,将申请促进就业资金的情况纳入诚信管理。

4月20日　北京市人民政府发布《北京市物业管理办法》,规定对物业服务企业实施动态监管,推动企业资质管理向行为管理、信用管理转变。

4月21日　中关村国家自主创新示范区领导小组办公室印发《关于印发中关村国家自主创新示范区"十百千工程"工作方案通知》,对企业建立信用贷款、信用保险及贸易融资绿色通道。

4月22日　北京市西城区国税局围绕"互信、互学、互通、共赢"理念,开展"学习服务"主题实践活动。

4月27日　北京市通州区知识产权局与北京市通州区商务委员会联合召开通州区无假冒专利示范单位工作座谈会。

4月28日　北京市国家税务局与5家纳税信誉A级企业签订了"税收遵从协议"。

# 五月

5月3日　北京市经济和信息化委员会提出北京市信用信息基础设施"一网、两平台、三系统"的总体构架。

5月5日　全国组织机构代码中心下发《关于中关村示范区企业办理组织机构代码证有关问题的通知》,决定授权北京市质量技术监督组织机构代码管理中心为中关村央企办理代码登记业务。

5月13日　北京市海淀区税务、公安部门联合开展特大打击制售假发票行动。

5月20日　北京市旅游局聘请A级景区服务质量义务监督员。

5月20日　北京市工商行政管理局东城分局出台《建设良好市场准入生态环境工作意见》。

5月20日　北京市海淀区质量技术监督局开展第11个"世界计量日"大型现场宣传咨询服务活动。

5月22日　中关村国家自主创新示范区知识产权质押贷款工作会在北京举行,决定通过中关村企业信用"星级"评定计划,鼓励企业建立信用记录,实施信用激励政策。

5月25日　北京中关村企业信用促进会召开第三届会员代表大会,选举产生了第三届理事会、监事会和新一届主要领导人。

5月26日　北京市财政局等单位联合印发《北京市妇女创业小额担保贷款实施暂行办法》,正式启动实施妇女创业小额担保贷款工作。

本月　从本月起,北京市住房和城乡建设委员会每月向住房和城乡建设部和各区县住房城乡建设部门通报房地产开发企业信用信息。

本月　北京市市政市容管理委员会建立社会信用体系建设工作联系机制。

本月　北京市通州区国有资产监督管理委员会要求在"十二五"期间全面加强包括信用管理在内的国企运营机制建设。

## 六月

6 月 3 日　北京机电行业协会三家会员单位被中国机电产品流通协会评估为信用企业。

6 月 12 日　北京市东城区统计局、北京市东城区经济社会调查队在全局队范围内开展“做诚信敬业的北京统计人”大讨论活动。

6 月 28 日　北京市大兴区首家村镇银行——北京大兴九银村镇银行正式开业。

## 七月

7 月 6 日　北京市住房和城乡建设委员会开通出京介绍信和企业诚信证明网上办公系统。

7 月 9 日　北京图书大厦有限责任公司等 38 家企业被评为北京出版物发行行业首批诚信企业。

7 月 11 日　大公国际资信评估有限公司首次发布《大公 2010 年五十个国家信用等级报告》和《2010 年国家信用风险报告》。

7 月 16 日　由北京市住房和城乡建设委员会开发的“建筑业企业资质动态核查管理系统”正式运行。

7 月 21 日　由国家质量监督检验检疫总局主办的“质检邀您看企业，食品安全大家行”活动在北京市海淀区启动北京市第一站活动。

7 月 21 日　北京建设工程物资协会建筑机械分会公示 1—4 批建筑起重机械租赁企业资信等级评定结果。

7 月 22 日　北京市工商行政管理局召开现场会，在全市推广海淀区推进家居建材市场合同行政指导工作经验。

7 月 22 日　北京建筑业联合会评定 143 家企业为 2009 年度市建设行业诚信企业。

7 月 23 日　北京市确定《北京市个人信用信息系统建设方案》。

7 月 30 日　北京市人才服务中心发布《向社会公开承诺书》，承诺努力提高人力资源服务意识、能力和水平，真诚接受社会监督，并对外公布了监督电话。

7 月 31 日　北京 41 所民办高校签署诚信公约。

## 八月

8 月 4 日　北京市海淀区经济和信息化办公室成立，牵头推进海淀区企业信用体系建设工作。

8 月 10 日　中关村国家自主创新示范区领导小组办公室印发《关于印发加快推进中关村国家自主创新示范区知识产权质押贷款工作意见的通知》，将信用激励作为中关村知识产权质押贷款工作的实施原则之一，并以企业信用为基础，实现以“信用促融资、以融资促发展”。

8月10日　北京市大兴区举办“大兴区金融安全知识宣传活动”。

8月18日　中关村国家自主创新示范区领导小组办公室印发《关于印发中关村国家自主创新示范区高科技高成长企业“瞪羚计划”首批重点培育企业名单的通知》，遴选并发布了525家“瞪羚计划”首批重点培育企业名单。

8月19日　北京市旅游局发布对29个旅游景区的质量等级复核公告，什刹海风景区等26个旅游景区经复核达到现有质量等级标准。

8月20日　北京市住房和城乡建设委员会决定将“市建筑市场监管信息平台”改名为“建筑市场信用信息平台”。

8月24日　北京市质量技术监督局发布《北京市推进诚信计量、建设和谐城乡行动计划(2010—2012)》。

8月25日　北京市门头沟区国家税务局在区内各主要旅游景点进行发票宣传活动。

8月25日　北京市通州区经济和信息化委员会举办“中小企业集合信托”融资、政策宣讲培训班。

8月25日　中共北京市平谷区委宣传部等部门举办“保障金融安全、优化金融环境”金融安全知识宣传活动。

8月26日　北京市新闻出版局成立出版发行领域诚信企业评估工作领导小组。

8月27日　中关村科技园区管理委员会印发《关于印发〈中关村国家自主创新示范区战略性新兴产业中小企业创新资金管理办法〉的通知》，规定在中关村国家自主创新示范区申请战略性新兴产业中小企业创新资金的企业，应使用《中关村园区企业信用评级报告》或《中关村园区企业深度征信报告》。

8月30日　北京市科学技术委员会印发了《北京市科技计划管理相关责任主体信用管理办法(试行)》。

本月　首都精神文明建设委员会办公室在全市组织开展“共铸诚信”征文大赛。

## 九月

9月2日　中关村科技园区管理委员会印发《关于印发〈中关村国家自主创新示范区支持企业改制上市资助资金管理办法〉的通知》，规定申请企业改制上市资助资金的企业，必须是中关村企业信用促进会成员。

9月20日　北京市西城区经济社会调查队因其打造的“诚信统计、构建和谐氛围”的普法理念，得到司法部、国家统计局、北京市司法局等各级领导的好评。

本月　北京市西城区统计局重新调整和充实了诚信统计单位评估领导小组。

## 十月

10月1日　北京市科学技术委员会建设的北京市科技计划管理信用信息系统正式运行。

10月14日　北京市门头沟区农业局动物卫生监督所举办“门头沟区动物卫生诚信责

任约定文书签订仪式”,与辖区内 57 家动物产品经营和动物产品使用单位签订了 2010—2011 年度动物卫生责任书和产品安全承诺书。

10 月 18 日　北京市人民政府副市长丁向阳召集专题会议研究部署北京“一日游”市场治理整顿工作。

10 月 20 日　北京建筑业人力资源协会发布《首都建筑业劳务分包企业施工作业队信用等级评定实施办法》。

10 月 25 日　北京市地方税务局在全市组织机构代码应用推广大会上,做“建立信息共享纽带,促进诚信体系建设”典型发言。

10 月 25 日　北京市西城区举行“马连道茶叶市场星级信用商户授牌仪式”。

10 月 28 日　“昌平中小企业应急互助基金”成立,为昌平区信用评价良好的中小企业提供融资服务。

10 月 29 日　中共北京市委书记刘淇在与中国银监会主席刘明康等中国银监会领导座谈时表示,希望中国银监会进一步支持中关村国家自主创新示范区加强信用体系建设。

10 月 29 日　中共北京市委副书记、北京市人民政府市长郭金龙在与中国银监会主席刘明康等中国银监会领导座谈会时表示,加快中关村国家自主创新示范区建设,积极推动中关村科技金融创新,政府要搭建好平台,着力整合资源,加强信用体系建设。

本月　北京市西城区信息化工作办公室联合区内有关部门、商业银行和担保机构,建立了西城区信用服务工作平台。

## 十一月

11 月 1 日　北京市住房和城乡建设委员会成立专项领导小组,全面负责建筑市场信息系统建设工作的领导和协调。

11 月 1 日　北京市住房和城乡建设委员会制定《北京市建筑市场监管信息系统建设工作方案》。

11 月 15 日　北京市住房和城乡建设委员会印发《北京市物业服务企业信用信息管理办法》。

11 月 18 日　北京市地方税务局与北京市国税局共同印发《北京市国家税务局 北京市地方税务局关于联合开展 2011—2012 年度纳税信用等级评定工作的通知》,启动 2011—2012 年度北京市纳税信用 A 级企业国地税联合评定工作。

11 月 18 日　中关村科技园区管理委员会印发《关于印发〈中关村国家自主创新示范区科技型中小企业信用贷款扶持资金管理办法〉的通知》,明确了中关村国家自主创新示范区科技型中小企业信用贷款的业务范围、信用贷款支持对象及条件、信用贷款支持措施等。

11 月 18 日　北京市昌平区质量技术监督局端掉一处白酒造假窝点,查获涉案货值达 70 余万元,被国家质量监督检验检疫总局列入“全国质检系统打击侵犯知识产权和制售假冒伪劣产品专项行动 10 起典型案件”。

11 月 19 日　北京市政府《昨日市情》特刊《昌平区多项举措治理“非法一日游”初见成效》中，北京市人民政府副市长丁向阳对昌平区的做法予以批示。

11 月 12 日　由中国人民银行营业管理部承办的 2010 年“中国人民银行全国征信知识宣传周”在北京大学百年讲堂启动。

11 月 24 日　北京市朝阳区物价检查所在蟹岛举办“价格诚信一条街”主题活动法律法规知识培训班。

11 月 25 日　北京市人力资源和社会保障局印发《参保人员违反基本医疗保险规定处理办法》，规定将参保人员违反基本医疗保险规定的行为，记入医疗保险信用信息系统，实施重点监督检查。

11 月 28 日　北京市延庆县发展和改革委员会等单位联合开展“金融安全知识教育日”活动。

11 月 29 日　北京住房公积金管理委员会办公室印发《关于规范北京住房公积金个人住房贷款政有关问题的通知》，规定凡借款人提供虚假信息的将记入个人信用信息记录。

11 月 30 日　中关村科技园区管理委员会印发《关于印发〈中关村国家自主创新示范区信用保险及贸易融资扶持资金管理办法〉的通知》，明确了中关村国家自主创新示范区信用保险及贸易融资服务的业务范围、信用保险及贸易融资支持对象及条件、信用保险及贸易融资支持措施等。

11 月 30 日　北京市西城区信息化工作办公室组织召开西城区中小企业信用知识培训会。

本月　北京市西城区经济社会调查队组织开展了主题为“依法统计，诚信为本”的普法宣传活动。

本月　北京市西城区统计局开展 2010 年度“诚信统计单位”评估工作。

## 十二月

12 月 3 日　北京市地方税务局制发《北京市地方税务局关于规范纳税信用 A 级企业评定管理工作的通知》。

12 月 6 日　北京市人民政府印发《北京市人民政府关于进一步加强企业安全生产工作的通知》，要求建立企业安全生产信用评价和警示制度。

12 月 8 日　首都精神文明建设委员会办公室召开以“建设世界城市，共铸诚信北京”为主题的座谈会。

12 月 8 日　中关村科技园区管理委员会印发《关于印发〈中关村国家自主创新示范区协会商会组织发展支持资金管理办法〉的通知》，提出中关村科技园区管理委员会将支持中关村国家自主创新示范区内的协会、商会开展示范区信用体系建设等工作。

12 月 8 日　中关村科技园区管理委员会印发《关于印发〈中关村国家自主创新示范区企业购买中介服务支持资金管理办法〉的通知》），规定了包括信用中介服务在内的中关村国家自主创新示范区中介服务支持资金的支持对象及条件、支持措施、申请和受理办法等。

12 月 8 日　北京市怀柔区经济和信息化委员会等 10 部门印发《关于印发怀柔区食品工业企业诚信体系实施方案(试行)的通知》。

12 月 8 日　北京市怀柔区经济和信息化委员会等 10 部门印发《关于怀柔区食品工业企业诚信体系建设意见》。

12 月 10 日　北京市经济和信息化委员会印发《北京市经济和信息化委员会关于调整北京市社会信用体系建设联席会议组成人员的通知》。

12 月 14 日　中关村科技园区管理委员会和中国人民银行营业管理部联合印发《关于印发〈中关村国家自主创新示范区企业信用星级评定管理办法〉的通知》,对中关村国家自主创新示范区企业信用星级评定的范围、信用激励机制的建立等进行了规范。

12 月 16 日　北京建设网"建筑市场公开信息平台"正式开通,向社会提供企业资质、人员资格、招标投标等 10 类信息公开查询,在全国率先向社会公布合同备案、合同履约信息。

12 月 16 日　《中关村企业信用培育双百工程实施方案(试行)》发布。

12 月 16 日　"信用中关村系列活动——中关村企业信用培育双百工程启动仪式"举行。

12 月 16 日　中关村表彰首批企业信用培育双百工程获奖企业。

12 月 17 日　北京市顺义区人民政府与中国出口信用保险公司签署全面框架合作协议。

12 月 23 日　北京市政工程行业协会评选出 2010 年度"市政行业诚信企业"和"优秀市政项目经理"。

12 月 25 日　北京市平谷区商务委员会以"诚信经营"为主题,组织召开了"诚信服务在平谷"活动。

12 月 28 日　北京市知识产权局有关领导带队到通州区开展知识产权专项行动执法检查活动。

12 月 31 日　北京市金融工作局等 8 部门联合印发《关于印发〈北京市融资性担保公司管理暂行办法〉和开展融资性担保公司规范工作意见的通知》。

12 月 31 日　自即日起,在京设立的融资性担保公司和再担保公司,其注册资本最低限额分别为人民币 5000 万元和 8 亿元。

12 月 31 日　自即日起,北京市建立融资性担保机构经营许可证制度。

## 年内

年内　北京市住房和城乡建设委员会完善担保机构资信评级标准和程序,严格控制机构总量,淘汰 5 家不合格担保机构。

年内　北京市地方税务局负责组织开展企业纳税信用等级评定工作及后续管理工作和负责组织地方税务信用体系建设的工作职责,由纳税评估处移交至纳税服务处。

年内　北京市地方税务局向中国人民银行征信系统提供了 42 万户税务登记信息、

41.9 万户税务登记证件失效信息、443 户欠税信息、122 条税务行政处罚信息。中国人民银行征信管理部门结合市地税部门提交的纳税信用 A 级企业名单，对 989 户 A 级企业实施了资信审查。

年内　北京市质量技术监督局公开工业、食品、计量、特种设备、强制性产品认证等信息 25000 余条。

年内　北京市交通委员会运输管理局评定出 533 户机动车维修企业为 2009 年度质量信誉 3A 企业。

年内　全市共有 266 家企业获得“北京市汽车维修行业诚信企业”称号，40 家获得“全国汽车维修行业诚信企业”称号。

年内　北京市旅游局公示了旅游者对星级饭店的有效投诉 191 件，共涉及 153 家饭店。

年内　北京市旅游局对受理的 A 级旅游景区的有效投诉 276 件进行了公示，共涉及 75 家景区。

年内　北京市新闻出版局建立了诚信企业信用档案。

年内　北京市 57 个小额担保贷款信用社区共协助发放贷款 102 笔，共计 821 万元，还款率为 95.8%。

年内　中国人民银行企业征信系统已收集 11 万余户在京企事业单位的信用信息，收录北京市个人信贷账户信息 1352 万人，并以 95% 的查得率排名全国前列。

年内　北京地区信用评级机构数量、从业人员规模、评级收入和利润等项指标均位居全国首位。

年内　北京市西城区信息化工作办公室在本部门信息化项目招投标工作中，要求投标企业提供信用报告或征信报告。

年内　北京市西城区信息化工作办公室组织完成了“信用大栅栏”网站的研发与上线工作。

年内　北京市西城区信息化工作办公室与北京银行琉璃厂支行签署《关于西城区企业信用产品在银行担保业务中使用沟通会的备忘录》。

年内　北京市朝阳区质量技术监督局为辖区 54 家工业企业、61 家 3C 企业，以及朝阳区眼镜城市场内的 60 家企业建立了质量档案。

年 内　北京市工商行政管理局海淀分局对全区 111 个市场进行了信用分级分类。

年内　北京市工商行政管理局石景山分局成立了企业信用信息系统建设工作协调小组。

年内　北京市石景山国家税务局与北京市石景山区地方税务局联合评定 91 家企业获得 2011—2012 年度信用等级 A 级企业称号。

年内　北京市石景山区卫生局建立了医疗机构不良执业行为积分管理长效机制。

年内　北京市大兴区与深圳证券交易所达成协议，共同为大兴区企业在境内中小板、创业板上市提供直通车式的培育服务。

年内　北京市昌平区 89 家中小企业获得三星级（含三星）以上信用等级称号。

年内　北京市昌平区评定 2011—2012 年度纳税信用 A 级 A 级企业 99 户。

年内　平谷区开展了“食品安全示范(街)店建设工作”,已建立食品示范店 243 户,建示范街 17 条。

年内　平谷区私营个体经济协会评选出 2 个“平谷区私营个体经济协会系统 2010 年度先进分会”、11 个“平谷区私营个体经济协会系统 2010 年度先进小组”、55 家“平谷区私营个体经济协会系统 2010 年度先进私营企业”、83 户“平谷区私营个体经济协会系统 2010 年度先进个体工商户”、8 名“平谷区私营个体经济协会系统 2010 年度先进工作者”。

年内　中国工商银行北京平谷支行通过中国人民银行个人征信系统,成功防范了 21 笔不良信用客户向工行再融资 870 万元。

年内　北京市通州区评定 235 家企业为 2011—2012 年度纳税信用 A 级企业。

年内　北京市通州区人力资源和社会保障局开展用人单位劳动用工信用等级评定工作,共有 1898 家企业被评为合格信用等级,276 家评为基本合格等级,11 家评为不合格信用等级。

年内　北京市工商行政管理局延庆分局制定下发了《2010 年流通领域食品安全专项整治工作方案》、《流通领域商品质量专项整顿工作方案》和《2010 年继续开展无照经营清理整顿工作的实施方案》等文件,加强对市场的监管力度。

年内　北京市延庆县发展和改革委员会与邮政储蓄银行共同授予 9 个行政村、1 个市场和 1 个养殖小区信用村、信用小区、信用市场称号。

年内　全市共有 73 家信用担保机构接受了信用评级,比 2009 年净增 20 家。

年内　北京建设工程物资协会在建筑门窗、塑料管道和聚氨酯防水涂料行业评定出 26 家“诚信 A 级企业”。

年内　北京室内装饰协会 73 家会员企业获诚信星级企业称号。